나를 특별하게 해주는 14세의 교과서

나를 특별하게 해주는
14세의 교과서

ⓒ 오경란·배수경·송경환·장양배·서유진·여상훈 2013

초판 1쇄 발행일 2013년 1월 23일
초판 2쇄 발행일 2013년 3월 14일

지 은 이 오경란·배수경·송경환·장양배·서유진·여상훈
펴 낸 이 이정원

출판책임 박성규
편집책임 선우미정
디 자 인 김세린·김지연
편   집 김상진·한진우·조아라·김재은·김솔
마 케 팅 석철호·나다연·도한나
경영지원 김은주·이순복
제   작 송승욱
관   리 구법모·엄철용

펴 낸 곳 도서출판 들녘
등록일자 1987년 12월 12일
등록번호 10-156
주   소 경기도 파주시 교하읍 문발리 출판문화정보산업단지 513-9
전   화 마케팅 031-955-7374 편집 031-955-7381
팩시밀리 031-955-7393
홈페이지 www.ddd21.co.kr

ISBN 978-89-7527-889-1 (13370)

나를 특별하게 해주는

14세의 교과서

오경란·배수경·송경환·장양배·서유진·여상훈 지음

들녘

여러분은 자기 인생을 특별하게 만들 수 있다!
You can make your lives extraordinary!

1교시
국어

교복은 헐렁해도 공부법은 맞춤형으로
내게 딱 맞는 1:1 나의 국어
—경기도 여주여자중학교 국어과 오경란 선생님

2 교시
수학

개념이 살아야 수학이 산다

시크릿 수학

−경기도 고양시 호곡중학교 수학과 배수경 선생님

3교시

사회

갈래는 나뉘고 내용은 깊어질 거야

개념으로 승부하는 최고! 사회

—서울 마포중학교 사회과 송경환 선생님

지리 : 어디서, 어떤 현상이 일어나고, 어떤 영향을 미치는지 이해하라!

일반사회 : 제도의 의미와 목적을 정확하게 이해하라

사회·문화 : 개념을 알고 실제 사례로 확인하라

경제 : 개념어, 그래프와 친해지자

"왜?"라고 물으면 역사의 궁금증이 풀린다

책을 많이 많이 읽어라!!

누가 뭐래도 학교 수업이 킹왕짱!!

선행 학습보다 복습이 중요하다!

뉴스와 신문을 많이 접하라

용어 정리는 필수!!

4교시
과학

묻고, 관찰하고, 탐구하라
과학적 사고는 내 일생의 힘!
—서울 마포중학교 과학과 장양배 선생님

5교시
심리

중2병도 무섭지 않아!
14세 마음여행
－심리상담가 서유진 선생님

6교시
영어

Don't crt for me, English!
영어 마라톤에서 승리하는
여섯 가지 습관
-외국어 학습 프로그램 개발자 여상훈 선생님

1교시
국어

내게 딱 맞는 오! 나의 국어

경기도 여주여자중학교 국어과
오경란 선생님

여러분, 안녕하세요?

새로운 세계, 가슴 설레는 중학생의 세계에 첫 발을 내딛은 여러분을 진심으로 환영합니다. 쌤은 여주여자중학교에서 국어를 가르치는 오경란이라고 해요. 이렇게 만나게 되어 정말 반갑습니다.

중학생이 되었다고 생각하니 많이 떨리죠? 학교를 배정 받고, 교복도 맞추고, 가방도 새로 사고……. 어쩌면 교복을 입고 거울 앞에 서서 "거울아 거울아, 교복 입은 내 모습 어때?" 하면서 백설공주 놀이를 하는 친구들도 있겠네요. 하지만 첫 등교를 기다리는 설렘도 잠시, 중학생으로서의 첫 일주일은 몸과 마음이 복잡하기만

합니다. 교복은 불편하지, 친구들도 낯설지, 시간표가 바뀔 때마다 다른 선생님이 들어오셔서 머릿속을 어지럽게 만들지……. 휴우!!

여러분이 첫 수업 때 긴장하는 것처럼, 쌤도 학년이 바뀌어 첫 수업에 들어갈 때면 가슴이 떨립니다. 특히 여러분 같은 신입생 교실에 들어갈 때는 더욱 그렇죠. 쌤이 어떤 인상을 심어주느냐에 따라 여러분이 국어를 좋아할 수도 싫어할 수도 있으니까요. 하지만 쌤은 그런 긴장감마저 즐긴답니다(오홋!!). 남들에게는 매번 같은 시간으로 보이겠지만 쌤한테는 날마다 새로운 시간처럼 느껴지거든요. 하룻밤만 자고 나도 왜 그렇게 하고 싶고 들려주고 싶은 이야기가 쌓이는지 모르겠어요. 쌤은 학교에서 여러분 또래의 학생들과 이야기를 자주 나눕니다. 공부 이야기는 물론이고 친구, 부모님, 형제자매 등 생활 속 이야기도 많이 나누지요. 그런데 이번에 책을 통해 우리 학교 학생들뿐 아니라 전국의 학생들과 이야기를 나누게 되었네요. 얼마나 기쁜지요!!

여러분, 국어라는 과목을 어떻게 생각하세요?

쉬운 거 같기도 하고, 아닌 거 같기도 하고…… 공부를 한다고 특별히 성적이 오르는 거 같지는 않은데, 그렇다고 아예 손을 놓자니 괜히 걱정부터 앞서고…… 그런 게 국어죠? 그런데 여러분, 국어는 정말 재미있는 과목이랍니다. 여러분이 짐작하는 것 이상으로 재미있어요. 그리고 아주 중요한 과목이기도 하고요. 지금 이 순간부터 열심히 국어 공부를 해둔다면 아마 평생 동안 큰 힘이 되어줄 거예요. 정말이에요.

쌤은 여러분 모두가 '국어만큼은 기본으로 잘' 했으면 좋겠습니다. 그리고 또 하나, 이왕이면 즐겁고 재미있게 국어를 공부했으면 더욱 더 좋겠습니다. 자, 그러면 이제부터 쌤이랑 중학 국어 답사 여행을 떠나볼까요?

중학교 국어 시간에는 뭘 배우나요?
_역사와 전통을 자랑하는 질문, 반갑습니다

실은 쌤도 여러분과 똑같이 늘 물어보는 게 하나 있답니다. 특히 3월 초 국어 수업 첫 시간이 되면요. 바로 "여러분에게 국어는 어떤 과목입니까?" 하는 질문이지요. 그러니까 국어가 무엇을 배우는 과목인지, 국어를 왜 배워야 하는지를 묻는 것입니다. 쌤은 항상 이 질문에서 이야기를 시작합니다. 그런데 아직까지 여기에 정확하게 대답하는 학생을 만나지 못했어요. 으흠, 놀라운 일! 하지만, 어찌 보면 당연한 결과인지도 모릅니다. 초등학교에서 공부하는 동안에는 그런 생각을 해본 적이 없을 테니까요.

쌤은 1년 동안 국어 수업을 하고 나면 학생들에게 평가를 요청합니다. 쌤과 함께한 수업에 대해서 자유롭게 이야기하라고 주문하지요. 요즘에는 학교 평가를 하기 때문에(거기에 대개 학생들의 반응이 나오게 마련이라) 한 2년 전부터는 안 하고 있지만요. 그런데 학생들의 솔직한 평가와 소감에 언제나 공통적으로 들어가는 대답이 하나 있습니다. 약방의 감초 같은 녀석이지요. 바로 "국어를 왜 배우는지 진짜 몰랐다. 국어는 그냥 읽기라고만 생각했는데, 선생님하고 국어 수업을 하면서, 또 선생님 이야기를 듣고 나서는 국어라는 과목이 이런 과목이고 왜 배워야 하는지를 알게 되었다"는 고백입니다. 지금 이 글을 읽고 있는 우리 친구들에게도 물어볼게요.

"여러분에게 국어는 어떤 과목이죠? 국어 시간에 무엇을 배우나요? 말도 하고 글도 읽을 줄 아는데 국어를 왜 따로 배우죠?"

흐음, 쌤이 저렇게 묻는 걸 보니, 국어라는 과목이 단순히 앉아서 읽고 뭘 받아쓰고 그러는 게 아니라는 뜻인데? 맞습니다. 그렇다면 국어 시간에는 대체 뭘 배우는 걸까요?

2012년까지만 해도 국어 시간에 배우는 내용은 크게 어섯 가지로 나뉘었답니다. 하지만 2013년부터 교육과정이 바뀌면서 국어 시간에 배우는 내용도 다섯 가지로 조정됩니다. 내용이 전부 바뀐 건 아니고 모양만 살짝 달라지는 거죠. 우선, '듣기'와 '말하기'가 하나로 묶입니다. 듣기, 말하기는 같은 장소에서 동시에 이루어지기 때문에 듣기와 말하기를 따로 떼어 공부하는 게 어색하다고 판단한 것이죠. 그리고 '읽기, 쓰기, 문학, 문법'이 있습니다.

예전에는 1, 2, 3학년 모두 〈국어〉와 〈생활국어〉로 나뉜 책을 가지고 공부했지만, 2013년부터는 교육과정이 바뀌는 바람에 〈생활

국어)가 따로 나오지 않습니다. 교과서가 〈국어〉 한 권으로 통일되는 거지요. 또 예전에는 교과서가 (초등학교 때도 그렇지만) 1학년 1학기, 1학년 2학기, 2학년 1학기…… 이렇게 되어 있었는데, 바뀐 교육과정에서는 교과서에 그냥 번호만 붙이기로 했답니다. ①, ②, ③, ④, ⑤, ⑥ 이렇게요. 이 여섯 권을 3년 안에 어떤 식으로든 가르치고 배우면 되는 것이죠.

정리해볼까요? "중학교 국어는 3년 동안 〈국어〉라고 쓴 교과서 여섯 권을 배운다. 초등학교 때 '읽기'와 '듣기·말하기·쓰기'로 나뉘었던 교과 내용을 '듣기·말하기, 읽기, 쓰기, 문학, 문법'으로 나누어 공부한다." 시시하다고요? 초등학교 때 다 배운 거고, 다 듣고 말하고 읽고 쓸 줄 아는데 새삼스레 뭘 또 배우냐고요? 정말 그럴까요?

쌤, 저는 '듣기·말하기·쓰기·읽기' 다 잘하는데요?
_넘치는 자신감, 일단 Good!!

쌤이 질문을 하나 던집니다. "여러분 가운데 우리말 들을 수 없는 사람 있어요?" 우리말? 당연히 없지요! "우리말을 말할 수 없는 사람 있어요?" 아 참, 당연히 없죠! 그냥 다 듣고 다 말하잖아요. "그럼 글 읽을 수 없는 사람?" 요즘엔 없어요. "글을 쓸 수 없는 사람?" 에이, 요샌 없다니까요. 유치원 가기 전부터 읽고 쓰고 계

산하는 것까지 다 배우는데요? 어떤 애들은 영어랑 한자도 배우고요. 다~들 이렇게 대답합니다.

한 가지 더 묻겠습니다. "여러분은 전부 듣기, 말하기, 읽기, 쓰기 다 할 줄 아는데 왜 학교 와서 그런 걸 또 배우지요?" 이런, 갑자기 조용해지는군요. 옆 자리 친구 얼굴을 힐끔거리면서…… 그렇다면 국어 공부의 목적과 맛을 한 방에 깨닫게 해줄 쌤의 필살기를 선보일 시간이 되었군요. 잘 보세요, 그리고 쌤이 여기에 쓰는 글자를 읽어보세요!

ㅈ ㅏ ㄹ = 잘

그래요. '잘'입니다. 이제 마지막 질문 나갑니다. "여러분 중에 잘 들을 수 있는 사람, 어디 손 들어봐요!"

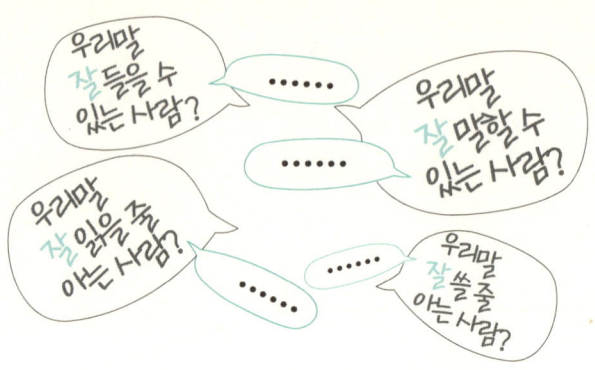

　'잘 듣는' 게 뭐냐고요? 뉴스가 됐든, 수업이 됐든, 친구의 수다가 됐든, 영화를 보면서 배우의 대사를 듣든 그 내용을 정확히 이해하고, '아. 저 사람이 지금 이런 이야기를 하는구나, 저 사람이 이런 내용을 전달하려고 하는구나, 어떤 의도 때문에 나에게 이런 얘기를 하는구나, 저 사람이 이렇게 말하는 목적이 그런 거구나!' 하고 내용과 의도를 파악하면서 정확히 듣는 것을 뜻합니다. 쌤은 학기 초마다 학생들에게 이 질문을 꼭 던져요. 그런데 아무도 손을 들지 않더라고요.

　말하기도 마찬가지죠. 그냥 말하기가 아니라 '잘 말할 수 있는 사람'을 찾으면? 손을 드는 학생이 없었답니다. '잘 말한다'는 건 어떤 상황에 처하든지 목적에 맞게, 분명하게, 내가 전달하고자 하는 내용을 정확하고 효과적으로 이야기해서 상대방이 내 말에 몰입하게 만드는 것입니다.

　읽기나 쓰기도 마찬가지랍니다. 그냥 읽고 쓰는 건 쉬워도, 잘 읽고 잘 쓰는 건 매우 어려운 일이지요. '잘 읽는다'는 것은 어떤 글을 던져주든 그 글을 읽고 이 사람이 뭘 전하고자 했는지를 정확히 파악하는 일입니다. 수준이 좀 낮은 글이든 내용이 좀 어려운 글이든, 단순한 구조의 글이든 복잡한 글이든, 그 어떤 것이든 본인이 읽고 나서 글쓴이의 의도를 파악하고, 글쓴이가 나를 설득하기 위해서 어떤 방법을 사용했는지, 혹은 어떤 정보를 남보다 더 잘 전달하기 위해서 무엇을 활용하고 있는지 등을 제대로 읽어내는 것을 말합니다.

쓰기는 뭐 말할 것도 없어요.^^ 여러분도 '쓰기'가 가장 힘들지요? 글쓰기는 정말이지 여러분이 너무너무 자신 없어 하는 부분인 것 같아요. 일기나 편지 한 통 쓰는 것조차 어려워하는 친구들도 많거든요. 글쓰기 숙제라도 내주면 입이 쭉 나오고요.^^;;

그렇다면 중학교 국어 시간에 배우는 '듣기·말하기·쓰기·읽기'의 의미는? 맞아요, 바로 "잘 듣고, 잘 말하고, 잘 읽고, 잘 쓸 수 있는 기본적인 소양과 능력"입니다. 물론 쌤이 이제까지 이야기한 것처럼 '잘' 할 수 있는 사람은 국어 수업을 안 들어도 된답니다. 그냥 패스해도 봐줄게요!!

으흠, 고개를 끄덕이는 친구들이 있네요. 수업을 안 들어도 된다는 건가요, 아님 본인의 국어 능력을 인정한다는 건가요? 하지만 여기서 멈출 수는 없죠. 내친 김에 좀 더 고고씽!!

국어 공부는 단순히 교과서를 읽고 내용을 공부하고, 시험을 치르고, 이런 게 아닙니다. 듣고 말하고 읽고 쓰는 건 죽을 때까지 계속되는 활동이죠? 인간이 언어로 의사소통을 하고, 사회를 이루고 살아가는 이상 우리가 무한 반복해야 하는 실제 활동들이죠. 국어 공부란 바로 이런 활동에 필요한 능력을 키우는 과정입니다.

국어 공부의 중심이 '듣기·말하기·읽기·쓰기'라는 것을 이해했다면 이제 '잘'이라는 단어에 집중해야 해요. 먼저, 자기 스스로 '잘' 하는 단계에 아직 이르지 못했다는 점을 충분히 인정하고, 국어 공부의 목적이 단순히 교과서에 있는 내용만 달달 외우고 시험 점수를 올리는 데 있지 않다는 것도 알아야 합니다. 그리고 성적 올리기보다 "나는 어떤 상황에서도 잘 듣고, 잘 말할 수 있는가, 어떤 글을 보아도 잘 읽어낼 수 있는가, 내가 느끼고 생각하는 것을 상대방에게 정확하게 전달할 만큼 잘 쓸 수 있는가?"에 초점을 맞추어 공부해야죠. 이런 훈련만 잘 된다면 교과서 맨 앞에 나오는 학습목표는 충분히 달성하는 셈이지요.

학교 수업은 이런 능력들을 영역별로 상황별로 세분화해서 여러분이 하나하나, 차근차근 익힐 수 있도록 돕는 역할을 합니다. 그러니까 여러분이 마음 속으로 이런 전체적인 그림을 그리지 않은 채 맹목적으로 앉아서 "아, 또 수업이구나, 재미없어!" 하면 안 되겠지요? 그동안 여러분이 무심코 해오던 '듣기·말하기·쓰기·읽기' 활동에 '잘'이라는 수식어가 하나 더 붙는 순간, 여러분은 자신의 능력을 솔직하게 인정하고 더 노력하게 될 겁니다. 그렇죠?

문학이랑 문법은 왜 따로 배워요? 어디에 쓰라고요?
_문학과 문법은 요리조리 쓸모가 많다!!

　중학교 국어 교과 내용에서 남은 두 가지 영역, '문학'과 '문법'. 오해도 많이 받고 미움도 많이 받고……. 이번에는 쌤이 이들의 누명을 벗겨줘야겠어요.^^ 먼저 문학 이야기를 할게요. 여러분, "문학이 무엇이냐?"고 물으면 어떻게 대답할래요? 수업 시간에 이런 질문을 받으면 학생들은 대개 "시, 소설, 수필…… 그런 거요" 하고 대답합니다. 2학년 정도 되면 '희곡'을 이야기하는 학생도 더러 있고요. 그러면 쌤이 다시 묻겠습니다. "시, 소설을 문학이라고 부른다면 문학이 대체 무엇이기에 이것들을 문학이라고 부르는 거지?" 이런, 대답이 막히네요!! 가장 기초적인 대답은 "언어를 수단으로 삼아 아름다움을 추구하는 예술 활동"이라는 것입니다. 그런데 중요한 건 단순히 '아름다움'을 강조하는 게 아니라는 점입니다. 더 중요한 게 있거든요. 바로 '무엇'을 아름답게 표현하는가의 문제지요.

　문학은 우리가 살아가면서 만나는 여러 가지 중요한 일에 대한 진지한 고민들을 아름답게 형상화한 것입니다. 그게 바로 문학의 정체입니다. 하지만 꼭 거창한 문제들만 다루는 건 아니에요. 어떤 인간이 정말 멋있는 인간일까, 나는 어떤 사람이 되면 좋을까, 하는 생각들도 얼마든지 문학의 소재가 될 수 있어요. '인간이란 어떤 존재지?' 하는 물음도 문학의 이야깃거리가 될 수 있고, '나

23

는 어떻게 살아야 되나?', '진정한 사랑이란 뭘까?'처럼 의문부호를 달고 다니는 문제들도 문학의 소재가 될 수 있지요. 문학작품은 이런 고민들을 다양한 형식으로 풀어낸 것입니다. 하지만 그냥 풀어내는 게 아니라 '아름다운 언어'로 풀어낸다는 데서 문학의 특징이 드러나지요. 또 '어떻게' 풀어내느냐에 따라 갈래가 생기는 거고요.

시든 소설이든, 희곡이든 수필이든, 다 나름의 매력이 있습니다. 여러분은 아마 '문학작품을 많이 읽으면 멋있어질 거야' 하고 생각할지 모르겠어요. 뭔가 좀 더 진지해지고, 멋있는 생각을 하게 되지 않을까, 하는 거죠. 쌤도 그렇게 생각해요. 여러분이 그동안 고민했던 내용들 혹은 자라면서 고민하게 될 내용—자기 자신, 주변 사람들, 관계, 공부, 진로, 미래, 이성 등—에 대해서 문학작품은 분명 중요한 도움을 준답니다. 여러분이 살아가다가 만나게 되는 수많은 고민과 갈등에 대해서 답을 주고 길을 보여주는 그런 도움 말이지요. 문학작품 안에는 여러분보다 먼저 세상을 살았거나, 풀리지 않는 문제들을 아주 치열하게 고민했던 사람들의 흔적이 고스란히 들어 있기 때문입니다. 그래서 쌤은 여러분이 문학작품을 제대로 읽고, 감상하고, 이해할 수 있도록 실력을 쌓아주고 싶어요. 국어에서 '문학' 영역이 빠지지 않는 것도 그런 이유랍니다.

이제 '문법'이 남았군요. 여러분 선배들도 문법 이야기만 나오면 고개를 절레절레 흔들었어요. 무조건 어렵다고 생각하거든요. 그런데 한번 잘 생각해보세요. 문법은 한자로 '文法'이라고 씁니다. 쉽게 말해 '언어의 법칙'이라는 뜻이죠. 언어는 뭐죠? 그래요, 말과 글이에요. 말과 글은 우리가 무얼 하는 데 필요한가요? 맞습니다, 의사소통을 하는 데 쓰입니다. 그러니까 언어는 의사소통을 잘 하라고 만든 거네요!

그런데 이왕이면 의사소통이 잘 되면 좋겠지요? 의사소통이 잘 되려면 무엇이 필요할까요? 일정한 규칙과 약속이 있어야 되겠죠? 그래야만 효과적으로 의사소통을 할 수 있을 테니까요. 문법은 이처럼 사람들이 어떤 언어를 보다 효과적으로 사용하기 위해 만든 일종의 약속이자 규칙이랍니다. "이건 이렇게 읽고, 저건 저렇게 쓰자, 이런 말의 뜻은 요렇게 해석하자"는 것이죠. 만일 이런 규칙이 깨어진다면, 서로가 서로의 말을 이해하지 못하는 상황에서 자기 말만 떠든다면 어떤 일이 생길까요? 아마 '인간 대 고블린'이 싸우는 것처럼 서로 이해하지 못하는 상황이 벌어질 겁니다. 매 순간 조물주급의 통역사가 필요하게 되든지요.^^;;

우리는 평생 동안 언어를 사용하면서 살아갑니다. 하지만 공기의 소중함, 산소의 소중함을 모르고 지나치듯이 언어의 소중함도 잘 모르고 살아가지요. 어쩌면 너무 익숙한 탓에 우리가 사용하는 언어가 도대체 어떤 것인지, 말을 어떤 식으로 만들어낸 것인지, 우리가 사용하는 말은 어떤 원리에 의해서 발음되는 것인지…… 등을 알려고 하지 않는지도 몰라요. 일상에서 듣고 말하고 읽고 쓰는 게 다 되니까 그 가치를 무시하는 거죠. 하지만 우리가 보다 정확하고 효과적으로 언어를 사용하려면 언어의 법칙들을 공부할 필요가 있습니다. 그래서 문법을 공부하는 거랍니다.

언어는 사람처럼 나고 자라고 죽습니다. 성장하는 모든 것들이 변화를 겪는 것처럼 언어도 변하게 마련이지요. 한번 생각해보세요. 여러분 부모님 세대에는 없었던 말이나 표현들이 지금은 버젓이 국립국어원의 표준대사전에 등재되기도 합니다. 이런 현상은 왜 벌어지나요? 서로가 의사소통을 잘 하기 위해서, 필요에 따라 끊임없이 새로운 말들을 만들어내는 탓입니다. 이처럼 새로운 말이나 표현을 만들어낼 수 있는 원리도 문법 속에 다 들어 있답니다. 여러분이 뭔가를 표현할 때도 마찬가지고요.

문법이 우리의 의사소통에 꼭 필요한 이유, 짐작할 수 있겠지요? 물론 제대로 된 의사소통에는 말만 포함되는 게 아닙니다. 당연히 글도 포함됩니다. 그러니까 문법이란 '좀 더 원활한 의사소통, 정확한 의사소통, 효과적인 의사소통을 위해서 언어가 기본적으로 갖추어야 할 법칙'이라고 정리할 수 있겠죠? 좀 더 쉽게 말하면, 여러분이 '누구나 다 할 줄 안다'고 생각했던 '듣기·말하기·쓰기·읽기'에 가장 기본적인 틀을 제공하는 것이 바로 문법입니다. 말과 글의 자리를 찾아주고, 제 역할을 하도록 관리해주는 것이죠!!

국어를 잘하면 뭐가 좋아요? 소설가가 될 것도 아닌데!
_이런, 국어를 잘하면 멋진 사람이 될 수 있다니까요!

정말이냐고요? 그럼요! 멋있는 사람이 될 수 있어요. 여러분이 열광하는 연예인이나 스포츠스타를 한 명 떠올려보세요. 신문기자가 그에게 인터뷰를 요청합니다. 와, 정말 멋지게 대답을 잘하는군요. '저 사람은 연예인(스포츠스타)인데 어쩌면 저렇게 또박또박 자기 생각을 잘 표현하지?' 아마 살짝 놀랄 겁니다. 그런데 똑같은 스포츠스타라도 말을 영 어눌하게 하는 사람이 있어요. '저 사람 도대체 무슨 말을 하는 거지?' 인터뷰를 지켜보면서 답답한 마음이 들었을 겁니다. 물론 스포츠스타는 운동을 잘하면 되지요. 그게 가장 중요하니까요. 그런데 똑같은 조건이라면 자기 경험을 보다 잘 표현하고, 남에게 잘 설명할 수 있는 사람, 이왕이면 말도 또박또박 잘하는 그런 사람이 한결 멋있어 보이겠죠?

이번에는 여러분이 자라서 회사에 취직했을 때를 상상해보세요. 회사에 취직하면—대학 때도 마찬가지이지만—일반적으로 프레젠테이션이라는 걸 많이 하잖아요(여러분이 좋아하는 스티브 잡스는 프레젠테이션의 황제랍니다). 국어를 잘하면 프레젠테이션을 하는 데 엄청 도움이 된답니다. 못 믿겠다고요? 국어 학습 목표 중 2학년에 '매체를 활용하여 발표하기'라는 게 있는데도요? 쌤이 한 번은 그 단원을 수업하면서 스티브 잡스의 프레젠테이션 기법을 영상으로 보여준 적이 있어요. 마침 스티브 잡스가 세상을 떠난 지 며칠 안 됐을 때였어요. 미국에서 만든 동영상으로 사람들이 스티브 잡스의 프레젠테이션을 연구한 거였지요. 프레젠테이션의 열 가지 원칙을 일목요연하게 정리한 것이었는데, 뭐 그리 엄청난 내용은 아니었어요. 이런 거였죠.

"다짜고짜 이야기를 시작하지 말고 맨 처음에는 밑그림 전체를 보여줘라. 내가 어떠어떠한 내용을 이야기할 것인지 핵심 화제를 먼저 명확히 알려주어야 한다. 그래서 듣는 사람이 편안하게 전체 내용에 몰입할 수 있게 해주어야 한다. 전체 그림을 모르는 상태에서 멍하니 앉아 있으면 집중도 못 하고 내용도 잘 이해되지 않기 때문이다. ……청중의 관심을 끌고 이해를 돕기 위해 관련 동영상과 보조 자료를 적극 활용해라…… 청중이 즐길 수 있도록 쇼를 해라……" 별 거 아닌 것 같지만 스티브 잡스가 프레젠테이션을 잘해서 더 주목 받은 것도 사실입니다. 다른 사람 앞에서 자기 생각과 의견을 잘 설명하고, 남을 설득하여 동의를 이끌어내는 것은 매우 중요한 말하기 능력이니까요!

쌤은 그 동영상을 보여주면서 이렇게 말했어요.

"여러분이 회사에 취직해서—스티브 잡스만큼은 아니더라도—프레젠테이션을 할 때, 사람들을 편안한 시선으로 훑어보면서 누가 봐도 '아, 그렇구나' 하게끔 알기 쉽게 설명한다면, '저 사람이 하는 이야기는 아무리 어려운 것도 이해가 잘 돼' 하고 생각하게 만든다면, '저 사람이 하는 이야기를 듣고 나면 나도 저걸 하고 싶어져'라고 고백하게 만든다면 여러분은 백 퍼센트 승진할 거예요. 승진하고 연봉도 많이 받게 될 거예요." 하지만 비슷한 능력을 가진 또 다른 친구가 있어요. 그런데 이 친구는 말하기 능력이 그만큼 안 돼요. 회의에서 요점을 정확하게 전달하지 못해서 오해를 사고, 남이 이야기를 하면 종종 잘못 알아들어요. 그러면 어떻게 될까요? 얼마 안 가 책상이 비워지겠죠?

그만큼 듣기 능력과 말하기 능력은 중요합니다. 상대방이 무슨 이야기를 하면 저 사람이 왜 저런 이야기를 하는지, 핵심 내용이 뭔지 상대방의 입장에서 정확히 파악하는 게 가장 중요한 국어 능력이거든요. 그게 되어야만 다른 사람과 소통할 수 있지 않겠어요? 회의를 할 때도, 프레젠테이션을 할 때도, 친구 사이에 대화를 할 때노, 여러분이 대학에 들어가서 보고서를 쓸 때도 말이에요.

학교에서 내주는 탐구활동 과제를 할 때도 마찬가지죠. 아주 작은 보고서라 해도 그걸 하나 작성하려면 스스로 주제를 정하고, 거기 관련된 책들을 찾고, 필요한 자료를 얻기 위해 열심히 뛰어다녀야 해요. 그런데 자료만 찾는다고 보고서가 끝나는 건 아니죠? 다양한 읽기 자료들을 찾고 분류한 다음 요점을 파악해서 나에게 가장 필요한 것부터 선별해서 체계적으로 써야 하지요. 이게 바로 읽고 쓰는 능력이랍니다. 이런 능력을 갖춘 사람은 A+를 받겠지만, 그렇지 않은 경우엔 선생님들이 "얘는 무슨 탐구를 한 거지? 뭘 말하려는 거지?" 하면서 고개를 갸우뚱하겠지요. 국어를 잘하면? 와, 이렇게나 좋은 점이 많군요. 학교에서도 사회에 나가서도, 능력을 인정받는 멋진 사람으로 대접 받게 되는군요!! 어디 그뿐인가요? 스스로도 배우는 게 있으니까 성취감이 높아질 거고, 자존감도 향상될 거고! 그만큼 여러분은 계속해서 성장하게 되고요. 무슨 일을 하든지 잘 살 수 있는, 멋진 사람이 될 수 있는 최고의 길? "국어 능력"이 보장합니다. 무슨 광고 카피 같네요.^^ 하지만 사실이랍니다.

국어 실력을 키우는 법, 알려주세요!
_읽고, 생각하고, 쓰고, 풀어라!!

다독다독(多讀多讀), 글 먹는 하마가 되자

책을 많이 읽다 보면 자연스럽게 글을 읽는 능력이 생깁니다. 중심 내용과 줄거리를 쉽게 파악하는 능력이 생기지요. 읽기가 중요한 이유는 학교에서 듣기·말하기 시험을 볼 때 대개 글로 된 지문으로 평가한다는 것과도 관련이 있습니다. 듣기·말하기도 읽기의 형태로 시험을 보는 것이지요. 이는 현실적인 어려움 때문에 그런데요. 듣기·말하기를 수행평가로 시행하는 경우도 있지만, 중간고사나 기말고사와 같은 지필평가에서는 듣기·말하기를 지문으로 제시합니다. 따라서 글로 된 듣기·말하기 지문을 읽고 여러분이 그 내용을 학습목표에 맞게 제대로 이해했는지 묻습니다. 이해력을 요구하는 과정이므로 당연히 책을 많이 읽은 학생이 시험을 잘 볼 수밖에 없죠.

그런데 문제가 있습니다. 무조건, 아무 책이나 많이 읽는다고 좋은 게 아니거든요. 쉽고 단순한 이야기 구조에 생각을 별로 안 해도 되는 그런 글들은 많이 읽어도 절대 도움이 되지 않습니다. 독해력이 생기지 않거든요. 여러분이 바라는 진짜 국어 실력이 생기지 않는다는 뜻이죠. 쌤이 권하는 것은 "다양한 종류의 글을 읽어라, 여러 가지 분야의 글을 읽어라, 쉬운 것부터 어려운 것까지 다양한 수준의 글을 읽어라"입니다. 관심이 별로 없는 분야의 책, 자신의 독서 수준에 비해 좀 어려워 보이는 책도 읽어야 합니다. 무엇을 읽어야 할지 모른다면 도서관의 추천도서목록을 활용하세요. 도서목록을 보고 인문, 사회, 과학, 예술 중에서 읽고 싶은 책을 체크했다가 마음에 드는 제목이 보이면 딱 집어서, 분야를 가리지 말고 읽는 거죠!!

쌤이 근무하는 학교는 여자중학교라 그런지 로맨스소설에 빠진 학생들이 많답니다. 하지만 안타깝게도 로맨스소설은 이해력과 독해력을 높이는 데 도움이 되지 않지요. 아니, 전혀 되지 않아요!! 더구나 날이면 날마다 로맨스소설만 읽는 건 "정말 정말 아니 되옵니다!!" 그보다는 차라리 세탁기 설명서나 이동통신 계약서, 혹은 약에 들어 있는 복용법 같은 것을 읽어보는 게 훨씬 더 도움이 되지요. 일단 자신이 모르는 어휘가 얼마나 많은지 알 수 있고, 다양한 분야의 전문 용어에 대해서도 곰곰 생각해보게 되잖아요? 신문, 광고 전단지, 연극 포스터, 간판, 버스나 지하철 노선 안내도, 지도 등등 "글자로 된 거라면 뭐든지 먹어주마" 하는 자세가 바람직합니다. 자꾸 읽고, 그 의미를 이해하려고 노력하세요. 살아 있는 국어 공부가 될 거예요.

요약하고 정리하라

여러분, 2013년부터 사용하는 교과서에 새로 들어가는 학습목표들을 아세요? 그중 하나로 '요약하며 읽기'가 있는데요. 글을 읽고 요약한다는 이야기는 중심 내용을 안다는 뜻이죠. 내용을 잘 파악했다는 의미이기도 하고요. 그러니까 무엇이든 읽은 다음에는 '자기 식'으로 정리하세요. 만약 긴 글이라면 내용을 먼저 요약해보세요.

읽는 활동뿐만 아니라 듣는 활동도 마찬가지랍니다. 뉴스를 듣는다고 상상해봅시다. 집중해서 듣지 않으면 한 삼십 분 지나면 바로 잊어버리게 됩니다. "어, 오늘 뉴스에서 뭐 나왔지?" 하고요. 이럴 때 좋은 방법이 있어요. 뉴스를 하나 듣더라도 자꾸 생각을 하는 거죠. 끝나고 나서도 '내가 무슨 뉴스를 들었지? 뉴스의 내용이 뭐였지?' 하고 되묻는 거죠.

읽기나 듣기를 할 때, 자기가 읽고 들은 내용을 요약하고, 정리하고, 기억을 되새기는 것이야말로 기본적인 국어 실력을 기를 수 있는 가장 좋은 방법이랍니다.

 ## 비판적이고 논리적인 사고를 연마한다

읽고 요약하면서 자기 생각을 정리할 때 비판적 사고 훈련을 함께할 필요가 있어요. '비판적'이란 말이 좀 부담스러운가요? 하지만 거창하게 생각하지 않아도 된답니다. 비판적 사고란 내가 듣고 읽은 것에 대한 '나만의 생각'을 정리하는 것입니다. 특히 뉴스는 생각할 거리를 많이 던져주는 좋은 훈련 도구입니다. 똑같은 뉴스를 보고도 사람들마다 생각이 다를 수 있거든요. "저 뉴스에 대해 나는 이렇게 생각해. 나는 왜 그렇게 생각하는 거지?" 하고 자기 생각의 근거까지 찾아 올라가보는 것이죠.

예를 들어 대학생 언니 오빠들이 등록금을 내려달라며 투쟁한다는 뉴스를 들었어요. 집에 대학생 언니나 형이 있는 사람은 내용을 대충 짐작하겠지만, 그렇지 않은 친구들은 무슨 말인지 잘 모를 거예요. 여러분 가운데 누군가가 "맞아, 대학교 등록금 너무 비싸. 나라에서 깎아줘야 해" 하고 말한다고 해요. 그럼 왜 그런 생각을 하게 되었나를 따져보자는 것이지요. "등록금 내는 때만 되면 온 가족이 걱정해", "우리 누나는 매일 12시가 넘어서 집에 와. 등록금 준비하느라 늦게까지 알바하거든", "등록금 때문에 매일 잠도 못 자고 공부하고 일하는 누나가 넘 불쌍해!", "너무 늦게 와서 위험해!" 등등, 겉으로 드러난 하나의 생각 아래 숨어 있는 이유들이 이렇게 다양했네요!

　이처럼 내 생각을 정리하면서 거기에 대해 매번 "왜?"라고 묻는 연습을 한다면 논리적인 사고력은 쑥쑥 자랄 거예요. 또 스스로에게 자꾸 "왜, 왜?" 하고 묻다 보면 어느 순간 말이 안 되는 이유를 갖고 있다는 걸 알게 됩니다. 그러면 "어, 이 정도 이유만으로는 부족해. 너무 허술하잖아" 하고 판단하면서 뭔가 보완점을 찾게 되지요. 이런 과정이 바로 비판적·논리적 사고의 훈련 과정이랍니다. 하나도 어렵지 않죠?

 궁금하면 물어봐, 자기 생각 표현하기

　읽고 (생각을) 정리한 다음에는 자꾸 표현하는 연습을 해야 합니다. 여러분, 친구들하고 주말에 본 영화 이야기를 한다거나 드라마 이야기를 할 때 한번 가만히 지켜보세요. 보통 얘기하는 친구는 늘 따로 있지 않나요? 특별히 줄거리 설명을 잘하는 친구가 있다는 뜻이지요. 똑같이 〈아랑사또전〉을 봤는데도 A라는 친구가 하는 이야기는 너무너무 재미있어요. 그런데 B라는 친구가 이야기를 하면 무슨 말인지도 통 모르겠고 그냥 막 짜증이 나요. 그런 경험 있지요? 왜 그럴까요? 아마 그 친구는 어쩌면 책을 많이 읽었을 수도 있고, 어휘력이 남보다 뛰어날 수도 있어요. 하지만 어릴 때부터 남한테 뭔가 이야기해주는 걸 좋아했던 친구일 확률이 가장 크지요. 자기가 본 것을 남한테 이야기하는 걸 좋아하다 보니 점점 더 재미있게 이야기하고 싶어지고, 이왕이면 상대방이 내 이야기에 귀를 많이 기울여줬으면 좋겠으니까 스스로 방법을 찾아보고…… 그러면서 자연스럽게 표현 능력이 좋아진 거겠죠.

어느 날이었어요. 쌤이 교실에 가려고 계단을 올라가는데 뒤따라오는 여학생 둘이서 소곤거리는 게 들렸어요.

"나 어제 새벽 네 시에 잤어."

"어머, 왜?"

"로맨스소설 읽느라고. XXXX 읽었는데 짱 슬퍼. 나 진짜 밤새 눈이 팅팅 붓도록 울었어."

옆의 친구가 얼마나 궁금했겠어요? 쌤도 엄청 궁금했어요. 친구가 당연히 "무슨 내용이었어?" 하고 물었지요. 그랬더니 눈이 팅팅 부은 그 학생은 "그게 말이지, 그…… 음…… 하여튼 되게 슬퍼." 그냥 이러고 마는 거예요. 옆 친구가 무슨 내용이냐고 다시 물어봤지만 끝내 설명을 못 하더라고요. "왜 슬펐는데?" 하는 물음에는 "자꾸 물어보지 말고 네가 직접 한번 읽어봐" 하더군요.

영화 이야기를 할 때도 그런 일이 종종 있어요. 무슨 영화를 보았는데 정말 재미있다고 하기에 쌤이 "뭐가 재밌었어?" 하고 물으면 갑자기 교실 안이 조용해져요. 그래서 쌤이 다시 한 번 "재밌었다면서?" 하면 그제야 막연한 이야기들이 튀어나오기 시작합니다.

"싸우는 장면이요!"

"누가 싸웠는데?"

"누구랑 누구요."

"그게 왜 재미있었어?"

그랬더니 자기들끼리 "진짜, 그게 왜 재미있었지? 표정이 웃겼나?" 하는 거예요. 본인이 느낀 걸 말로 표현하는 데 어려움을 느끼는 거죠. 여러분, 자기 생각이나 느낌을 완결된 문장으로 말하지 못 하나요? 혹시 단어, 단어로 이야기하지 않나요? 희로애락(喜怒哀樂)의 이유를 잘 설명하지 못 하나요? 그렇다면 사소한 감정부터, 작은 이야기부터 남에게 설명하는 연습을 해보세요. 머지않아 여러분 곁으로 친구들이 몰려와 "연수야, 너 〈호빗〉 봤다며? 얼른 얘기해줘!" 하고 조를 테니까요!

나는 준비된 대화 파트너, 대화 나누기

국어과의 목표인 소통능력을 키우는 데에 '대화'만큼 중요한 건 없답니다. 여러분, 부모님이나 형제자매, 친구들하고 이야기를 많이 나누세요. 특히 집에서 어른들하고 이야기를 많이 나누면 도움을 많이 받을 거예요. 사회생활을 하는 어른들은 여러분보다 언어 사용 능력이 발달했기 때문에 어른들과 대화를 하고 토론을 하면서 자기 생각을 표현하다 보면 설명 능력이 자라납니다.

무조건 "엄마, 나 휴대폰 바꿔줘!" 하고 떼쓰기보다 "엄마, 스마트폰을 쓰면 급할 때 인터넷 써핑해서 자료를 바로 찾을 수 있고, 모르는 영어단어도 쉽게 찾고, 버스시간도 정확하게 알 수 있고,

지하철에서 인강도 들을 수 있거든요!" 하고 설명한다면 엄마 마음도 활짝 열리겠죠? 이렇게 정확하고 자세하게 자기 의견과 느낌을 말하다 보면 어렵게만 느껴지던 대화도 "오~래 갈" 것입니다.

앗 참, 친구들하고 대화할 때는 상대방 이야기를 끝까지 잘 들어주는 센스! 내 생각을 말하는 게 중요한 만큼 남의 이야기를 잘 듣는 것도 매우 중요한 일이랍니다(미하엘 엔데의 『모모』를 읽어보세요!!). 국어 공부의 중심이 "잘 듣고 말하고 읽고 쓰기"에 있다는 것, 아직 기억하고 있지요?

 자기 생각 정리해서 글로 써보기

여러분, 오늘부터라도 "그냥 재미있다니까!", "꼭 필요하다고!", "무조건 사줘!", "완전 슬퍼!" 하고 말하는 내신 생각과 느낌의 이유를 조목조목 써보세요. 물론 연습을 많이 해야 돼요. 이건 단순히 책을 많이 읽었다고 해서 해결되는 문제가 아니랍니다. 평소에 생각을 많이 하면서 자기 생각과 느낌을 정리하고, 또 내가 왜 그런 느낌을 받았는지 왜 그렇게 생각하게 되었는지를 스스로 따져봐야겠지요. 영화를 봤다면 배경은 어땠는지, 주인공은 어떤 성격을 가졌는지, 사건이 어떻게 시작됐는지 등등을 정리하면서 줄거리를 써보는 연습을 하면 제일 좋고요.

인터넷이 발달한 덕에 조금만 신경 쓰면 쓰기 능력을 키울 수 있는 창구도 굉장히 많아요. 여러분도 아직 '싸이'를 많이 하죠? 싸이에 미니홈피를 열어서 날마다 일기를 써도 좋고, 개인 블로그를 만들어도 좋아요. 쓰기 활동이랑 연결되거든요. 부모님이랑 여행을 다녀와서 사진만 달랑 올릴 게 아니라 거기서 어떤 걸 느꼈는지 간단히 쓰는 거죠. 그러면 친구들이 댓글을 달아주잖아요. 어떤 때는 모르는 사람들이 와서 둘러보고 댓글을 달기도 하죠. 그럼 여러분은 그 댓글을 보고 또 댓글을 달고……. 이렇게 활용한다면 인터넷도 글쓰기 활동을 하는 데 제법 매력적인 공간이 된답니다.

쌤은 대학생 때 인터넷 토론을 많이 했어요. 인터넷 토론방이나 블로그 활동은 사실 신경이 많이 쓰이는 활동이랍니다. 이름이 올라가지 않더라도 내 글이 실리는 거잖아요? 또 토론하게 되었을 경우 엉뚱하게 공격 당하면 안 되니까 고민하고 또 고민해 글을 올리느라 대여섯 줄짜리 댓글 하나 올리는 데 삼사십 분이 걸리더라고요. 거기에 대해 다른 사람들이 반론을 하거나 동의를 하면 거기에 대한 내 생각을 다시 쓸 수 있고. 이런 과정도 굉장히 중요한 쓰기 공부랍니다.

 생각이 깊어지면 재미가 자란다

머릿속으로 항상 생각하세요. 무엇이든 그냥 지나치지 말아요. 어떤 경험—책을 읽거나 영화를 보든, 아니면 친구와 어디를 놀러 갔든—을 했을 때 만일 '아, 너무 재밌다'거나 '저 사람 너무 멋있다'는 생각이 든다면 '왜 멋있을까?' 하고 스스로에게 물어보세요. 어떤 가수가 너무 좋다면 왜 하필 그 가수를 좋아하는지 곰곰 생각해보세요. 분명, 노래를 잘 부르고 잘 생겨서 좋아하는 건 아닐 겁니다. 송중기가 너무 멋지다고 생각했다고요? 그냥, 무작정 좋은 건가요? 아니면 드라마에 나온 그가 어떤 역할을 하는 걸 보고 반한 건가요? 한 번 곰곰이 생각해보세요. 어떤 장면에서 그가, 혹은 그녀가 빛나던가요?

이처럼 최대한 구체적으로 본인 스스로 생각할 수 있도록 자꾸 질문을 만들고 던지고 대답하는 연습을 많이 하세요. 그리고 생각한 다음에는 반드시 그것을 말이든 글이든 표현하는 거예요. 자꾸 표현하다 보면 욕심이 생긴답니다. 좀 더 멋있게 표현하고 싶은 욕심이요. 그러면 자연스레 멋있는 글을 찾아 읽게 되지요. 모범을 삼으려고요.^^

사실 읽기 활동은 자기 필요에 따라서 하는 게 가장 좋아요. 예를 들어 다이어트를 시작한 친구가 있다고 해요. 일단 도서관에 가서 다이어트에 관한 책을 찾아보는 거예요. 엄청 많겠지요? 그러면 마음에 드는 걸로 한 다섯 권을 빌려다가 읽는 거죠. 그 친구에게는 다이어트가 당장 해결해야 할 중요한 문제이기 때문에 빌려온 책을 열심히 읽겠지요. 이따금 중요한 부분은 메모도 할 거고요.

쌤의 이야기를 들려줄게요. 쌤은 2011년부터 수영을 배우기 시작했어요. 태어나서 처음이었어요. 스물다섯 명이 시작했는데 25

등으로 시작했지요. 정말 너무너무 못 했거든요. 3개월 정도 되면 자유형 흉내라도 낼 수 있어야 하는데 쌤은 그게 안 되더라고요. 너무 창피했어요. 곰곰 생각해보니 매번 지적당하는 부분이 있는 거예요. 그래서 인터넷을 뒤져서 수영 관련 동영상을 찾아서 보고, 도서관에 가서 수영에 관련된 책을 빌려다가 열심히 읽었어요. 그때 깨알같이 빼곡히 메모한 게 다섯 장이나 된답니다. 잘못된 동작을 보정하고 난 다음에는 수영 전문 홈페이지에 들어가 본격적으로 수영을 연구하기 시작했지요. 전문적인 자료도 보았고요. 그런 과정을 거쳐서 드디어 12월에는 5등으로 올라갔답니다.

쌤은 공부뿐만 아니라 모든 일이 다 성실함으로 이루어진다고 봐요. 하루하루 성실하게 사는 게 가장 중요한 거잖아요? 다이어트를 하거나 수영을 배우거나, 그림을 시작하거나 기타를 배울 때에도 본인에게 정말 필요하다면 뭐든 도움이 될 만한 것들을 찾아서 읽게 되죠. 또 읽은 내용을 정리하게 되고요. 그 모든 게 다 국어 공부 아닐까요? 국어 활동이고요! (궁금하거나 부족한 부분을) 생각하고→(알아낸 것을) 정리하고→(내가 혹은 남이 잘 알아볼 수 있도록) 표현하고→(더 많이 자세하게 알고 싶어서) 심화하고…… 이것만큼 훌륭한 국어 공부가 어디 있을까요?

 날마다 새롭게, 창의성 계발하기
자꾸 새로운 걸 생각해보는 연습을 하세요. 물론 억지로 스트레스까지 받으면서 그러라는 건 아니에요. 인터넷에 보면 영화 포스터를 패러디한 것들이 정말 많죠? 감탄을 금치 못할 기발한 것들이 얼마나 많아요? 쌤은 여러분이 그런 것들을 감상만 하지 말고 직접 만들어보았으면 좋겠어요. 쌤이 EBS에서 〈시 개념 끝장내기〉라는 강의를 했는데 거기 시조를 가르치는 부분이 있었어요. 여러분도 '시조' 하면 엄청 고리타분할 거라고 생각하죠? 그런데 전혀 그렇지 않답니다. 시조는 누구나 아주 쉽게 쓸 수 있어요. "시조의 기본 형식은 3장 4음보야" 하고서 학생들에게 시조를 직접 지어보게 하면 얼마나 잘 쓰는지 몰라요.

내일이 시험인데 오늘이 다 갔구나
한 것 하나 없이 잠은 왜 또 쏟아지나
지난 번 시험 전날과 같이 어찌 이리 같을꼬.

―학생 작품

시조만 그런 게 아니에요. 국어 시간에도 창의력을 키울 수 있는 기회들이 아주 많답니다. 〈내나무 노래〉라고 말장난 식으로 만든 옛날 민요가 있어요. "가자 가자 가자 감나무, 오자 오자 오자 옻나무, 아무리 낮에 봐도 밤나무……" 이런 거죠. 동음이의어도 가르칠 수 있고 언어유희도 가르칠 수 있는 재미있는 민요랍니다. 수업 시간에 이것을 가지고 학생들에게 이어 쓰게 하면 얼마나 멋진

가사들이 나오는지 모릅니다. "미안 미안 사과나무……" 하면서요.

　새로운 걸 생각해낼 수 있는 기회는 자기 스스로 찾아야 합니다. 친구들과 길을 가다가 간판을 보면 "저 간판 이름은 왜 저렇게 지었을까? 나라면 이렇게 지어보겠어" 하고 생각해볼 수도 있겠지요? TV 광고를 보다가도 책을 보다가도 우리는 언제든 새로운 것들을 상상하고 나만의 새로운 세계를 창조할 수 있습니다. 호기심과 부지런함은 기본이겠지만요!

 일기장보다 영양가 높은 시간관리 노트

　여러분, 성공적인 중학교 생활을 위해 시간관리 노트 쓰기를 제안합니다. 쌤이 올해 실시해보았는데 예상 밖의 '대박'이 났답니다. 학기가 시작되는 3월부터 하면 제일 좋아요. 만드는 방법은 간단합니다. 먼저 일주일 단위로 시간표를 짭니다. 학교에서 배울 과목들을 시간표 순서대로 간단히 적고, 학교 끝나고 자기가 어떤 어떤 것들을 공부할지 계획을 세운 후, 날마다 본인이 하고 안 한 것을 체크하는 것이지요. O X 표시도 하고, 간단하게 일주일 반성도 쓰고, 스스로를 돌아보는 겁니다. 참, 수업 시간에 해당 과목을 몇 퍼센트나 이해했는지 적고 부족한 부분을 어떻게 보완했는지도 간단히 적어놓아야 합니다(이건 뒤에서 자세히 얘기할게요). 그리고 월요일이 되면 새로 시작하는 다음 일주일 계획을 세워서 쌤의 책상 위에 올려놓는 거예요. 그럼 쌤은 매주 월요일 아침마다 우

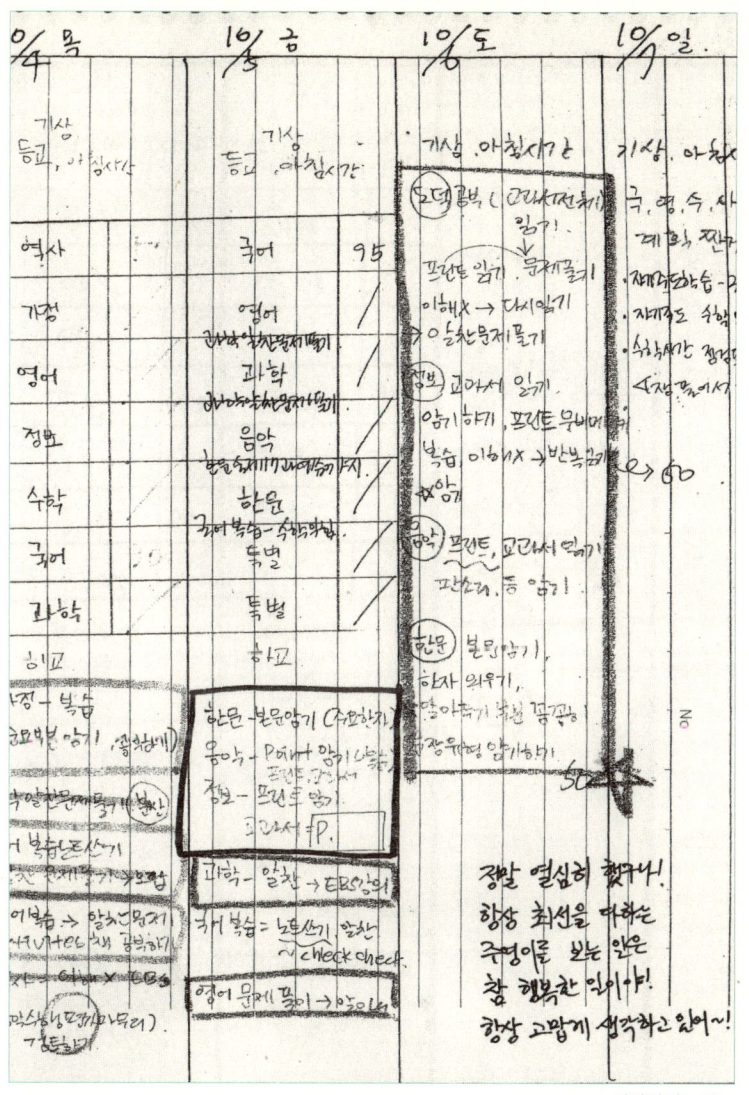

리 반 학생 수만큼의 노트 35권을 일일이 확인하지요. 노트를 보면 여러분의 생활이 다 보인답니다. 물론 이따금 거짓말하는 학생이 있을 수도 있겠죠. 그런데 시간이 지나다 보니까 거짓말하는 아이가 차츰 줄어들더라고요. 이제는 아예 없고요. 사실 거짓말을 해봐야 무슨 의미가 있겠어요? 자기 생활인데요.

이렇게 시간관리 노트를 쓰다 보면 시간이 얼마나 소중한지, 그냥 아무 생각없이 흘려보내는 시간이 얼마나 아까운지도 알게 된답니다. 그러면 쓸데없이 TV를 켜놓고 빈둥거리는 시간도 줄어들고, 게임하느라 밤을 꼬박 새는 일도 줄어들지요(중학교 1학년부터 시작되는 중학교 시기는 정말 중요한 시기. 이 시기에 생각하고 공부하는 데 시간을 쓴 아이와 멍하니 텔레비전을 보면서 시간을 보낸 아이의 뇌에는 차이가 있다. TV 앞에서 시간을 많이 보내는 아이들의 뇌는 수동적으로 노출되어 활발하게 움직이지 못한다고 한다. 쓸데없는 정보를 처리하느라 에너지를 다 낭비하게 되어 정작 중요한 지적 능력을 기르지 못하게 된다는 것).

시간관리 노트에는 영화 감상 촌평(짧은 글)을 써도 좋아요. 괜찮다고 인정받은 영화들을 가족이나 친구들과 같이 본 다음 기록을 남기는 거죠(좋았던 대사나 줄거리 요약 정도면 되겠죠?). 만일 음악회를 다녀왔다면 그냥 '몇 시에 음악회 갔다'고만 적을 게 아니라 장소나 같이 갔던 사람이 누구인지 등을 언급하면 좋겠지요. 기념으로 티켓을 붙여놓는 것도 좋은 방법이고요. 입학사정관제나 포트폴리오 생각을 하지 않더라도 자기가 경험한 것 하나하나가 소중한 나의 시간을 내서 쓰는 거니까, 한 순간도 허투루 보내거나 잊어버리면 속상하잖아요? 단 한 번뿐인 '지금 이 시간'을 말이지요. 그래서 쌤은 가급적 여러분이 경험하는 모든 일을 날마다 기록해놓으라고 주문한답니다.

 멘붕되기 싫다면 일주일에 한 번 도서관!

도서관에 가면 정말 재미있는 책들이 많아요. 제목만 봐도 읽고 싶은 책들이 엄청 많지요. 도서관에 가면 왠지 부자가 된 듯한 느낌이 들지 않아요? 쌤은 여러분이 일주일에 한 번쯤 친구나 부모님과 도서관에 갔으면 좋겠어요. 주말 나들이하기에 짱 좋은 곳이잖아요. 여름엔 시원하고 겨울엔 따뜻하고^^!! 가기 전에 미리 '읽고 싶은 책' 목록을 만들어도 좋고, 좋아하는 분야의 서기 앞에 서서 한번 쭉 훑어보기만 해도 읽고 싶은 책들이 막 손에 잡힐 거예요. 그럼 그걸 들고 와서 그냥 앉아서 읽는 거죠. 이것저것 꺼내서 읽다 보면 집에 가져가고 싶은 책이 생기게 마련이고, 그러면 책을 빌리게 되지요.

"책을 많이 읽는 사람이 인생에서 성공한다!"

고리타분하다고요? 아니아니, 절대 그렇지 않아요. 진짜 사실이거든요. 유명한 영화감독이나 배우(최근 연극영화학부를 지망하는 학생들에게 교수들이 추천한 실기/면접고사 준비 중 하나가 '책 읽기를 습관화하라'였다), 에디슨(도서관을 통째로 빌려 놓고 도서관에 있는 거의 모든 책을 다 읽었다고 한다), 세종대왕, 링컨 대통령, 나폴레옹, 그리고 여러분이 좋아하는 스티브 잡스 같은 사람도 독서광이었답니다.

뇌과학을 연구하는 학자들에 따르면 중학교 1학년 때부터 뇌 회로가 기하급수적으로 복잡하게 얽히면서 발달한대요. 그래서 이 시기가 정말 중요하다고 말하는 거고요. 뇌의 신경세포 발달은 중학교 1~3학년까지 활발하게 이루어지는데, 특히 중학교 1학년 때가 가장 중요하다고 합니다. 그러므로 이 시기에는 TV처럼 사람을 수동적으로 만들어주는 매체에 넋을 잃지 말고, 뇌가 능동적으로 움직일 수 있도록 끊임없이 자극하는 독서와 공부에 시간을 많이 써야 한답니다. 중학교 때 똑똑한 뇌를 만들어놓으면 평생 동안 똑똑하게 살아갈 수 있으니까요.^^

14세를 위한
국어 공부법
팁

학교 수업에 완전 집중하세요!

뭔가 대단한 방법이 있을 거라고 생각했죠? 땡!! 아닙니다. 학교 수업 시간에 집중하는 것, 가장 중요하고 당연한 공부법입니다. '수업에 집중하기'와 '예습·복습'의 중요성은 아무리 강조해도 지나치지 않습니다.

시간관리 노트를 활용하라

쌤이 여러분에게 권하는 것은 시간관리 노트를 적극 활용하는 일입니다. 그날그날 학교에서 무엇을 배웠는지, 방과 후 시간을 어떤 식으로 무엇을 하면서 보냈는지를 꾸준히 기록하는 거죠. 자세하고 솔직하게 기록하다 보면 스스로 칭찬과 꾸짖음을 반복하게 된답니다. 그리고 1년 후 결과가 달라지죠. 쌤은 그런 변화를 여러 번 목격했어요. 그중 가슴 뿌듯한 예를 한 가지 소개할게요.

쌤이 가르쳤던 학생 중에 진짜 열심히 시간관리 노트를 쓴 녀석들이 몇 명 있어요. 그중에 한 녀석은 본격적으로 재미를 느꼈어요. 계획을 세우고 체크하고 지키고 하면서 뿌듯함을 느끼기 시작했고요. 그 학생은 수업 시간 계획표대로 과목을 쭉 적어요. 1교시부터 6교시나 7교시까지. 그 다음에 과목별로 본인이 수업을 얼마나 이해했는지 적어요. 퍼센트로 표시하더라고요(국어 90퍼센트, 역사 50퍼센트…… 하는 식으로). 그런 다음에 역사를 50퍼센트 이해했으면 왜 50퍼센트밖에 이해하지 못했는지, 이해하지 못한 내용이 무엇인지 적는 거예요. 그러고 나서 집에 가서 그 내용을 복습하는 거죠. 그런 식으로 수업 시간을 철저하게 관리하더니 전교 등수가 무려 90등이나 오르더군요!!

우리 학교 학생 수가 300명이 좀 넘는데, 90등이 오른 거예요. 정말 엄청나죠? 그러니까 본인이 공부의 맛을 느끼기 시작한 거죠. "공부가 짜증나고 괴로운 게 아니구나" 하고 깨달으면서 무엇보다 스스로 재미를 느끼기 시작한 겁니다. 더 놀라운 사실은 시간이 흐르면서 수업 이해도 퍼센트가 점점 더 높아졌다는 것이지요. 처음에는 30퍼센트도 있고, 70퍼센트도 있고 그랬는데 뒤로 가면 갈수록 다 90퍼센트 이상이 된 거예요. 비결이 뭘까요? 오늘 배운 내용 중 잘 이해하지 못한 부분을 이 학생은 집에 가서 반드시 짚고 넘어갔지요. 모르는 부분을 이해할 때까지요. 그러니까 다음날 학교에 와서 수업을 들을 때는 어제 공부한 내용과 무리 없이 연결되어 '당연히' 이해를 더 잘하게 되었고요.

여러분 다시 한 번 강조할게요!

10월 25일 (목)

✱수업이해도✱

0교시 (8:20~9:00) - 수학 (원의 성질)
　　　　　　　이해도: 100%
　　　　　　　　　X: 0%

1교시 (9:10~9:55) - 역사 (동남아시아)
　　　　　　　이해도: 80%
　　　　　　　　X: 20% (이해X, 흐름X)
　　　　　(역사책 읽고 이해X, 흐름파악 해기)

2교시 (10:05~11:50) - 가정 (DNA)
　　　　　　　이해도:
　　　　　　　　X: 10% (재명이해X)

3교시 (11:00~11:45) - 영어 (게임)

4교시 (11:55~12:40) - 정보 (포토샵)

5교시 (1:30~2:15) - 수학 (원의 성질)
　　　　　　　이해도:
　　　　　　　　X: 10%

6교시 (2:25~3:10) - 국어 (논평읽기)
　　　　　　　이해도: 80%
　　　　　　　　X: 20% (파악X)

이해도를 퍼센트로 표시한 시간관리 노트

중학생인 여러분에게 기본적으로 가장 중요한 것은 학교 수업입니다. 다만 여러분이 그 사실을 자꾸 놓치면서 수업 시간에 졸거나 딴 생각을 하거나 딴 짓을 하고, 마음이 급하니까 학원에서 보충을 하는 거죠. 이렇게 학교 수업을 등한시하는 태도는 매우 어리석은 '먼 길 돌아가기'에 지나지 않습니다.

➲ 5분 예습은 나의 힘

수업을 열심히 듣는 데 필요한 것이 예습입니다. 어떤 학생은 "에이, 선생님, 모르는 부분을 어떻게 공부하고 가요?" 하고 물을지도 모르겠네요. 하지만 쌤이 장담합니다. "예습, 절대 어렵지 않아요!!" 간단히 5분이면 예습을 끝낼 수 있어요. 중학교 수업 시간은 45분밖에 되지 않아요. 따라서 배울 수 있는 양도 별로 많지 않지요. 그러니까 여러분 스스로 시간과 배우는 양을 대충 가늠한 다음, 과목별로 다음날 배울 것을 미리 한 번만 읽어보면 된답니다.

이때 자기가 모르는 부분—어, 이건 좀 어렵다 하는 것—만 연필로 체크해놓고 수업 시간에 가서 앉아 있어보세요. 뭘 배울지 미리 알고 교실에 앉아 있는 기분이 얼마나 삼삼한지! 느낌이 다르다니까요!! 선생님이 설명할 때 '아, 맞아, 맞아' 하고, 이해하지 못했던 데가 나오면 집중해서 듣게 되지요. 복습도 중요하지만 쌤은 꼭 예습을 했으면 좋겠네요. 친구들이 대답하지 못해서 쩔쩔맬 때 자랑스럽게 손을 드는 내 모습, 상상만 해도 기분 좋지 않나요?

➜ 드라마 볼 때 지난 회 내용을 떠올리듯 복습으로 내용을 연결시켜라

예습을 하고, 수업을 백 퍼센트 이해했다면 간단히 복습하는 훈련을 쌓아야 합니다. 집에 가서 해도 좋지만, 수업이 끝난 직후에 하면 더 좋아요. 아주 간단하게요. 왜냐하면 시간이 가면 갈수록 잊어버리는 양이 많아지기 때문이죠. 그래서 수업이 끝난 직후에 간단히 한 번 훑어보는 게 정말 도움이 된답니다. 만일 이런 공부법에 제대로 습관이 든다면, 여러분은 곧 전교 10등 안에 들어갈 수 있을 거예요!

복습을 하면 지난 시간에 배운 수업 내용을 연결하기가 수월해집니다. 여러분, 우리가 드라마 볼 때 만일 11회분을 본다 하면, 1회분부터 10회분까지 내용을 머릿속에 환기시키고 11회분을 보잖아요? 무의식적으로 누구나 그렇게 합니다. 수업도 마찬가지에요. 앞에 있었던 내용을 머릿속에 잘 집어넣고 오늘 수업을 '이어서' 들어야 한다는 거죠. 그러니까 복습도 빼놓을 수 없겠지요?

학습목표를 정확히 파악하세요!

예를 들어, '요약하며 읽기'라는 단원을 시작한다고 해요. 여러분은 이때 "아, 이 단원에서는 요약하며 읽는 방법을 배우는구나" 하고 학습목표를 '먼저+반드시' 이해해야 합니다. 그러면 수업을 듣거나 글을 읽을 때 딴 데 생각을 돌리지 않고 학습목표가 알려준 길을 따라 집중하게 되지요. 꼭 명심하기 바랍니다. 학습목표를 반

드시 머릿속에 넣고 있어야 합니다. 당연히 선생님들도 시험 문제를 낼 때 '이 글을 요약하며 읽을 수 있는지'를 중점적으로 테스트합니다. 그러니까 엉뚱한 걸 공부하면 안 된다는 거죠.

학습목표를 활동으로 하게끔 풀어놓은 것을 '학습활동'이라고 합니다. 학습활동을 잘 수행하려면 그 수업 시간에 다룬 '제재(문학 작품이나 글 또는 말하기·듣기 자료)'를 꼼꼼히 읽어야 합니다. 내용 파악은 기본이고, 그 제재를 이해할 때 학습목표와 관련되는 부분이 어떤 것들인지를 확인해야 하지요. 수업 시간에 선생님이 설명한 내용을 중심으로 제재를 꼼꼼히 읽다 보면 그 안에 시험 문제가 다 들어 있답니다.

학습활동을 수업 시간에 선생님과 함께 푼 후에는, 따로 시간을 내어 학습활동을 다시 풀어보세요. 학습활동의 답을 공책에 직접 두세 번 정도 써보는 것이죠. 학습활동은 대개 단답형보다 서술형으로 되어 있어요. 그러니까 본인이 직접 답을 써보면 요즘저럼 서술형 시험이 점점 강화되는 상황에서는 아주 큰 도움을 받을 수 있지요. 이것은 또한 굉장히 쉽고 확실하게 시험 공부를 할 수 있는 방법이기도 해요. 그런데 쌤이 보니까 여러분은 이런 걸 잘 안 하더라고요. 별로 어려운 것도 아닌데!! 학습목표를 머릿속에 넣고 공부하고, 학습활동은 꼭 손으로 직접 여러 번 써보면서 풀기, 잊지 마세요!!

시험 경향, 반드시 자기 교과서로 파악하세요!

요즘은 학교마다 사용하는 교과서가 다릅니다. 2013년에도 16종의 교과서를 사용하게 됩니다. 물론 여러분은 그중 한 가지 교과서만 배우게 되지요. 그런데 학교에 따라 시험 문제를 내는 방식을 살펴보면 차이가 조금 납니다. 어떤 학교는 배우는 교과서에서만 시험 문제를 내고, 어떤 학교는 다른 교과서에 나온 것도 참고하고 그러거든요.^^;;

예를 들어 '요약하며 읽기'를 배웠다고 해요. 만일 여러분이 다니는 학교가 교과서에 실린 글을 가지고 수업하고 배운 내용을 제대로 이해했는지 평가하는 데 중점을 두는 곳이라면 특히 학교 수업을 잘 들어야 해요. 그런데 또 어떤 학교는 '요약하며 읽기를 가르쳤으니까 이걸 제대로 배웠는지 확인하려면 다른 글을 가져다가 시험해봐야 해' 하면서 여러분에게 생소한 글을 문제로 내는 학교도 있어요.

그러니까 여러분은 첫 번째 시험을 보기 전에 그걸 먼저 파악해야 돼요. 물론 선생님들이 먼저 이야기해주지만요(만약 "우리는 이렇게 이렇게 시험 문제를 낼 거다"고 이야기를 안 해주시면 직접 물어보세요). 여러분 학교가 배우는 교과서 위주로 문제는 내는 곳이라면 정말 철저히 교과서 중심으로 공부하면 되고, 응용하는 식으로 문제를 내는 학교라면 공부 방법을 좀 다르게 해야겠죠.

➡️ 배운 교과서 내용만 시험에 나오는 학교에 다닌다면 이렇게!

수업이 아주 중요한 학교로군요. 수업 시간에 반드시 집중하고 쌤이 말한 것처럼 5분 예습과 복습, 그리고 학습활동을 열심히 하세요. 그리고 여러분이 배우는 교과서를 만든 출판사에서 낸 문제집을 구하세요. 문제집을 한 권 정도 풀어보면서 본인이 제대로 이해했는지를 확인하세요.

하지만 문제를 푸는 것으로 공부를 끝내면 안 됩니다!!! 문제를 풀어본 다음에 틀린 게 나온다면 그것이 교과서 어디에 있는지 반드시 찾아야 합니다. 그리고 교과서의 그 부분에 표시를 하는 거죠. 교과서 빈 곳에 메모를 해도 좋고요. 이렇게 눈에 띄게 정리해두었다가 나중에 총정리할 때는 교과서만 가지고 공부하면 되지요. 여러분, 문제집을 여러 권 푼다고 해서 절대 실력이 늘지 않아요. 내가 알고 있는 것과 모르고 있는 것을 정확하게 확인하는 게 더 중요하지요.

➡️ 교과서 이외의 자료를 활용하는 시험은 이렇게 준비해요

응용하는 식으로 시험 문제를 내는 경우엔 학교 교과서나 학교 문제집만으로는 충분하지 않아요. 물론, 예습과 복습을 하면서 수업에 집중하는 것을 기본으로 한 후, EBS 강의를 활용해보세요. EBS 강의는 일단 무료이고, 어느 정도 공신력이 있으니까 안심해도 된답니다. EBS 교재는 기본적으로 교과서 16종을 종합하여 만

듭니다. 16종 교과서를 일일이 확인한 후 겹치는 제재라든지 중요한 제재를 선정한 후, 학습목표별로 교재를 만드는 거지요. 그래서 우리 학교 교과서 이외의 다른 학교 교과서에 나와 있는 글들도 많이 접할 수 있기 때문에 응용력을 기르기에 아주 좋지요. 제대로 된 국어 실력을 갖추고 싶다면 EBS 강의 하나 정도는 꼭 들어보기를 권합니다. 덧붙여, 욕심 많은 친구들은 다른 책을 더 공부해도 좋아요!!

뭐니 뭐니 해도 개념 파악, 정말 중요해요!

중학교 1학년뿐 아니라 고등학교에 들어가는 학생들에게도 마찬가지. 개념이 중요하다는 이야기는 해도 해도 끝이 없어요. 개념이 뭐냐고요? 중학교에 올라가면 국어 수업을 할 때 선생님들이 자주 전문용어들을 사용하실 거예요. 그게 소위 개념이라는 것들입니다. 예를 들어서 쌤이 여러분과 수업을 한다고 해요. 칠판에 적은 시 한 편을 가리키면서 쌤이 "이 시는 비유와 상징을 사용하여 시적 화자의 정서를 효과적으로 형상화했어요" 하고 말한다면 모두 멍해지겠죠? 분명히 한국말로 설명했는데 못 알아듣는 거예요(이 설명에 나오는 '비유', '상징', '시적 화자', '정서', '형상화' 같은 단어가 개념어).

특히 여러분 같은 중학교 신입생에게 가장 어려운 게 새로운 학습용어일 거예요. 초등학교 때는 '주장하는 글', '설명하는 글', '이어주는 말'처럼 풀어쓰기 식의 용어를 사용했지만, 중학교에 올라오면 '논설문', '설명문', '접속어' 등 한자어로 된 말들을 더 많이 사용하기 때문입니다. 그럼 어떻게 하면 좋으냐고요? 걱정 말아요. 일단 '노래 글→운문, 설명하는 글→설명문, 주장하는 글→논설문, 중심 생각→주제, 글감→소재, 낱말→단어, 이어주는 말→접속어'처럼 확 달라진 용어를 일목요연하게 정리하고 공부하면 되니까요.

여러분이 중학교 공부를 어려워하는 건 거의 생소한 학습용어나 개념어 때문입니다. 아직 적응이 안 되어서 그렇기도 하고, 한자어에 익숙하지 않아서 그럴 수도 있어요. 하지만 처음엔 좀 고생이 되어도 한 번 잘 정리해두면 두고두고 쓸 수 있으니까 개념 정리, 야무지게 한 번 해보세요. EBS에서 낸 〈개념 끝장내기 시리즈〉가 도움이 될 거예요. 중학교 국어에 필요한 모든 개념들을 시, 소설, 수필·극, 문법·어휘, 비문학 이렇게 다섯 분야로 나누어서 정리해둔 거죠. 이 개념들은 고등학교 국어 공부를 할 때도 그대로 이어진답니다.

하지만 여러분만 착실하게 수업을 따라준다면 학교 수업만으로도 개념 공부를 할 수 있어요. 공부에 필요한 기본 개념은 선생님들이 다 가르쳐주니까요. 그러니까 너무 부담 갖지 말고, 우선 명확히 이해한 다음, 반드시 정리하는 습관을 길러야 합니다. 방학 때처럼 시간이 날 때 EBS의 도움을 받는 것도 좋겠고요. 여러분,

개념 공부 확실히 해서 개념 없다는 소리 듣지 맙시다!!

특명, 초서 파일을 만들자!

쌤이 실제 사용하고 있는 방법인데요, 여러분에게도 권하고 싶어요. 바로 '초서 파일 만들기!'랍니다. 쌤도 독서 방법에 대한 책을 읽다가 알게 되었는데, '초서'란 옛날 우리 조상들이 글을 읽고 나면 가슴에 남는 좋은 글귀를 정성을 다해서 공책에 적어놓은 걸 말한대요. 쌤은 이걸 좀 다른 방법으로 만듭니다. 21세기니까요.^^

일단 책을 읽으면서 마음에 드는 문구가 있으면 책 귀퉁이를 접어놓습니다. 한 권 읽고 나면 여기저기 귀퉁이가 접혀 있지요. 감동이 많은 책은 접힌 귀퉁이가 많고 좀 덜한 책은 적당하고……. 그리고 접어놓은 부분을 찾아서 컴퓨터 파일을 만들어 옮깁니다. 일명 '초서 파일'이지요. 그러면 나중에 그 책을 전부 읽지 않더라도 초서를 해놓은 것만 보고도 감동을 되살릴 수 있을 거예요. 책에 대한 감동뿐 아니라 읽을 때의 기억도, 그때 책을 읽으면서 했던 생각도 다 떠오르겠죠? 얼마나 즐거울까요? 욕심이 있는 친구라면 학교 공부 초서 파일과 나만의 초서 파일을 분리해서 만들면 더 좋겠지요?

친해지는
개념어
완전정복

- **구성** : 글의 내용을 효과적으로 전달하기 위해서 여러 요소들을 잘 짜 맞추어 배열하거나 서술한 것.
- **담화** : 둘 이상의 문장이 연속되어 이루어지는 말의 단위.
- **문맥** : 글에 표현된 의미의 앞뒤 연결로, '문맥적 의미'란 글의 앞뒤 내용을 바탕으로 해석한 의미를 말함.
- **문장 성분** : 한 문장을 구성하는 요소로, 주어·서술어·목적어·보어·관형어·부사어·독립어 등이 있음.
- **문체** : 글쓴이의 개성이 드러나 있는 글투.
- **비유** : 어떤 대상을 그것과 비슷하거나 관련이 있는 다른 대상에 빗대어 표현하는 방법.
- **상징** : 표현하려는 대상을 숨기고 다른 사물로 대신하여 표현하는 방법으로, 주로 추상적인 대상을 구체적인 사물로 표현함.
- **심상** : 시를 읽을 때 마음속에 떠오르는 감각적인 모습이나 느낌으로, 이미지라고도 함.
- **어절** : 문장을 구성하고 있는 각각의 마디로, 띄어쓰기의 단위가 됨.
- **우화** : 동식물을 사람처럼 표현하여 풍자와 교훈의 뜻을 나타냄.

- 운율 : 시를 읽을 때 느껴지는 리듬감.

- 음운 : 말의 뜻을 구별하여 주는 소리의 가장 작은 단위.

- 음절 : 음운이 모여서 이루어진 소리의 덩어리로, 한 번에 소리 낼
  수 있는 소리마디.

- 의도 : 어떤 일을 하고자 하는 마음속의 생각이나 계획으로, '글쓴
  이의 의도'란 글을 통해 독자에게 꼭 전달하고자 하는 본뜻을 말함.

- 의의 : 어떤 사실이나 말, 행동의 중요성과 가치.

- 정서 : 사람의 마음에서 일어나는 여러 가지 감정이나 그 감정을 불
  러일으키는 기분이나 분위기.

- 추상적 : 구체적이지 않고 어떤 사실(현실)에서 멀어져 막연한 것.

- 품사 : 공통된 성질에 따라서 나누어 놓은 단어의 갈래.

- 함축적 의미 : 사전적 의미 외에 작품 속에서 새롭게 만들어진 의미
  로, 말이나 글 속에 숨어 있는 의미.

- 허구 : 사실에 없는 일을 사실처럼 꾸며 만드는 것으로, 사건을 작
  가가 상상력으로 재창조하는 것.

꽂히면 통한다
14세에게
권하는
책&영화

Books

○ **공부는 내 인생에 대한 예의다** – 이형진 지음 | 쌤앤파커스

왜 공부해야 하는지에 대하여 진지하게 고민하게 해주고, 공부를 하고 싶게 만들어주는 멋진 책. 공부가 싫은 것은 억지로 하고, 또 눈앞의 성적 올리기에만 급급한 탓이다. 그렇다면 공부를 바라보는 관점을 바꿔보면 어떨까? 단순히 책을 파고드는 지루한 과정이 아니라, 세상과 소통하고 나를 알고, 자신의 꿈을 찾아가기 위한 진지한 몸짓으로 말이다.

○ **소설 동의보감** – 이은성 지음 | 마로니에북스

조선 시대의 명의 '허준'의 삶을 그려낸 소설로, 진짜 멋있는 삶이 어떤 것인지, 어떤 사람이 멋있는 사람인지를 생각하게 해준다. 한때 시청률 50%라는 놀라운 기록을 보여주었던 드라마 TV드라마 〈허준〉의 원작소설이기도 하다. 이 소설은 허준의 곧은 신념과 장인적 집요함, 의업에 대한 진정성, 그리고 고통 받는 민초에 대한

무한한 애정을 생생하게 묘사한다. 굴곡 많은 삶이 자초한 극한의 좌절을 극복하고 자신의 꿈을 성취해가는 그의 일대기는 오늘의 우리에게도 큰 위로와 희망을 제시한다.

지리산 — 이병주 지음 | 한길사

'토지'나 '태백산맥'은 워낙 많이 알려져 있지만 '지리산'은 좋은 내용에 비해 많이 읽히지 못한 것 같다. 우연한 선택으로 빨치산이 되어버린, 한 남자의 이야기를 역사 소설로 다룬다. 일제강점기를 가까이에서 느낄 수 있고, 해방 직후의 삶이 어땠는지 체험하는 데 도움이 된다. 우리나라 근현대사를 공부하기에 너무너무 좋은 책.

지도 밖으로 행군하라 — 한비야 지음 | 푸른숲

세상을 좀 더 큰 눈으로 바라보게 해주는 책. 이 세상에는 학교에 다니고 싶어도 못 가는 아이들도 있고, 상상을 초월할 만큼 힘들게 살아가는 친구들도 많다. 나 이외의 세상과 삶에 눈을 뜨게 해주고 관심의 영역을 넓혀가도록 자극을 주는 책.

소피의 세계 — 요슈타인 가아더 지음 | 장영은 옮김 | 현암사

소설로 읽는 철학. 청소년을 위한 책으로 나온 것이어서 철학책이라고 해도 읽기에 부담이 없다. 인생이나 세상에 대한 근본적인 질문을 하고 있어서 지금 우리 청소년들에게 꼭 필요한 책.

○ **빌리 엘리어트**(Billy Elliot, 2000) 드라마 | 영국 | 감독 스티븐 달드리

탄광촌에 사는 11살 소년 빌리. 집안의 명예를 위해 권투를 배우러 가지만 빌리는 곧 자신의 발이 손보다 훨씬 능란하게 움직인다는 사실을 알게 되고, 발레 선생님의 독려에 힘입어 권투를 그만두고 발레 교실로 옮긴다. 하지만 빌리는 가족들의 극심한 반대에 부딪히는데……. 발레리노로서의 꿈을 이루어가는 한 소년과 진정한 가족 사랑을 보여주는 감동적인 이야기.

○ **옥토버 스카이**(October Sky, 1999) 드라마 | 미국 | 감독 조 존스톤

냉전이 지속되던 1957년 콜우드. 이 탄광마을에 사는 남자아이들은 아버지를 따라 광부가 되는 것 외에는 미래가 없다. 어느 날 호머는 소련의 첫 인공위성 발사 성공에 대한 뉴스를 듣고 자신이 진정으로 되고 싶은 것이 무엇인지 알게 되는데……. 하늘을 가로지르는 꿈을 위해 고군분투하는 호머와 친구들 이야기.

세상에서 가장 빠른 인디언(The World's Fastest Indian, 2005)

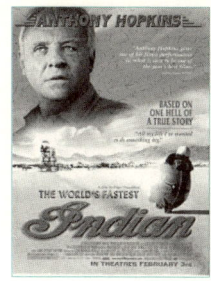

드라마 | 뉴질랜드, 미국 | 감독 로저 도널드슨

인디언은 오토바이 이름. 나이 드신 할아버지가 아주 구형 오토바이를 본인이 직접 개조해서 최고 속도로 달리는 경주에 나간다. 그리고 거기에서 신기록을 세운다. 도저히 그 오토바이로 낼 수 없는 기록을 세운 것. 이 영화는 실화를 바탕으로 만들어진 것으로 주인공 할아버지가 세운 기록은 아직 깨지지 않았다고 한다. 꿈을 이루기 위해서 노력하는 할아버지의 모습에서 가슴 뭉클한 감동이 밀려온다.

댓 씽 유 두(That Thing You Do!, 1996)

뮤지컬, 코미디, 드라마 | 미국 | 감독 톰 행크스

낮에는 부모님이 운영하는 가전제품 가게에서 알바를 하고, 밤에는 드러머의 꿈을 위루기 위해 혼자 드럼을 연습하는 아이. 그러던 중 우연히 옛 친구들을 만나 그룹을 결성한다. 이들이 만든 그룹 '원더스'는 당대 최고의 그룹 틀즈에 버금가는 인기를 누리게 되는데…….
실은 '원더스'라는 그룹은 없다.

여명의 눈동자(MBC 드라마) 총38부작

1991.10.07~1992.02.06 방영 | 연출 김종학

매력적인 인물들의 처절한 삶을 통해 생각할 거리들을 많이 던져주는 우리나라 드라마. 소설가 김성종의 동명의 소설이 원작. 일제 강점기인 1943년 겨울로부터 한국 전쟁 직후인 1953년 겨울까지 10년의 세월을 거치면서 거대한 역사의 소용돌이 속에서 세 명의 주인공(윤여옥, 최대치, 장하림)이 겪는 인생 역정을 감동적으로 그렸다. 사전제작, 현지 로케이션 등의 획기적인 시도로 많은 이슈를 만들었고, 높은 시청률을 기록하기도 했다. 세 주인공을 상징으로 우리 민족이 겪어야 했던 아픔을 생생하게 담아서 보고 난 뒤에도 오래도록 여운이 가시지 않았던 명작.

선생님이 궁금해요!

Q 어릴 적 꿈은 무엇이었나요?

A 사회복지사나 소설가가 되고 싶었죠. 지금은 잘 모르겠습니다. 소설은 아무나 써서는 안 된다는 생각이 들어서요.^^ 삶에 대해 진지하게 고민하고, 뭔가를 남에게 줄 수 있다는 확신이 있어야만 소설을 쓸 수 있을 것 같거든요.

Q 쌤은 어떤 아이였어요?

A 모범생이었죠. 아주 전형적인. 수업 듣는 게 즐거웠고, 공부도 비교적 즐겁게 한 것 같아요. 막 머리를 쥐어뜯으면서 하지는 않았거든요. 특히, 수업 시간만큼은 어떻게든 눈을 반짝반짝 빛내며 열심히 들었어요. 100% 이해를 위해! 그리고 선생님들을 참 좋아했고요. 사실 장점을 찾아서 보기 시작하면 선생님들마다 다 나름대로의 매력이 있으시거든요. 그렇게 선생님을 좋아하면 내게 득이 되지요. 내가 즐거워져서 수업을 열심히 듣게 되니까요!

Q 국어 교사가 된 특별한 이유가 있나요?

A 네. 저는 국어국문학과를 나왔는데 그 당시에는 교직 이수를 안 했어요. 그래서 졸업 후 교육대학원에 진학해서 국어교육학을 다시 전공해서 선생님이 된 건데요. 이유는 두 가지예요. 하나는 저 스스로 가르치는 데에 재능이 있다고 생각했거든요. 또 하나는 가르칠 때 보람을 많이 느꼈다는 점이고요. 대학 때랑 대학원 시절 알바로 누군가를 가르치면 그 애들 성적이 막 오르는 거예요. 그런 게 너무 흐뭇하고 기뻤어요. 또 결과와 상관없이 내가 그 아이들에게 공부의 즐거움을 느끼게 해줄 수 있다는 것도 즐거웠고요. 그래서 뒤늦게나마 이쪽이 내 길이구나, 하면서 교사 생활을 시작했어요. 저는 아직도 학교에서 수업할 때가 가장 행복해요.

Q 꼭 챙기고 싶은 책, 버킷리스트에 들어갈 책이 있다면요?

A 법정 스님의 수필집이요. 그분 수필집을 거의 다 가지고 있거든요. 법정 스님이 책을 더 이상 내지 말라고 이야기하셨잖아요. 그걸 내가 꼭 끌어안고 죽는다는 게 죄송하긴 해요. 그런데 워낙에 저는 법정 스님의 수필집을 좋아해서……. 아마 용서해주시겠죠? 또 하나가 있다면 헬렌 니어링과 스코트 니어링 부부가 쓴 『조화로운 삶』입니다.

Q 다른 직업을 택하게 된다면 어떤 일을 하고 싶으세요?

A 영어 선생님이 되고 싶어요. 제가 영어를 굉장히 좋아하거든요. 물론 공부를 많이 해야겠지만요! 영어 선생님 아니면 서평을 쓰는 사람이 되지 않을까 싶어요. 선배 중에 한 분이 인터넷 서점에서 서평을 쓰는데, 한 달에 읽는 책이 백 권이나 된다네요? 전 그게 너무 부러운 거예요. 1년이면 천 권 가까이 읽는 셈이잖아요. 책을 많이 읽을 수 있다는 것 자체가 너무너무 부러워서…… 아마도 서평 쓰는 일을 하게 되지 않을까요?

Q 이것만은 꼭, 생활의 신조는 무엇일까요?

A '감사'입니다. 저는 항상 감사하며 살고 싶어요. 나에게 주어진 것 중에 좋은 것들을 더 많이 생각하면서 살자는 거지요. 늘 밝게 웃으며 긍정적으로 생활하는 사람, 생각만 해도 기분이 좋아지지 않나요? 그래서 내가 숨 쉬고 있는 이 순간 순간이 소중하다는 것, 이 시간은 다시는 돌아오지 않는다는 것을 기억하면서 주어진 시간에 최선을 다하려고 합니다.

2교시 수학

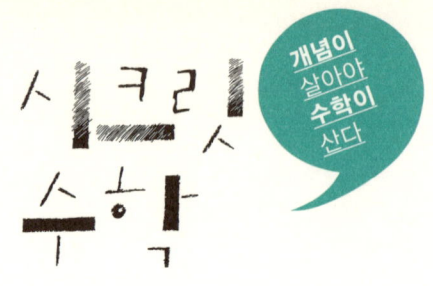

경기도 고양시 호곡중학교 수학과
배수경 선생님

여러분, 안녕하세요?

탄탄한 개념 설명으로 수학의 기본 틀을 짠! 만들어주는 수학의 여왕 배수경입니다. 고양시 호곡중학교에서 여러분 또래 친구들과 미운 정 고운 정 쌓으며 지내고 있지요.

쌤은 사실 중학교에서도 근무했고, 고등학교에서도 근무했어요. 원조 수업 경험은 좀 어이없게도 외국이었답니다. 해외 근무 나가는 남편을 따라갔다가 거기 있는 우리나라 아이들을 데리고 수업한 게 '공식적인' 첫 수업이었거든요. 사대 출신이니까 학창시절 한두 명 과외를 해본 경험은 있지만 학교라는 형식을 갖춰서 한 건 그때가 처음이었죠. 그때는 수학만 가르친다기보다 재외국민 교육 차원에서 역사와 국어도 가르쳤어요. 그때부터 현재 교직 생활까지 다 합하면 십오 년 정도 여러분과 만난 셈입니다. 틈틈이 EBS에서도 여러분을 만나고 있지요. 덕분에 제자들이 갑자기, 굉장히 많아졌어요. 처음에는 한두 명, 그 다음에는 이백 명…… 그러다가 방송 강의를 하면서부터 갑자기 몇 만 명의 학생을 제자로 갖게 된 경험을 했답니다. 지금은 어떻게 하면 여러분이 어려워하는 수학책을 조금이라도 쉽게 이해할 수 있도록 만들어볼까 고민하는 마음으로 교과서 집필까지 하게 되었죠.

음, 이제 쌤을 믿고 한 발 한 발 앞으로 나가볼까요? 여러분 하나하나 얼굴을 직접 보고 수업하는 건 아니지만, 우리, 두려운 마음이나 걱정 같은 건 잠시 '출입금지' 시키고 신나는 마음으로 수학의 세계에 풍덩 빠져봅시다. 자, 출발합니다!

수학, 어떻게 친해질까요?
_'시르다' 하지 말고, '조으다'의 이유를 찾아보자!!

쌤도 어렸을 때는 '공부는 꼭 해야만 되는 거니까 하는 거다'고 생각했어요. 특별한 이유가 있어서가 아니라 학생이니까 당연히 하는 거라고 생각했던 거죠. 그런데 기억을 더듬어보면 사실 좋아하는 과목도 꽤 있었어요. 쌤이 학교 다닐 때는 지금 여러분보다 더 많은 과목을 배웠답니다. 좀 얕게 두루두루 굉장히 많이 배운 거죠. 어떤 건 재미있기도 하고, 어떤 건 정말 싫었지만 해야 되니까 했고요. 쌤은 지리가 싫었어요. 뭔가 이유 없이 달달 외우는 게 싫더라고요(나중에 알고 보니까 다 이유가 있었지만, 그 당시엔 딱 그런 느낌이었죠). '왜 이유 없이 이런 걸 전부 외워야 되는 거지?' 하면서요.

그런데 수학은 흥미로웠어요. 뭔가 하나를 시작하면 거기에서부터 이유가 생기면서, 앞의 것 때문에 뒤의 것이 있고, 그래서 문제가 풀어지고……. 그런 과정이 너무 재미있더라고요. 처음엔 '외우지 않아도 된다'는 것 때문에 좋아했는데 이것도 지나다 보니 중간중간 외울 게 생기긴 하더군요. 물론 여러분이 다 쌤 같은 마음일 거라고 생각하지는 않아요. 하지만 현실적으로 볼 때 수학은 꼭 해야만 되는 과목에 속합니다. 법학을 하고 싶다거나, 운동선수가 되고 싶다거나, 혹은 예술가나 의사가 되고 싶다고 할 때, 즉 여러분 앞에 놓인 수십 갈래의 길에서 본인이 뭔가 최고가 되고자 할 때 수학은 꼭 필요한 과목 중 하나랍니다. 정말이라니까요!!^^

우선, 두 가지만 이야기할게요.

첫째, "피할 수 없으면 즐겨야 된다"는 것입니다. 어차피 내가 해야 하는 과목이라면 '시르다 시르다' 하지 마세요. 그러면 진짜, 너무 싫어집니다. 이왕이면 내가 해야 하는 거니까 얘랑 친해져보자, 이런 마음을 먹는 게 중요합니다. 어렵고, 싫고…… 이런 마음 때문에 실제로 그 안에 있는 굉장히 달콤하고 재미있는 것들을 못 볼 수도 있거든요. 그래서 아직은 급하지 않잖아요. 입시 성적이나 이런 게 완전 중요하고, 막 필요하고 그런 때는 아니니까 여러분 같은 중학교 1학년 입장에서는 "앞으로 얘랑 오랫동안 여행을 해야 하는데, 얘가 어떤 애일까 알아보고, 좀 친해져보자, 알고 보면 혹시 괜찮은 애일지도 몰라!" 하고 생각했으면 좋겠어요. 일단 한번 수학이란 애가 도대체 어떤 애인지 알아보고, 만일 '정말 아니다' 싶으면 적당한 거리를 둘 수도 있잖아요?

옛날에는 무조건 다 잘해야만 본인이 마음먹은 목표를 달성할 수 있었어요. 하지만 요즈음엔 솔직히 '얘랑은 여기까지밖에 아니야'라고 생각하면 그 선에서도 얼마든지 자기 진로를 결정할 수 있게 되었거든요. 그러니까 여러분, 부모님이 생각하는 것처럼 그렇게 부담을 많이 갖지 않았으면 좋겠어요. 그냥 "중학교 수학이란 애는 도대체 어떤 애일까, 나랑은 어디까지 친해질 수 있을까?" 하면서 좀 넓은 마음으로 만났으면 좋겠다는 생각이 들어요.

두 번째. 수학은요, 실제로 알고 보면 좀 괜찮은 애랍니다. 학교에서 보면 이따금 이런 학생들이 있어요. "쌤, 저는 나중에 수학 공부 전혀 필요 없는 쪽으로 진로를 정할 거니까 저한테 수학 하라고 강요하지 마세요!" 하고 은근히 협박하는 친구들이죠. 쌤이 고등학교에 근무할 때도 이런 학생들을 많이 만났지요. 그런데 정말 재미있는 게 뭔지 아세요? 요렇게 이야기했던 친구들 가운데 "어,

여기도 수학이 쓰여요? 저기도 수학이 쓰여요?" 하면서 놀라더라는 거죠. 나중에 본인한테 직접 들은 이야기랍니다. 직업의 세계에 들어가서 활동하다 보니 "세상에, 수학이 이렇게나 많이 쓰이네!" 하면서 놀라고 후회하고 막~ 그랬다고 하네요!!

예를 두어 가지 들어줄게요. 쌤이 중학교 1학년부터 중학교 3학년까지 방송강의를 다 해봤는데 말이죠, 거기 들어오는 사람들은 대개 중학교 1~3학년도 있지만, 기초가 약하다고 생각하는 고등학생도 있답니다. 그런데 쌤이 가장 놀라면서 한편으로 가장 보람을 느꼈던 부분은 자동차 정비를 하는 분이나 실제 직업 전선에 계신 분들이 쌤 강의를 들으러 온다는 점이었어요.

아, 어떤 학생의 아버님도 있었어요.

그분은 "내가 실제로 와서 보니까, 회사에 취직을 하고 보니까, 생각보다 수학이 많이 쓰입디다. 나는 내 직업이 수학과 관련이 없을 줄 알았는데 말입니다"고 말씀하셨답니다. 생각보다 수학이 참 많이 쓰인다는 거였어요. "통계를 조금 더 알았더라면 내가 업무를 처리하는 데 굉장히 편했을 텐데…… 뭐 이런 생각 때문에 다시 공부하러 들어왔는데 실제로 해보니까 참 재미있다. 옛날에도 이런 편안한 마음으로 공부했으면 정말 재미있게 공부했을 텐데……" 하고 고백하셨죠.

또 기억에 남는 분이 있네요. 자동차를 정비하는 분이었는데 수학이 싫어서 안 하고 있다가 특성화고를 거쳐 지금의 길로 가셨답니다. 그런데 자동차 정비 분야에서 본격적으로 전문가가 되려고 공부하다 보니 꼭 필요한 고급 수학이 있더라는 거예요. 그런데 막상 고급 수학을 시작하려니 기초가 많이 부족하다는 걸 느꼈답니다. 그분은 마침내 '기초부터 다시 하자'는 큰 결심을 했고, 쌤의 강의를 열심히 듣게 되셨대요.

여러분, 우리가 생각하지도 못했던 곳에서 수학이 실제로 널리 쓰인다는 것, 이해하겠지요? 요즘에는 수학이 어디에 쓰이는가를 다룬 책들도 많이 나와 있어요. 또 수학 동화라든지, 수학을 전문적으로 다루는 잡지에도 수학과 관련된 직업 이야기가 아주 많이 나옵니다.

쌤은 여러분이 수학 교과서만 보고—사실 수학 교과서는 행간을 많이 생략한 채 딱 해야 하는 것들만 다루는 바람에 굉장히 딱딱해 보인다—지레 겁먹지 말았으면 좋겠어요. 말랑말랑한 내용으로 채워진 책들을 먼저 접해서 부드럽게 머리를 워밍업한 다음 수학 공부를 시작하세요. 그러면 수학이라는 아이가 생각보다 꽤 괜찮은 친구라는 걸 알게 될 거예요. 비록 세상에 직접적으로 드러나 있지 않고, 겉에 보이지도 않지만, 실은 모든 것들의 밑바닥에 다 깔려 있을 만큼 중요하고, 여러분이 나중에 어떤 분야에 가서 실제로 일을 하게 되었을 때 직접 필요할 수도 있는 그런 친구라는 걸 말입니다.

여러분, 막연한 공포감으로 수학을 시작하지 마세요. 두려운 마음이 생기면 겁을 먹게 되고, 겁이 나면 머릿속이 꽉 막힌답니다. 그냥, 아주 가볍게, 수학이라는 이름을 가진 새 친구 한 명을 사귄다는 기분으로 중학교 1학년 수학을 시작했으면 좋겠어요. "내 이름은 수학이야! 넌 누구?" 하고 묻는 친구에게 기꺼이 손을 내밀어볼까요?

수학은 이해하는 학문인가요, 외우는 학문인가요?
_궁금하면 500원! 이해도 하고, 외우기도 하는 거지!!

　두 가지 다! 이해도 하고 외우기도 해야죠. 현실적으로 한국에서 공부하려면 외워야 될 부분은 '반드시 외워야지'요. 그런데 무조건 외우는 건 오래가지 못해요. 기본적으로 이해를 먼저 해야 되는 거죠. 문제를 이해하고, 풀이 과정을 이해하고, 답이 왜 그렇게 나왔는지를 이해해야 됩니다. 여러분에게는 이 과정이 좀 귀찮을 수도 있어요. 게다가 대부분의 수학 수업은 선생님의 설명을 듣거나 동영상 강의를 듣거나 과제를 해결하는 방식으로 '이해를 강요당하는 경우'가 많지요. 아주 수동적이란 뜻입니다.

　물론 여러분이 직접 참여해서 활동하는 양이 늘긴 했지만, 수학에서 사용되는 개념을 처음 배울 때는 대개 '이렇고 저렇지!' 하고 수동적으로 이해하는 경우가 많아요. 하지만 이렇게 수동적인 방식으로 공부하면 제대로 이해할 수 없다는 문제가 생깁니다. 예를 들어 여러분이 가장 자주 하는 말이 하나 있어요. "쌤 저는요, 선생님이 얘기해줄 때는 다 알아듣는데, 문제만 풀려고 하면 못 하겠어요!" 그럴 때 쌤은 이렇게 말합니다. "쌤의 쇼는 이제 끝났어. 쌤이 하는 쇼를 보고 전부 이해했다고 생각하면 오산!! 나는 내가 알고 있는 걸 여러분에게 전달만 했을 뿐이야. 이제부터는 너희 스스로, 능동적으로 이해하는 과정을 거쳐야 해."

하지만 여러분은 대개 스스로 뭔가 더 알아보려는 노력은 하지 않은 채―귀찮으니까―쌤이 알려준 내용만 암기하죠. 시험을 치러야 하니까 그냥 통째로 막 외우기 시작하는 거예요. 자, 그러면 어떤 문제가 생길까요? 외워버리면 일단 응용력이 없죠. 예제로 나오는 것만 풀 수 있지 조금만 문제가 뒤틀리거나 거꾸로 묻거나 하면 못 풀어요. 그래서 반드시 이해가 선행되어야만 실제로 수학을 이해했다고 보는 것입니다. 그런데 중학교 3학년 이상 지나가면서 보면 주어진 시간 안에 문제를 해결해야 하는 상황에 빠지게 되잖아요? 시험이 대표적인 경우이죠. 그런 경우에 우리가 사용하는 게 있어요. 바로 '공식'입니다.

공식은 어떤 상황에서 문제를 해결할 때 즉각적으로 쓸 수 있도록 수학의 내용을 함축적으로 잘 정리해놓은 것입니다. 여기서 필요한 것은? 맞아요. 바로 '외우기'입니다. 내용을 다 이해하고 난 다음에는 그것을 언제 어디서든 즉각 사용할 수 있는 '외우기'를 해야 합니다. 외우지 않으면 이해하는 과정을 계속 반복해야 하고, 그러자면 일정한 시간 안에 그걸 도출해내기가 힘들어지기 때문이에요.

외우는 부분도 필요하지만 어떤 내용은 이해만 제대로 하면 끝나는 것도 있어요. 예를 들어볼까요? 중학교 1학년 과정에 다각형의 내각의 합을 구하는 과정이 있어요. 이 내용을 보통 공식으로 유도하죠. 하지만 공식이 나오는 과정을 정확하게 이해하면 사실 공식 자체를 외울 필요는 없답니다. 이해하지 못하기 때문에 그냥 공식을 외우는 거죠. 그러고 나서 여러분은 보통 지필고사 시험지를 딱 받자마자 공식부터 한 귀퉁이에 적어놓잖아요. 문제를 풀 때 이용하려고요. 그리고는? 시험 종이 '땡' 치면 그 순간 싹! 잊어버려요. 실은 그게 나중에 학년이 올라가면서도 계속 쓰는 건데 한 번 하고 잊어버리니까 필요할 때마다 또 외우는 거죠.

여러분, 생각해보세요.

우리들 머리에는 용량의 한계가 있잖아요? 그런데 이런 식으로 모든 걸 다 외워서 집어넣기 시작하면 정작 필요할 때에 적절하게 꺼내 쓸 수가 없는 거죠. 제대로 이해한 것들은 잠시 머릿속으로 기억을 떠올렸다가 '아, 이거?' 하면서 바로 적용할 수 있는데도 무작정 외우면 6개월만 지나도 다 까먹는답니다.

이를테면 "오각형에서 내각의 합이 몇 도일까?" 하는 문제가 있다고 해요. 쌤은 달달 외우지 않아요. 잠깐 생각해보면 계산이 나오거든요. 먼저 오각형을 삼각형으로 다 쪼개고 나서 초등학생들도 다 아는 '삼각형에서 내각의 합은 180도'라는 걸 이용하는 거죠. 오각형은 삼각형이 세 개 나오니까 '180×3' 하면 내각의 합이 짠 계산되죠. 그런데 이해를 안 하고 무작정 외운 친구라면 '오각형의 내각의 합은 180×(n-3)' 하고 외워야 하고, 그걸 "정다각형의 한 내각의 크기를 구하라"고 하면 다시 n으로 나눠야 되지요. 공식을 계속 외워야 한다는 뜻이지요? 이렇게 핵심적인 내용을 이해하지 않은 채 의미 없이 외우기만 한다면 얼마나 복잡한 공식으로 보입니까? 그런데 이해했다면, '아, 삼각형으로 쪼개. 쪼개면 이렇게 되고, 정다각형이면 개수만큼 나누면 돼!' 하면서 자신만만하게 문제를 풀 수 있게 되지요. 이렇게 공부한 학생은 고3이 되어도, 수능시험을 보러 가서도 절대 안 잊어버리죠. "무작정 외우면 절대 기어하지 못한다!"는 사실, 꼭 명심하기 바랍니다.

수학자들은 공식을 어떻게 만들었을까요?
_하늘에서 떨어진 건 없어! 모든 건 바통 릴레이 같은 것!

여러분 오해는 금물! 모든 공식은 꼬리에 꼬리를 물고 발전되다가 정리되는 거예요. 어느 날 갑자기 하늘에서 뚝 떨어지는 게 아니고요. 옛날 학자들의 탐색을 그 다음 세대에게 물려주고, 다음 사람이 그걸 보면서 '어, 이거 조금만 더 발전시키면 되겠네' 하면서 또 발전시키고 그렇게 해서 최초로 그것을 정리한 사람이 주인공이 되는 거죠. 가장 유명한 예로 중학교에서 배우는 '피타고라스의 정리'를 들 수 있겠네요. 하지만 이 정리를 피타고라스가 최초로 발견한 것도 아니랍니다. 그 이전부터 있었던 것을 피타고라스학파가 당대에 논리적으로 증명하고 피타고라스 자신의 이름으로 발표한 것이죠. 그게 후대까지 남은 거고요.

지금도 쌤은 학교에서 아이들을 가르칠 때 누군가 멋진 걸 이야기하면 "어, 쌤이 이거 '지환이의 증명'이라고 다른 반에 가서 이야기한다?" 하고서 아이한테 허락을 받아 다른 반에 가서 "2학년 3반 지환이의 증명이야" 하고 소개해요. 증명을 하는 데엔 한 가지 방법만 있는 게 아니거든요. 굉장히 여러 가지 방법이 있고, 그건 누구나 도전해서 할 수 있는 일이지요. 지금도 피타고라스의 정리를 증명하는 방법이 이백 가지, 삼백 가지가 넘는다고 알려져 있어요. 그중에는 미국 대통령 가필드라는 분이 했던 증명도 있어요. 그러니까 지금 여러분도 얼마든지 할 수 있는 일이죠. 그리스 시대의 '유클리드 증명'도 있지만, 현대의 '가필드 증명'도 있고…… 어쩌면 '한국의 중학교 1학년 학생 채진이의 증명'이라는 것도 나올 수 있는 거죠.

물론 내가 열심히 뭔가를 증명해냈는데 이미 누군가 해버린 거라면 그 사람 이름이 붙겠지만, 모든 증명·공식·정리들은 이런 식으로 바통 릴레이처럼 전해지고 다시 전해져서 다음 사람이 앞의 것을 조금씩 더 발전시키고 발전시키는 거랍니다. 여러분이 고학년이 되어서 '기하'라는 이름 아래 배우는 것들은 대개 그리스 시대의 이론들입니다. 여러분 같은 중학교 학생들이 배우는 건 유클리드의 『원론』에 나와 있는 거지요. 『원론』은 당대의 방대한 수학 내용을 유클리드가 13권으로 집대성한 거랍니다. 옛날 거라고 무시하면 큰 코 다치죠!! 이런 걸 배움으로써 우리가 현재의 문제들을 다시 생각해보고 만일 수학을 전공하겠다고 마음먹는 사람이 있다면 그 사람이 그걸 바탕으로 더 발전시키는 거죠. 비단 수학만 아니라 다른 분야도 마찬가지겠죠? 요리도 그렇잖아요? 김치 담그고, 된장 담그고 그러는 것도 옛날부터 시행착오를 거쳐서 내려온 건데, 물려받고 물려받아 지금 '퓨전 김치'도 나오고 그러는 거잖아요! 수학도 똑같은 거라고 생각해요. 우리가 살고 있는 시대에 필요한 수학들은 살아나고 필요 없는 건 죽기도 하고 그래요. 수학 역시 다른 생명체처럼 살기도 하고 죽기도 하는 거죠!!

수학만 생각하면 온몸이 뻣뻣해져요, 어떡해요?
_뭉친 마음을 풀고 부드럽게 시작하세요!

여러분, 쌤이 아까 딱딱한 교과서보다 공부할 내용을 소프트하게 풀어낸 책들을 먼저 읽으라고 이야기했죠? 수학 잡지도 좋고요. 쌤은 여러분이 이런 것들을 먼저 읽고 "어, 이거 우리 옆에 있는 이야기들인데?" 하면서 흥미와 관심을 조금씩 넓혀갔으면 좋겠어요. 그런 책들을 보면 여러분이 어떤 데 관심을 가지든 어디 한 군데는 걸리게 마련이거든요.

유명한 건축물인 에펠탑으로 예를 들어볼게요. 여행 가서 보면 그냥 '에펠탑'일 뿐이지만 이야기 수학책이나 수학 잡지에서는 에 펠탑 안에 녹아 있는 수학 원리들을 친절하고 재미있게 풀어줍니다. 그런 글을 읽다 보면 '이런 거였어?' 하는 '반짝 깨달음'이 생기지요. 이를테면 에펠탑이 철골구조임에도 지금까지 튼튼하게 서 있는 것은 그 철골을 삼각형 모양으로 올렸기 때문이에요. 덕분에 거대한 건축물이 튼튼하게 서 있는 거고요. 이런 사실들을 확인하게 되면 여러분은 "아하, 내가 배우는 게 이런 데 쓰이는 거구나" 하면서 예전보다 훨씬 더 재미있게 수업할 수 있을 거예요.

얼마 전 일이에요. 수업 시간에 삼각형의 외심과 내심을 공부할

에펠탑의 철골은 삼각형 모양이다

때였죠. 쌤은 그날 학생들을 데리고 운동장으로 나가서 모래로 실험을 시켰어요. 평소에 공부를 잘 했던 친구들이 별로 흥미를 보이지 않았던 반면, 수학에 전혀 관심이 없고 수학 자체를 힘들어하던 아이들이 "쌤, 저 지금 소름 돋았어요. 완전 이해돼요!!" 하는 거 있죠? 사실 삼각형에서 외심과 내심이 어떻게 만들어지는가는 교실에서 이론적으로 다 배운 거예요. 다만 그 내용을 눈으로 직접 확인하는 과정이었죠. 자와 컴퍼스를 이용해서 찾아내는 게 아니라 눈으로 직접요!!

여러분도 한 번 해볼래요? 먼저 마분지로 삼각형을 하나 만듭니다. 그것을 들고 모래가 많은 곳으로 갑니다. 학교에서 할 때는 씨름장이나 멀리뛰기 하는 장소가 좋을 거고, 집에서 할 때는 근처 놀이터로 가면 돼요. 물론 설탕이나 소금을 사용해도 되지만 그러면 엄마 눈치를 좀 봐야 되겠죠?

자, 일단 모래를 집어서 마분지 삼각형 위에다 뿌립니다. 그러면 어떻게 될까요? 산처럼 쌓이잖아요. 기둥처럼 쌓이는 게 아니고요. 위에서 자연스럽게 뿌리면 가운데서부터 옆으로 흘러내리거든요. 그것을 한 쪽에서 보면 모래가 흘러내리면서 각을 이등분한 능선이 보이죠? 능선이 보이고, 능선이 보이고, 능선이 보여요. 그러면 결국 각을 이등분해서 만드는 게 내심이라는 걸 여러분이 눈으로 확인하게 되는 거죠. "오호라, 이게 바로 내심이로구나. 여기서 원이 그려지는구나!!" 내심, 외심 할 때는 골치만 아팠는데 이걸 눈

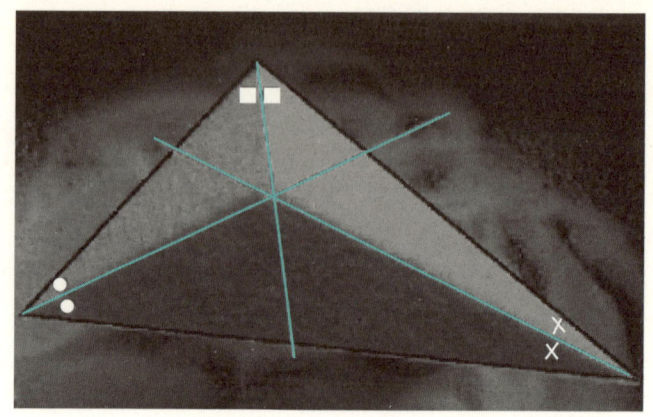

모래산 만들기로 확인한 삼각형의 내심과 외심

으로 직접 보니까 얼마나 속이 시원해요? 이런 실험을 하면 오히
려 성적이 좀 나쁘고 그랬던 친구들이 훨씬 더 재미를 느끼더군요!

자, 쌤이 여러분에게 "부드럽게 시작하자!"고 당부한 뜻을 알겠
지요? 실은 여러분도 초등학교 다닐 때에는 '활동수학'을 많이 했
을 겁니다. 분수를 배울 때도 식빵이나 피자 같은 걸 가져다가 직
접 잘라보고 그러잖아요? 그런 탐색들이 전부 활동수학에 해당하
죠. 만일 학교에서 불가능하다면 집에서 부모님이랑 해보든지 친
구들끼리 모여서 해볼 수도 있어요. 인터넷이나 수학 잡지에 소개
가 많이 되어 있거든요.

생활과학은 있는데, 생활수학은 없나요?
_천만에 말씀! 눈만 뜨면 보여요, 여기저기!!

여러분이 중학교 1학년이 되어 배우는 것 중에 '소수'라는 개념이 있어요. 소수 이야기를 하면 여러분은 대개 '뭐지?' 하는 표정으로 쌤 얼굴을 바라봅니다. 그런데 소수는 실제로 우리 생활과 밀접한 관계가 있어요. 부모님이 사용하는 체크카드나 신용카드에는 각각의 비밀번호가 있어요. 35000명이 A라는 은행의 카드를 쓴다고 해요. 그중에는 같은 비밀번호를 사용하는 사람도 분명 있을 테지요? 하지만 비밀번호가 같다고 해서 남의 것을 사용하지는 못하잖아요? 그럼 보안 유지에 구멍이 뻥 뚫리는 거니까요. 개개인의 카드에 고유번호를 주고 비밀번호를 부여하는 데 소수가 쓰인다는 사실, 놀랍지요?

예를 들어줄게요. 3과 5를 곱하면 15가 되지요? '3×5'의 계산 결과가 15라는 건 누구나 다 알고 또 계산할 수 있잖아요. 그런데 암호가 될 때는 15만 보여줍니다. 그러면 한번 생각해보세요. 15는 어떤 두 소수의 곱으로 되어 있을까요? 아마 15정도면 금방 알아맞히겠지만 527만 되어도 어떤 두 소수의 곱인지 알아내기가 쉽지 않아요. 여러분의 상상을 초월할 만큼 엄청나게 큰 소수 두 개를 곱한 값은 말할 것도 없겠지요. 수학자들은 요즘도 알려지지 않은 큰 소수를 계속 찾아내느라 바쁘답니다. 소수의 분포가 어떤 규칙을 가지고 있는지 밝혀낸 사람도 아직 없고요. 우리 눈에는 별 거 아닌 것처럼 보이는 소수 하나에도 이런 비밀이 있다니, 참 놀랍죠? 하지만 누군가 하나의 소수를 밝혀냈다고 해도 그게 끝은 아니랍니다. 그 다음 소수가 무엇인지를 또 연구하는 사람이 있을 테니까요. 엄청나게 큰 소수들이 실제로 우리의 재산을 지켜 준다는 것, 해독 불가능해 보이는 암호에 그런 것들이 숨어 있다는 것, 흥미롭지요?

과학은 수면 위로 드러나 있지요. 우리 생활이 바로 과학이잖아요. 옷에 얼룩이 묻으면 이게 화학성분이니까 어떤 세제를 사용해서 빼야 된다는 답이 바로 나오죠. 생활이 곧 과학이 되는 거지요. 하지만 수학 자체는 "과학의 시녀"고 말하는 사람도 있답니다. 수학을 좋아하는 사람이 들으면 약간 기분이 나빠질 수 있겠지만요. 다시 말하면, 과학을 수면에 드러나게 하는 데는 수학의 역할이 크다는 뜻입니다. 수학이 밑바탕에서 열심히 돕고 있다는 것이지요. 여러분, 수면에 떠 있는 오리나 철새들은 눈에 잘 보이죠? 수면 아래 있는 수초나 수생 생물은 잘 보이지 않지만요. 하지만 오리나 철새들은 수면 아래 있는 생물들을 잡아먹고 살지요. 과학과 수학의 관계도 딱 그렇답니다. 그래서 생활 속의 수학 이야기를 하다 보면 조금만 깊이 들어가도 어려운 개념이 종종 등장하곤 합니다. 아주 쉬운 예를 들려고 하면 "에이, 유치해!" 하는 경우도 많고요.

이번에는 쌤이 생활 속 수학의 또 다른 예를 들어볼게요.

바로 '통계와 확률'입니다. 우리가 어떤 일을 할 때 확률 개념이 제대로 잡혀 있으면 나중에 어른이 되어 어딘가에 투자를 할 때 요행만 바라지 않을 수 있답니다. 적절한 데이터를 가지고 분석할 줄 안다면 여러분이 살아갈 때 적정선 안에서 계획을 세우고 실천하는 데 도움을 많이 받을 수 있지요. 확률과 통계는 서로 맞닿아 있습니다. 지금까지의 모든 데이터를 다 끄집어내서 정리한 결과를 가지고 미래를 예측하는 거잖아요? 그런데 통계를 이야기하다 보면 얘가 또 '함수'와 친구 관계임을 알게 됩니다. 일기예보도 마찬가지죠. 여러분이 오늘의 날씨를 보면 기상캐스터가 "남부지방의 비올 확률이 90%입니다"고 말하는 것을 종종 볼 수 있잖아요. 그럼 우산을 준비해야죠? 세상에! 나의 행동을 결정하는 데 수학적인 데이터들이 나를 도울 수 있나니!!

통계가 사용되는 대표적인 영역은 선거입니다. 통계 자료 하나에 사람들 마음이 흔들리는 건 다반사지요. 1학년 때는 통계를 배워서 그래프로 표현하는 걸 연습합니다. 여러 가지 그래프로 표현하는 걸 배우지요. 그런데 그 그래프로 어떤 내용을 어떻게 표현하고, 계급의 크기를 어떻게 잡느냐에 따라서 사람들의 심리를 완전히 뒤바꿀 수 있어요. 그래프를 가파르게 할 수도 있고, 완전히 다르게 보이게끔 표현할 수도 있지요. 아주 사소한 것 같지만, 이런 것들이 사람의 마음을 쥐고 흔드는 도구가 되기도 하고, 거꾸로 내가 잘 모르면 거기 휘둘리게 되죠. 하지만 통계 데이터 같은 게 턱? 나왔을 때 '어, 저건 이렇고 저래서 나온 거야!'라는 걸 정확히 안다면 그래프 하나에 마음이 흔들리거나 본인의 삶을 쥐고 흔들 수 있는 권리를 남에게 섣불리 주지 않겠지요.

우리가 살고 있는 도시에도 수학과 관련된 것들이 많아요. 지하철 노선이나 버스 노선, 신호등 체계 같은 것들이죠. 특히 신호 체계는 교통량을 정확히 계산하는 게 필수입니다. 차량의 흐름이 순활한 곳은 신호 체계가 잘 된 곳이고, 날이면 날마다 막히는 곳은 뭔가 잘못이 있는 거라고 보면 됩니다. 만일 계산이 제대로 안 되고 통계를 잘못 내서 시스템 자체에 문제가 발생한다면 우리의 일상생활도 뒤죽박죽 엉망진창이 되겠지요? 사는 것도 피곤하고 힘들어질 거고요. 수면 아래 감춰진 수학!! 여러분이 어떤 상황에서 행동을 결정할 때 합리적으로 생각하게 만들어주는 아주 기특한 분야입니다.

여러분!

수학은 이처럼 우리 실생활과 진짜 밀접한 영역이에요. 무조건 외우고 문제 풀고 그러다 지쳐서 "어렵다, 싫다, 힘들다!" 그러는 것뿐이죠. 그래서 새 교육과정에서 '스토리텔링 수학'을 개발한 거고, 여러분이 그 첫 교과서를 쓰는 거지요. 물론 완벽한 스토리텔링은 아니지만 그 전의 교과서에 비하면 수학과 이야기가 많이 버무려져 있으니 좀 더 재미있게 공부할 수 있을 겁니다. 또 EBS에서는 수학 이해를 돕기 위해 재미난 콘텐츠를 듬뿍 담고 있는 수학 전문 사이트를 준비 중이랍니다.

　이런 얘기를 하면 경기를 일으킬 친구도 있겠지만, 실제로 우리 주위에는 수학 자체를 좋아하는 아이들이 꽤 있어요. 스도쿠 같은 걸 하다 보면 몰입하는 것처럼, 수학도 "하다 보면 너무 재미있다"고 말하는 친구들이죠. 그러니까 본인이 초등학교 때 수학을 싫어했다고 해서 중학교 올라와서도 "나는 수학이랑 안 친해!" 하면서 딱 선을 그을 필요는 없다고 봅니다. 어쩌면 여러분이 수학의 진짜 재미를 못 느껴서 그런 것일 수도 있거든요. 실제로 하다가 보면 "너무 재미있어!!" 이렇게 고백할 가능성을 누구나 가지고 있답니다.

　여러분, 만약 '수학이 싫다'고 생각될 때엔 한 번 차근차근 수학이 무조건 싫은 건지, 아니면 어느 특별한 영역이 싫은 건지를 곱씹어보세요. 생각하다 보면 분명 특별히 어려운 데가 떠오를 겁니다. '나는 방정식 파트는 좋은데, 도형이 어려워' 하듯이요. 쌤이 들어가는 어떤 반 친구는 1학기 때엔 푹 가라앉아서 맥을 못 추다가 2학기만 되면 팍! 살아납니다. 왜냐고요? 그 친구는 도형에 강하거든요. 2학기 때 배우는 부분이 도형을 다루는 기하니까요. 수학은 '가까이 하기엔 너무 먼 당신'이 절대 아니랍니다!

매일매일 똑같은 문제 풀이, 너무 지겨워요!!
_산수에 얽매이지 말고 수학의 알맹이를 만나라!

 계산 능력은 기본이고, 무시할 수도 없는 부분이에요. 또 어떤 사람은 계산하는 데서 특별한 재미를 느끼기도 하고요. 어렵고 복잡한 계산을 하면서 성취감을 느끼는 사람도 있거든요. 그런데 대부분의 친구들은 그렇지 못해요. 오히려 그런 단순한 것 때문에 숫자 계산이 수학의 진정한 알맹이가 아닌데도 미리 지쳐서 수학 자체를 싫어하는 경우가 많죠. 쌤이 앞에서 이야기한 것처럼 수학이 실제로 정말 재미있을 수 있고, 나랑 친해질 수 있는데도 '잘못된 첫 만남' 때문에 가까워질 수 있는 기회를 영영 박탈 당하게 되는 거죠.

 매일매일 문제를 풀고 같은 방식의 계산 연습을 한다고 해서 계산력이 부쩍 늘어나는 건 아닙니다. 쌤은 절대로 그렇게 하면 안 된다고 생각해요. 그런 단순하고 무한 반복적인 계산보다는 주산을 배우는 게 훨씬 더 도움이 됩니다. 우리는 지금 2진법이나 5진법이 아니라 10진법 체계 안에서 살고 있어요. 물론 5진법도 10진법에 관련된 것이지요. 주판을 하게 되면 머릿속에서 이 구조가 만들어집니다. 그래서 어느 선을 넘어서면 머릿속이 구조화되죠. 예를 들어 우리가 자전거를 배울 때 처음 탈 때까지만 연습하면 그 뒤부터는 한동안 타지 않다가 다시 자전거를 타도 몸이 기억해서 자연스레 타게 되는 것과 같은 이치랍니다.

여러분이 어렸을 적부터 연산을 어려워한 것은 계산이 어렵기 때문이 아니라 연산에 필요한 10진법 체계를 제대로 갖추지 못했기 때문입니다. 그러니까 굳이 매일 반복하는 계산 연습과 주산 배우기 중에서 하나를 고르라고 한다면 쌤은 주판을 권하고 싶네요. 뭐 단을 따고 그러라는 게 아니라 머릿속에 연산 구조를 만들기 위해서요. 정말이지, 계산은 수학의 전부가 아니랍니다. 쌤이 아는 친구들—수학 과학을 잘해서 과학고등학교에 진학하는—중에는 오히려 더하기 빼기에서 가끔씩 실수하는 친구들이 있어요.

요즘에는 수학 실력을 평가할 때도 계산 능력 자체보다는 수학적 창의력과 문제 해결력에 더 많이 비중을 둡니다. 초등학교 때 간간이 나오던 서술형 문제가 중·고등학교에 올라갈수록 많아지는 것도 이런 이유에서죠. 어쩌면 우리나라도 시험 볼 때 조만간 미국처럼 계산기를 쓰게 될지도 모르겠네요.^^;; 왜냐고요? 수학에서 계산이 중요하지 않다는 뜻이 아니라 '어떤 수학적 사고를 가지고 문제를 잘 해결하도록' 가르치는 것이 수학 본연의 목적이기 때문입니다. 어떤 문제를 풀려고 할 때 방향성이 정해지고 방법이 정해지면 계산은 당연히 뒤따라오지요.

그런데 여러분 부모님들이 "계산력은 초반에 잡아야한다!"면서 초등학교 때부터 여러분을 질리게 한다는 게 문제죠. 그러니까 여러분, "산수만으로 진정한 수학을 판단하지 말자. 수학을 제대로 알기 전에 산수 때문에 수학을 미워하지 말자. 계산이라는 언덕 앞에서 좌절하지 말고 그 너머 수학의 알맹이를 만나러 고고 씽 하자!"고요.

그렇다면 수학의 진짜 알맹이는 무엇일까요? 논리적인 사고력? 아님, 문제 해결 능력? 글쎄요! 쌤은 수학의 알맹이가 매우 복합적인 거라고 생각해요. 실제로 지금 강조되는 건 '어떤 문제가 생겼을 때 문제를 해결할 수 있는가'입니다. 그런데 수학의 유용성(쓸모 있는가의 문제)이라는 게 시대가 흐르면서 많이 바뀌거든요.

쌤이 아까 문제를 풀고 계산하는 걸 재미있어 하는 친구도 있다고 했잖아요? 그런 지적인 유희도 지금까지 남아 있어요. 그 즐거움 때문에 돈을 못 벌어도 수학을 하는 사람이 있지요. 어떻게 보면 수학의 진짜 알맹이는 그런 지적 유희일지도 몰라요. 현대 사회가 여러분에게 자꾸만 쓸모 있는 것을 배우라고 다그치다 보니 '이거 과연 어디에 쓰는 걸까?' 하고 의심하게 되는 것이지요.

쌤은 요즘 사람들이 왜 영·수·국을 강조할까 하는 문제를 곰곰 생각해보았어요. 그리고 결론을 내렸죠. "영·수·국이 결국 모든 학문의 기본이다"라고요. 여러분이 문과(文科; 사상, 심리, 역사 등 인간과 사회에 관하여 연구하는 학문. 문학, 철학, 사학 따위 문화에 관한 학문을 주로 이르며 때로는 법률, 경제학 따위도 포함한다)에 진학해서 뭔가 전문적인 것을 공부하고 그 분야의 전문가가 되려면 국어는 당연히 기본적으로 잘해야 되죠? 그걸 못 하면 제대로 이해하고 표현하는 데 문제가 생기니까요.

또 이과(理科; 자연계의 원리나 현상을 연구하는 학문. 물리학, 화학, 동물학, 식물학, 생리학, 지질학, 천문학 따위가 있다)를 택했는데 수학을 못 하면 실제로 그 너머에 있는 다른 재미있는 분야를 공부하고 싶어도 할 수가 없죠. 기본이 되는 공부니까요. 여러분이 아무리 운동을 좋아해도 건강이 받쳐주지 않으면 할 수 없는 것과 같아요. 영어는 우리가 사는 지금 시대의 공용어니까 꼭 해야 하는 일종의 도구이고요. 그런 의미에서 보면 국·영·수 과목이 참 중요한 거구나, 내가 뭔가를 하기 위한 모든 것들의 바탕이구나, 하는 걸 느낄 수 있겠죠?

중학 수학은 어떤 걸 배우나요?
_초등학교에서 배운 내용을 '조목조목, 깊이' 배웁니다!

중학교에 올라가면 수학이 갑자기 어려워질 거라고 지레 짐작하고 겁부터 먹는 친구들이 많아요. 하지만 "중학 수학 어렵지 않아요!" 실제로 중학교에서 배우는 모든 수학은 초등학교 때 다 배운 것이니까요. 초등학교 때 다 배웠던 건데, 그때 배운 것과 지금 배우는 것을 연결하지 못해서 중학교에 오면 너무너무 어렵다고 느낄 뿐이지요.

여러분, 생각해보세요. 초등학교 때도 '입체도형의 부피' 구하는 거 엄청나게 많이 하지 않았나요? 그걸 3.14 넣어서 계산하느라 더 힘들게 했지요. 하지만 중학교에 올라오면 3.14를 '파이'로 간단히 처리해버리고 끝냅니다. 계산 면에서는 더 쉬워진 것이죠. 그러니까 초등학교 때 배웠던 내용들을 조금씩 더 발전시킨 것들을 중학교에서 배운다고 생각하면 됩니다. 다만 수학을 바라보는 방식이 조금 달라지는 거죠.

초등학교 때는 눈에 보이는 현상들에 대해서 공부합니다. 예를 들면 자연수나 분수, 소수는 지금 우리 눈으로 볼 수 있는 현상들이잖아요. 그런데 −2, −3 같은 건 우리 눈에 보이지 않아요. 초등학교 때 안 배우는 것도 그런 이유입니다. 눈으로 보아야 이해가 쉬운 어린 친구들한테는 매우 어려운 문제니까요. 같은 맥락에서 여러분이 중학교에 와서 가장 충격을 받는 부분도 바로 이런 '음수' 같은 영역입니다. 하지만 걱정할 필요 없습니다. 수학은 예전부터 한 가지 약속을 하고 다음 사람이 그 약속을 기반으로 뭔가를 더 낫게 만들어가는 과정이라고 했듯이, 여러분이 배우는 교과 수학도 바통을 주고받는 이어달리기 같은 것이니까요.

예를 들어 삼각형 내각의 합이 180도라는 걸 초등학교 때는 종이를 찢어서 실제로 붙여본 다음 평각이 되는 걸 눈으로 확인하고, 각도기로 재서 "요 각이랑 요 각이 합해지면 180도가 된다"는 걸 알아냅니다. 오감을 이용한 경험에 의존하는 수학이죠. 그런데 중학교에 와서는 똑같은 걸 배워도 초등학교 때처럼 공부하지 않고, '증명'을 하기 시작합니다. 논리적으로 설명한다는 뜻이죠. 만일 삼각형 수만 개를 가지고 왔다한들 잘못 측정하면—각도기의 눈금을 0.05도라도 잘못 읽어버리면—내각의 합이 180도가 안 되는 경우도 생깁니다. '분명히 될 거야'라고 생각해서 이만 개를 조사했더라도 이만 한 번째가 아니면 어떻게 해요? "모든 삼각형의 내각의 합은 180도다"라고 이야기할 수 없겠지요?

그런데 삼각형을 놓고 그 꼭짓점을 지나가게 밑변에 평행선을 놓고 "자, 봐라! 이렇게 이렇게 엇각이 서로 같으니까 얘네는 평각이지?"라고 말 한 번만 해주면 어떤 삼각형이라도 거기에 적합하게 되거든요. 한 가지 방법으로 끝나버리는 거죠. 이만 개, 삼만 개씩이나 조사할 필요도 없고요. 중학 수학은 바로 그런 방식을 배우는 거예요. 이것들이 왜 그런지를 정당화하는 데에 있어서 내가 수민 가지의 증서물을 늘이대지 않고 딱 한 마디로 논리적으로 설명해서 상대방을 설득하는 방법을 배우는 거죠!!

자, 이렇게 해서 여러분은 중학교 1~3학년 때 초등학교 6년 동안 배운 내용을 '요렇게 저렇게 뜯어서 조금 더 깊이' 배웁니다. 내용도 깊어지지만, 쌤이 아까 말한 것처럼 문제를 해결하는 방식들을 논리적으로 배우게 되는 거죠. 고등학교에 가면 중학교 때 배웠던 것을 '다시 조금 더 깊이' 배우는 거고요.

쌤, 중학교 1학년 수학에서 뭐가 가장 어려워요?
_흠흠, '음수와 함수'라네!!

여러분이 중학교에 처음 딱 들어와서 배우는 음수, 그리고 조금 지나서 배우게 되는 함수. 음수가 힘든 건 '마이너스 개념'을 잡기가 어려워서죠. 마이너스 개념을 이해하기도 어려운데 −2 곱하기 −2가 플러스 4가 되는 건 더욱 이해하지 못하고요. 사실, 여러분이 쉽게 이해하기 어려운 부분이긴 해요.

그 다음으로 함수가 있어요. 흔히 함수와 방정식을 많이 비교하게 되는데 방정식은 예를 들어 이런 거예요. 자, 내 주머니에 사탕이 열 개 있다고 칩시다. 하지만 열 개 있다고 말을 안 해요. 그러고는 "여기 사탕이 세 개 있어. 좀 있다가 내가 일곱 개 먹을 거야. 그럼 내 주머니엔 몇 개 들어 있게?" 하고 묻는 것입니다. 어떻게 보면 간단히 '3 더하기 7'의 계산 같지만, 결국은 하나의 모르는 수 x가 뭔지 알아내는 과정이 방정식을 푸는 것입니다.

반면 함수는, 어떤 두 개의 변하는 값들이 있을 때 하나의 값에 대해 다른 한 값이 하나씩 빠짐없이 대응하게 되는 관계를 말합니다. 거기에다 그 두 값들의 관계가 어떤 함수관계인지를 밝히는 거죠.

이를테면 비가 와서 물통에 빗물이 차기 시작한다고 칩시다. 시간이 흐름에 따라서 한 시간이 지나니까 물통에 담긴 물이 10리터 높이까지 올라오고, 두 시간이 지나니까 20리터까지 올라왔어요.

10L 1시간 후

20L 2시간 후

그럼 우리는 '시간에 따라서 물통에 담긴 빗물이 10리터씩 올라가는구나!'고 알 수 있겠죠? 시간이 흐를수록 물이 일정한 비율로 많아지니까 시간과 물의 양은 '정비례 함수관계'가 되는 거예요. 그렇다면 앞으로 열 시간 뒤에는 어떤 일이 벌어질까요? 함수는 이처럼 어떤 하나의 값을 묻는다기보다 값과 값 사이에 어떤 관계가 형성되는지를 알아내어 앞으로 일어날 일을 예측해보는 데 유용합니다.

함수는 중학교 전 과정에서 중요하게 다루어집니다. 1학년 때는 어떤 두 값 사이의 정비례 혹은 반비례 함수를 배우고, 2학년 때는 일차함수를 배웁니다. 3학년이 되면 이차함수를 배우고요. 그런데 이렇게 학년이 올라갈수록 학생들은 수학을 점점 더 어렵다고 느끼게 됩니다. 관계의 변화에 대해서 여러분이 충분히 몸으로 느끼지 못하기 때문이죠. 일상에서 체험 가능한 내용을 좀 더 많이 소개한다면 훨씬 쉬울 텐데 말이죠. 함수의 본질을 제대로 이

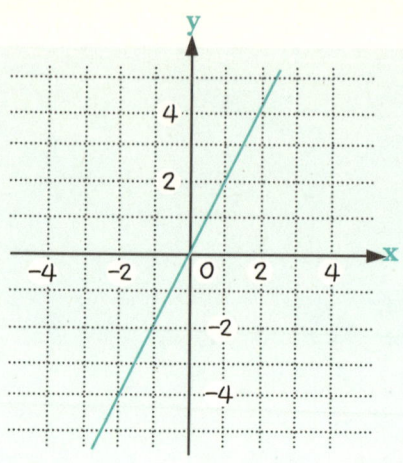

1차함수 그래프

해하지 못하고 문제 풀이에만 급급하다 보면 '이걸 왜 하고 있나?'
하는 생각만 들고요. 여러분도 그렇잖아요? 자기가 어떤 일을 왜
하고 있는지 알면 좀 힘들어도 참을 만한데, 그 이유를 모르면
막 하기 싫어지잖아요! 게다가 x값이 증가할 때 y값이 어떻게 되
고…… 하는 식으로 매우 동적인 개념인 함수를 종이 교과서 위
정지된 상태의 그래프 그림에 갇혀서 공부하니까 이해하기가 점
점 더 어려워지는 거고요.

하지만 오히려 수월해지는 부분도 있어요. 바로 원이 들어간 계
산 부분이죠. 오히려 초등학교 때보다 중학교 1학년 때 배우는 게
더 쉽답니다. 왜냐고요? 초등학교 때처럼 계산할 때 일일이 '3.14'
를 사용하지 않으니까요. 예전에는 $2 \times 7 \times 3.14$ 하던 것을 중학교
에 와서는 $2 \times 7 \times \pi$(파이), 이렇게 해서 답은 '14π'로 끝내버리는 거

죠. 어때요, 훨씬 쉽죠?

겉넓이를 구하는 것도 마찬가지입니다. 초등학교 때는 '분배법칙'을 배우지 않아서 '3×3.14+7×3.14'로 계산했지만, 중학교 때는 공통으로 들어가는 3.14를 먼저 묶어내서 '3+7'을 먼저 계산해서 값을 10으로 만든 다음 π를 곱하면 값은 간단히 '10π' 이렇게 끝나버리죠. 겉넓이를 구하는 게 문제의 핵심인데도 (초등학교 때처럼) 복잡하게 계산하다 보면 원래 목적은 온데간데없이 연산에만 신경을 쓰게 된답니다. 여러분은 점점 힘들어지고요.

초등학교 때부터 도형을 어려워하는 친구들도 있죠? 평면 도형은 그렇다 쳐도 입체 도형이 나오면 머리가 빙빙 돈다고 하는 학생을 쌤은 여러 명 보았답니다. 입체 도형이 어려운 것은 안 보이는 부분이 있기 때문이에요. 우리 눈으로 직접 보지 않는 한 종이에 그려진 모양 외의 부분에 대해서는 머릿속으로 상상해야 하니까요. 자, 여러분! 그럴 때는 직접 '눈으로' 확인하세요.

만일 수업 시간에 선생님이 칠판에 그려주신 겨냥도가 이해되지 않는다면 집에 가서 손수 해보는 거죠. 정육면체에서 세 꼭지점을 지나도록 잘라보면 어떤 단면이 나올까요? 한 번 잘라보세

맥스봉으로 정육면체를 만든 다음 세 꼭지점을 지나도록 잘라서 확인한 단면

요. 머릿속으로 그리지 말고 맥스봉으로 직접 잘라보는 거죠. 한 번만 딱 보면 절대 안 잊을 겁니다. 다 끝나면 맛있게 먹고! 그야 말로 일거양득(一擧兩得)이죠!!

쌤, 문제 푸는 연습은 어떻게 해야 돼요?
_복합적인 문제를 시간 안에 푸는 연습이 최고!!

여러분, 그 단원을 공부할 때는 그 문제가 통계 문제인지 기하 문제인지 정도는 구별한다고 생각하잖아요? 그런데 문제는 그 뒤에 벌어집니다. 정확한 이해 과정 없이 참고서에 나오는 쌍둥이 스타일의 문제를 무턱대고 풀어대는 데 있답니다. "음 방정식 문제. 일단 개념 설명하는 예제 두 개 풀고…… 다 풀었으니까 이번엔 요 밑에 있는 유제 풀면 되겠지?" 하는 거죠.

예제 풀고, 유제 풀고, 다 잘 풀어요. 수업 시간에 선생님이 "오늘 2단원 배웠으니까 여기 관련된 연습 문제 풀어보세요!" 하면 '이거 오늘 배운 거니까 분배법칙을 이용하면 되겠군!' 하면서 아주 잘 풀어요. 그런데 이것저것 엮어서 묻는 종합적인 문제가 나와버리면 손을 못 대요. 도대체 이 문제의 출제 의도가 뭔지, 뭘 물어보려는 건지…… 그냥 아득하기만 하죠.

자, 그렇다면? 여러분은 좀 더 연습을 많이 해야 합니다. 여러 단원이 걸쳐진 종합 문제, 그러니까 모의고사 형식의 시험 문제를 많이 풀어봐야 해요. 시험에서는 "이번 문제는 00단원에서 배운 00 을 응용하는 것임"이라고 써주는 법이 없습니다. 그러니까 평소에 개념을 잘 정리해두고, 개념 정리가 끝나면 단원별로 정리하고, 그러고 나서 문제 푸는 연습을 하면 됩니다.

하지만 그 문제들을 세월아 네월아 펼쳐놓고 풀면 절대 안 됩니다. 그건 여러분이 살아가는 대한민국이 시험 볼 때 일정한 시간을 주기 때문이랍니다. 대개 아주 짧게 느껴지는 시간이죠. 그러니 반드시 시간을 딱 정해놓고 문제를 풀어보는 연습을 하는 게 좋습니다.

그럼 대체 시간은 얼마를 주면 되냐고요? 보통 시험 시간은 45분이예요. 그중 5분은 답안 카드 작성하는 데 필요한 시간입니다. 그러면 여러분에게 남은 시간은 실제로 40분밖에 없죠? 서술형 답안 작성은 좀 더 시간이 걸리게 될 테니 쌤은 35분 만에 문제를 다 풀 수 있도록 연습하라고 권하고 싶어요. 시간을 딱 재서 말이죠! 시험 보는 데도 약간의 테크닉이 필요하거든요. 시간을 잰 모의고사형 문제풀이 연습은 그런 테크닉을 기르는 데 도움이 많이 됩니다.

자, 쌤이 지금부터는 실전문제 풀기 팁을 줄게요.

먼저 바로 풀 수 있는 문제들은 한 번에 정확하게 푼다는 생각으로 또박또박 풉니다. '이따 검산하지'라는 생각으로 빨리 풀 생각은 절대 하지 마세요. 그럴 시간은 없거든요. 어떻게 풀지 퍼뜩 생각나지 않는 문제는 체크해놓고 넘어갑니다. 알 듯 말 듯한 문제는 작은 별 하나★, 절대 아무 생각 안 나는 건 큰 별 하나★로 표시해놓고 작은 별 문제부터 풀어나갑니다.

객관식 시험인 경우에는 선택지 ①~⑤ 중에서 문제에다 거꾸로 넣어서 답을 찾아내는 방법도 있습니다. 물론 최후의 수단으로 알아두시고요. 이것은 시험 상황일 때 정답률을 높이기 위해 쓰는 극약 처방인 셈입니다.

2013년부터는 서술, 논술형 문제의 비율이 대폭 늘어나기 때문에 이 극약처방도 효과가 없는 경우가 있습니다. 서술, 논술형의 경우에는 최후의 정답은 몰라도 어느 정도까지 자신의 생각을 써나가면 부분 정답을 충분히 받을 수 있기 때문에 평소에도 포기하지 않고 답을 써나가는 연습을 해놓는 것이 좋습니다.

어때요? 쌤이 제안한 대로 연습해볼래요?

기초결핍증의 증상

- 수학 시간, 선생님이 풀어주신 예제를 다 이해했다고 생각했는데 그 문제 아래에 있는 유제를 혼자 풀려니 안 풀린다.
- 문제집에서 틀린 문제를 해답지를 보고 고쳐 풀었다. 다 안다고 생각했는데 그 다음날 풀어보니 왜 처음 보는 문제 같을까?
- 시험 앞두고 달달 외운 공식, 시험 끝나는 종 치는 순간 신기하게도 머리에서 깨끗이 사라진다.
- 삼각형의 성질은 뭔지 알겠다. 하지만 문제로 나오면 무슨 성질을 어떻게 사용해야 할지 깜깜해진다.

기초부족현상을 가장 많이 느끼는 단원과 그 시기

- 함수를 배울 때.
- 중1 : 처음으로 음수를 배우고 음수의 사칙연산을 공부할 때.
- 중2 : 1학기 일차함수를 배울 때, 2학기 도형 단원 '증명'을 하게 될 때.

기초부족현상과 처방

- 함수에 대한 개념이 제대로 잡혀 있지 않으면 함수와 관련된 문제들은 단순히 함수값을 계산하는 것만 익숙해질 뿐 조금만 더 깊이 있게 들어가 그래프를 해석해내거나 관련된 문제를 묻게 되면 전혀 손도 대지 못하게 된다.
- 3학년의 이차함수를 시작하면서 '함수'가 무엇인지에 대한 답을 제대로 하지 못한다면 2학년 그 즈음에 배운 일차함수 단원으로 다시 돌아가야 한다. 수학은 항상 그 전 해에 그 단원과 관련된 내용을 배웠다. 그 위계 단원을 다시 제대로 잡고 돌아와야 한다.
- 개념이 부족한 경우가 많다. 관련 수학 도서, 수학 잡지나 관련 동영상을 통해 전반적인 개념을 이해한 후 문제를 풀자.

구체적인 비법

➡ 나의 아바타에게 수학 편지를 써라!

수학 공부를 하면서 용어는 대충, 개념도 건너뛰고 공식을 무조건 달달 외운 후 문제의 바다 속으로 풍덩 빠지는 사람이 많다. 수학 공부의 출발은 용어를 정확하게 사용하고 해당 단원의 개념을 정확하게 이해하는 것이다. 수학 용어는 평소에 잘 사용하지 않기에 익숙하지 않다. 따라서 수학 선생님이 수학 용어를 섞어 말씀하시면 이해의 속도가 느리게 된다.

수학 공식은 어떤가? 그것을 이끌어내는 건 수학 선생님의 몫이고 난 그저 그걸 달달 외워서 문제에 써 먹으면 그만인가? 절대 그렇지 않다. 공식을 유도하는 과정이 바로 가장 중요한 핵심이다.

이런 걸 제대로 하려면 누군가에게 내가 선생님이 되어 설명하는 기회를 가져야 한다. 그런 대상이 항상 대기하지 않는다면 나의 가상의 아바타를 설정해두고 오늘 배운 수학 내용을 설명하는 편지를 쓰는 것이 좋다. 그렇게 쓴 편지를 내가 아바타가 된 기분으로 다시 읽어보면서 잘 표현하지 못한 용어는 책을 찾아서 고치고, 개념을 잘 설명하지 못한 부분은 다시 공부하고, 공식을 제대로 유도하지 못하는 부분을 정확히 찾아볼 수 있다. 대충 말로 하는 것은 금물! 글로 쓸 때 정말 내가 잘 모르는 부분을 정확히 짚어낼 수 있다.

➲ 문제집을 3권 풀지 말고 같은 문제집을 3번 풀어라!

3000 문제를 풀었다고 자랑하지 말라. 단, 300 문제를 풀더라도 정확하게 이해하고 그 문제 속에 녹아 있는 개념을 내 것으로 만든다면 3000 문제를 푼 효과를 거둘 수 있다.

나에게 맞는 문제집을 하나 골라 천천히 풀면서 틀린 문제마다 표시를 해둔다. 한 단원을 공부한 다음 그 문제집을 다시 한 번 푼다. 이때는 지난번에 푼 것보다 좀 더 빠른 시간에 풀 수 있을 것이다. 지난번과 이번에 모두 틀린 문제는 더 강력한 표시를 해둔다.

지난번에는 맞았는데 이번에 틀린 문제는 개념이 부족하다는 증거! 개념 공부를 다시 해야 한다. 지난번과 이번에 모두 틀린 문제는 더욱 심각하다. 개념을 공부했음에도 틀렸다면 개념을 문제에 적용하는 방법을 모른다는 것이다. 이때는 선생님이나 선배에게 물어보되 절대 문제를 풀어달라고 하지 말고 문제를 풀 수 있는 약간의 힌트만 제공해달라고 한 후 스스로 풀 수 있는 기회를 더 가져야 한다. 이런 과정을 거쳤다면 시험을 앞두고 강력한 표시를 해둔 문제 위주로 다시 공부한다.

➜ 자투리 시간에 딱 1문제 풀기

하루 중 나의 자투리 시간은 항상 있게 마련이다. 그중 하나를 선택해—예를 들면 아침에 일어나서, 학교 자습시간, 점심시간, 잠자기 전 등—매일 딱 1문제만 풀자. 이렇게 쌓인 문제가 365 문제라면 이야기가 달라진다. 수학의 감각을 깊게 쌓아가는 데 이만한 비법도 없다.

➜ 잘 잊어버리는 공식은 나의 방 한쪽 벽에 붙여놓자

잘 안 외어지는 공식이 있다. 좀 크게, 색깔도 잘 입혀서 조금 큰 종이에 쓴 후 방 한 쪽 벽에 이것들을 붙여보자. 왔다 갔다 하면서 자꾸 보면 머릿속에 각인이 된다.

잘 틀리는 문제 유형 체크하기

➡ 문장제

방정식과 함수에서 잘 나오는 문장제 중 속력과 농도에 관한 문제들은 학생들이 무척 까다롭게 여기고 잘 틀리는 문제 유형이다.

예) A, B 두 지점 사이를 자전거로 왕복하는 데 갈 때는 시속 30km, 올 때는 시속 20km로 달려 3시간 반이 걸렸다. A, B 두 지점 사이의 거리를 구하여라.

➡ 교과서에서 보지 못한 낯선 문제

교과서에서 풀어본 경험이 있는 문제는 잘 풀면서 비슷한 난이도의 다른 표현의 문제는 어려워한다.

➡ 같은 문제라도 객관식 유형은 잘 풀지민 서술형 분제는 어려워한다

과정을 틀리지 않고 표현하는 연습을 평소에 하지 않아서 두려워한다. 수학 편지가 이것도 해결해 줄 수 있다.

공감 에피소드

수학 편지를 스스로 쓰는 것도 잘하지 못하는 친구들은 짝을 맺어주는 게 좋다. 한 사람이 다른 사람이 모르는 개념이나 문제를 이해할 때까지 설명해주고 둘 다 모르는 경우는 함께 의사소통을 통해 힘을 모아 푸는 기회를 가져본다. 그러면 수학에 대한 자신감을 갖게 되고 서로에게 설명하는 과정을 통해 수학 용어, 개념에 대해 더 깊이 이해하게 된다.

수학과 뒤늦게 친해지려는 친구들에게

- 마음은 있어도 수학에 대한 친밀감을 가지지 못하면 공부하는 것이 어렵다. 그럴 땐, 이야기 스타일로 꾸며진 수학 도서나 지금 배우는 단원과 관련된 책을 먼저 읽고 교과서를 공부하는 것이 도움이 된다. 미국에서 만든 수학 드라마 〈넘버스〉 같은 영상물을 시청하는 것도 수학에 대한 친밀감을 가지는 데 도움이 될 것이다.
- 수학 진도나 문제 푸는 양을 가지고 남과 비교하지 말고 나만의 로드맵을 만들어놓은 후 그 길을 꾸준히 가는 것이 중요하다. 로드맵을 만들 땐 학교 수학 선생님을 찾아가 도움을 청하는 것이 좋다.
- 인기 있는 문제집보다 자기에게 맞는 문제집을 선택한다.

[**문제집 선택법**]

STEP1 : 서점에 간다.
STEP2 : 디자인, 글자체 등을 보고 맘에 드는 건 모조리 골라낸다.
　　　　(디자인이 나쁘면 솔직히 공부하기가 싫어진다.)
STEP3 : 한 단원만 집중적으로 살펴본 후 제일 맘에 드는 것으로 고르는데
　　　　내가 풀 수 있는 것보다는 조금만 난이도가 높은 걸로 고른다.

수학 공부를 하는 이유

- 수학 그 자체가 좋다면 그 즐거움과 기쁨을 위해 공부하는 것이 그 이유일 것이다(가끔 이런 사람도 분명 있음).

- 수학 그 자체가 좋진 않더라도 해야 하는 이유가 있다. 가수가 되고 싶은 사람이 있다고 가정해보자. 좋은 가수가 되고 싶지만 그냥 내키는 대로 부르고 싶을 뿐 필요도 없어 보이고 힘들기만 해 보이는 발성 연습은 하고 싶지 않다면 어떨까? 뭔가를 이루기 위해선 그 과정이 분명 필요한 법이다. 자신이 살아가면서 좀 더 구체적으로 전공하고 싶은 분야가 생길 텐데 그중에는 수학이 기본이 되는 분야가 상당히 많다. 기본기를 닦아놓지 않는다면 나중에 분명 처음부터 다시 해야 할 때가 오는데 그땐 너무 늦게 된다.

- 수학과 관련 없는 일을 할 것이라고? 절대 그런 일은 있을 수가 없다. 이 세상은 수학이 기본이 되어 움직이고 있기 때문이다. 심지어 여러분의 '생각하는 과정'조차도 수학이 기본으로 삼는 논리가 없다면 불가능하다.

- **동위각** : 한 평면 위에서 두 직선이 한 직선과 만날 때 8개의 각이 생기는데 이때 같은 위치에 있는 각. 보통 늘 그 크기가 같지 않은데 두 직선이 평행선인 경우에는 항상 그 크기가 같다. => 동위각은 무조건 크기가 같다고 생각함.

- **미지수와 변수** : 미지수는 x의 값에 따라 참이 되기도 하고 거짓이 되기도 하는 등식인 방정식에서 문자 x를 그 방정식의 미지수라고 한다. 한편 변수는 함수의 x, y에서 여러 가지 변하는 값을 나타내는 문자인데 둘 다 문자라서 헷갈려 하고 이 때문에 방정식과 함수의 개념도 함께 흔들리게 된다.

- **변량** : 통계에서 자료를 수량으로 나타낸 것. 단어가 생소하고 통계에서만 사용하기 때문에 곧잘 잊어버린다.

- **알파(α), 베타(β)** : 방정식의 근을 나타낼 때 이 문자를 사용하게 되는데 영어 알파벳의 a, b와 헷갈리는 경우가 많다. 중1 때는 거의 사용하지 않거나 알파를 가끔 만나게 되는데 중3이 되면 알파와 베타를 다루게 된다. 방정식의 계수를 주고 a, b, c 와 같은 영어 알파벳을 쓰기 때문에 구분하기 위해 종종 사용된다.

- **연산법칙** : 실수 전체에 대해 덧셈과 곱셈에서 교환법칙, 결합법칙, 분배법칙이라는 연산법칙이 적용된다. => 초등학교 때는 연산이라는 말보다 계산이라는 말을 주로 썼을 것이다. 또한 덧셈, 뺄셈, 곱셈, 나눗셈을 계산하고 답만 냈었는데 중학생이 되어 그 연산 자체에서 법칙을 찾아내는 것이 어려울 수 있다.

- **음수** : 0보다 작은 수로 마이너스 부호(-)를 사용하여 -1, -2,-5와 같이 나타낸다. => 생활 속에서 마이너스라는 말은 이미 들어왔을 수도 있지만 수학적인 수로서 보기 시작하게 되는 시기를 맞닥뜨리면 당황하게 된다. 음수의 개념 자체가 무척 받아들이기 힘든 용어가 되는 것이다. 실물을 가지고 예시를 들던 초등학교를 벗어나 추상적인 개념을 처음으로 정립해보는 시기의 개념어.

- **파이(π)** : 원주율 값을 초등학교 때는 3.14라는 근사값으로 계산하여 복잡한 곱셈을 하기 바빴다. 하지만 중학교에서는 원주율을 π라는 참값으로 받아들이고 이를 수로 인정해야 하는데 문자로만 보이는 이 수를 받아들이기가 쉽지가 않다.

- **히스토그램** : 도수 분포를 도시(圖示)할 때, 계급을 밑변으로 하고, 직사각형의 면적이 그 계급의 도수에 비례하도록 그린 기둥 모양의 그래프. 초등학교 때 배운 막대그래프와 헷갈린다.

꽃히면 통한다
14세에게
권하는
책&영화

- **어린 왕자** - 생텍쥐페리 지음

  언제 읽어도 감동이 있고 읽을 때마다 다른 종류의 감동이 전해지는 책.

- **나의 문화유산 답사기** - 유홍준 지음 | 창비

  청소년기에는 직·간접적인 여행을 많이 해야 하는데 이 책을 읽고 우리나라 여행을 하면 여행의 내용이 풍부해진다.

- **유진과 유진** - 이금이 지음 | 푸른책들

  소녀들에게 권하고 싶은 성장을 위한 소설.

- **수학여왕 제이든 구출작전**

  - 블라디미르 투마노프 지음 | 배수경 옮김 | Gbrain

  중1에게 꼭 읽으라고 권하고픈 수학 판타지 소설.

○ **세 얼간이**(3ldiots, 2009) 코미디, 드라마 | 인도 | 감독 라지쿠마르 히라니

성적과 스펙만 강요하는 우리 사회가 한번쯤 진지하게 고민해볼 만한 주제를 다룬다. 무작정 공부하지 말아야 하는 확실한 이유를 말해주는 영화.

○ **블랙**(Black, 2005) 드라마 | 인도 | 감독 산제이 릴라 반살리

끊임없는 노력과 사랑으로 어둠에 갇힌 소녀 미셸에게 빛을 선사하는 사하이 선생님. 자신을 돌아보게 하는 가슴 뭉클한 인도 영화.

○ **죽은 시인의 사회**(Dead Poets Society, 1989)

드라마 | 미국 | 감독 피터 위어

학교, 교사, 배움에 대해 생각해보게 하는 고전. "현재(오늘)를 즐겨라"(carpe diem)는 문장을 유행시킨 장본인.

◦ **언터처블 : 1%의 우정** (Intouchables, Untouchable, 2011)

드라마 | 프랑스 | 감독 올리비에르 나카체, 에릭 토레다노

1%에 속하는 극과 극의 두 남자가 우정을 나
누며 상처를 치유하고 내면의 성장을 이뤄가
는 영화.

◦ **플랫랜드: 더 무비** (Flatland: The Movie, 2007)

애니메이션 | 미국 | 감독 다노 존슨, 제프리 트래비스

3차원에 사는 우리가 2차원의 그들을 이해하
는 방식. 〈플랫랜드2: 스피어랜드〉도 DVD로
볼 수 있다.

◦ **프린스 앤 프린세스**(Princes And Princesses, Princes Et Princesses,

1999) 애니메이션 | 프랑스 | 감독 미셸 오슬로

그림자들이 들려주는 보석 같은 6편의 감동 이
야기. 단순하지만 속이 깊고 감동이 있는 애니
메이션.

○ **고맙습니다** (MBC, 2007.03.21∼2007.05.10)

드라마 | 연출 이재동 | 극본 이경희

어른들을 위한 동화 드라마. 함께 사는 우리 사회의 구성원에 대
해 다시 느껴보게 해준다.

○ **넘버스**(미국 드라마)

FBI 요원인 형과 천재 수학자 동생이 수학으로 사건을 해결하는 드
라마. 수학을 어디다 쓰는지 확실히 보여주지만, 좀 어렵다!

○ **자본주의**(다큐멘터리)

일상 깊숙이 파묻혀 잘 알지 못했던 자본주의라는 다소 어려울 수
있는 개념을 쉽고 세련된 영상으로 만날 수 있다.

○ **문명과 수학**(다큐멘터리)

수학의 역사를 고대부터 현대에 이르기까지 휘리릭 살펴볼 수 있
는 수학 명품 다큐멘터리.

선생님이 궁금해요!

Q 어릴 적 꿈은 무엇이었나요?

A 변호사. 법이 너무 매력 있었고 타고난 힘이 없더라도 나를 힘 있게 만들어줄 수 있는 직업이라 생각했다. 물론 그 힘을 힘없는 다른 약한 사람들을 돕는 데 쓰는 슈퍼맨이 되겠다고 한때 꿈꾸었지만 나보다 힘이 센 우리 아버지에게 지고 말았다.

Q 쌤은 어떤 아이였어요?

A 지금 167cm인 이 키는 초등 6학년 때 다 큰 키다. 기골도 장대(?)한 편이라 남자 아이들을 꼼짝 못하게 만들었고 고무줄놀이보다는 구슬치기가 더 적성에 맞는 아이였다. 하지만 새벽기도도 빠지지 않고 나가서 교회에서 주는 출석 상품은 모두 내 것으로 만들 줄 아는 살림꾼이기도 했다.

Q 수학 교사가 된 특별한 이유가 있나요?

A 힘이 센 우리 아버지에게 설득 당해서 문과를 못 가고 이과로

온 나. 하지만 피가 무서워 의대도 싫었고 딱딱한 공부라 여겨 공대도 아니었고 이런 저런 핑계로 제거하다 보니 사대만 남았었는데 그중 제일 깔끔한 풀이와 명확한 답을 도출해내는 수학이 낫겠다 싶어서 오게 되었다. 삭제하고 남은 과…… 그렇게 시작된 인연이다.

Q 꼭 챙기고 싶은 책, 버킷리스트에 들어갈 책이 있다면요?

A 로마인 이야기(늘 5권에서 멈추고 만다. 언젠가는 완독하리라), 닥터 노구찌(감동의 만화책이라고 들었지만 늘 깜빡하고 만 책. 이번 휴가 땐 꼭 읽을 거다), 원론(성경 다음의 베스트셀러라고 하는데 한 번도 읽을 시도를 못 한 것 같음)

Q 다른 직업을 택하게 된다면 어떤 일을 하고 싶으세요?

A 연기파 배우 혹은 영화 제작자. 나를 완전 다른 현실로 데려다줄 수 있는 마술 같은 장치가 영화라고 생각한다. 지금은 영화 관객으로 만족하지만 다시 태어나면 반드시 영화 관련 일을 하고 싶다. 지금도 늦지 않았다면 단역이라도 도전해볼까 한다.

Q 이것만은 꼭, 생활의 신조는 무엇일까요?

A 지금 망설이면 늙어 후회할걸? 한 시간이라도 젊을 때 도전해보자.

3교시
시험

이해력으로
승부하는
최강사회

갈래는
나뉘고
내용은
깊어질거야

서울 마포중학교 사회과
송경환 선생님

중학교 진학을 진심으로 축하합니다!

안녕하세요, 여러분!

중학생이 된 것을 진심으로 축하해요. 쌤도 초등학교 다닐 때는 빨리 6학년이 되고 싶은 마음이 간절했어요. 언제쯤이 되어야 선배 학년에게 치이지 않고 운동장을 마음껏 써볼 수 있을까, 축구를 마음대로 할 수 있을까, 6학년 형님들 눈치 보지 않고 운동장을 휘젓고 다닐 수 있을까, 하면서요. 그런데 눈 깜짝할 사이에 초등학교를 졸업하고 중학교 입학을 눈앞에 두게 되더라고요. 여러분도 쌤과 비슷한 생각이죠? 초등학교에 입학한 게 엊그제 같은데 벌써 졸업을 하고, 중학교에 진학하게 되다니! 아마도 생각보다 훨씬 시간이 빨리 가는 거 같아 놀랍고, 또한 새로운 중학교 과정은 어떨까 설레기도 하고 조금은 두렵기도 할 겁니다.

그런데 이 중학교 생활도 눈 깜짝할 사이에, 정말 순식간에 지나가요! 예를 들어 중학교 입학식 날 여러분은 '이제부터 새로운 마음으로 열심히 잘~ 해야지!' 하고 마음먹을 거예요. 그런데 마음먹는 바로 그 순간도 실은 1년 365일 중에 벌써 두 달이 훌쩍 지나간 순간이랍니다. 12개월 중에 1/6 이상의 시간이 이미 흘러간 거죠. 여러분 부모님 세대의 표현을 빌려오자면 하루가 시속 14km 속도로 지나가는 거예요. 야속할 만큼, 내 뜻은 물어보지도 않고, 제멋대로 슝슝슝!!! 나를 기다려주지 않고 금방 지나가지요!

여러분이 시간을 알차게 활용하고 미리미리 준비하는 중학생이 된다면 중학교 기간도 두려워할 것 없을 겁니다. 눈 깜짝할 사이 금방 지나가니까요. 지금은 이 3년을 얼마나 알차게 보낼까를 생각하는 게 중요해요. 너무 늦게 시작하면 정말 늦어버릴 수 있으니까 미리 준비하고 빨리 지나가는 시간을 좀 더 효율적으로 관리하는 게 좋겠지요? 지금부터 쌤은 여러분에게 초등학교 때 배우던 사회와 중학교에 올라와서 배우게 될 사회의 차이점은 무엇인지, 어떤 점을 눈여겨보아야 하는지, 공부할 때 주의할 점은 무엇인지 간단하게 정리해주려고 해요. 모쪼록 즐겁고 유익한 시간이 되기 바랍니다!

초등학교 사회와 중학교 사회는 어떻게 다르나요?
_갈래는 나뉘고 내용은 깊어지고!

초등학교 때는 학년 군의 개념으로 사회를 공부했을 거예요. 주로 3학년부터 6학년 때까지 초등학교 사회를 배우는데, 이때 3~4학년의 저학년 군과 5~6학년의 고학년 군으로 나뉘죠. 3~4학년 때는 지리나 일반사회, 역사 영역의 구분 없이 통합된 교과 영역으로 공부했을 거고, 5~6학년으로 올라가면서부터 지리 영역, 일반사회, 역사 이렇게 구분해서 공부했을 겁니다. 그렇다고 해도 가장 기본적인 영역만 공부했을 거예요. 예를 들면 '내가 사는 지역'을 중심으로 달라지는 생활 모습, 일반사회의 우리 지역과 다른 지역, 역사 영역에 속하는 도시의 발달과 주민들의 생활 과정 등을 통합해서 말이지요. 5~6학년이 되어서는 본격적으로 지리, 일반사회, 역사 영역을 구분하여 공부했을 거고요. 그러나 여전히 내가 사는 지역을 중심으로—지리를 배우든, 일반사회를 배우든—즉, 우리나라를 중심으로 배웠을 겁니다. 기초적인 내용만 공부했다는 뜻이지요.

중학교에 올라오면 그 내용들이 본격적으로 심화되고 분화됩니다. 역사 같은 경우는 별도의 교과목으로 독립되어 역사 과목 따로, 사회 과목 따로 공부하지요. 교과서도 '독립만세'를 외치게 되고요! 어디 그뿐인가요? 사회 교과서 안에서도 지리와 일반사회가 반반씩 나눠지면서 각각 단원을 차지합니다. 공부하는 범위도 우리나라에서 다른 나라로 확장되지요! 그런데 여기서 끝이 아닙니다. 각각의 내용도 매우 깊게 들어가거든요.

예를 들어 초등학교 때는 경제 단원에서 생산이라는 용어를 배운다고 할 때 주로 '생산의 정의'에 관련된 내용만 배우고 끝났을 거예요. "뭔가 가치 있는 것을 만들어낸다"에서 끝났을 거란 말이죠. 그런데 중학교에서는 가치 있는 것을 만들어내는 것만이 생산이 아니고, 가치를 증대시키는 것도 생산에 포함이 된다는 것을 가르칩니다. '판매'라든가 '운송', '택배' 같은 것들도 전부 생산 활동에 포함된다는 것을 배우는 거지요. 예를 들어, 우리나라에서만 마시고 그쳤을 막걸리를 보관 기술의 발달과 운송과 택배를 통해 전 세계인들이 함께 즐겨 마실 수 있게 한다면 그 또한 막걸리의 가치를 증대시킨 행위이므로 생산으로 봐야 한다는 것이지요.^^ 그러니까 여러분은 결과적으로 '더 많은 내용을 더 깊게 배우는 것'이 중학교 사회와 초등학교 사회의 다른 점이라고 생각하면 됩니다.

그렇지만 여러분, 미리 겁먹을 필요 없습니다. 아주 생소한 것을 배우는 게 아니라 초등학교 내용을 기초로 해서 그것들이 조금씩 더 가지를 치고 심화되는 것이므로 조금만 더 집중하고 잘 따라온다면 문제없습니다. 중학교 사회, 결코 어렵지 않지요? 걱정하지 말고 자신감 있게 시작해봅시다.

외울 거 많은 사회를 배우는 진짜 이유, 궁금해요!
_더불어 행복하게 살아가는 민주시민이 되려고!!

1988년에 출판되자마자 베스트셀러가 된 로버트 풀검의 『내가 정말 알아야 할 모든 것은 유치원에서 배웠다』라는 책이 있어요. 쌤이 아직 학생이었을 때 나온 책인데, 그걸 보면서 진짜 의심이 많이 들더라고요. '유치원만 나와도 일상생활을 하는 데 필요한 언어, 사칙연산 등을 다 배워서 사는 데 별로 지장이 없는데, 우리는 왜 계속 공부하고 또 하고 그러는 걸까?' 하고요.

솔직히 수학 같은 경우도 그래요. 여러분이 고등학교에 올라가면 배우게 되는 '미분·적분'을 어디 실생활에서 써먹기란 쉽지 않거든요. 편의점이나 마트에 가서 장을 본 다음 물건 값을 계산할 때 한참 미분·적분을 한 다음 "아! 그래서 1,500원이네요!" 이러지 않잖아요? 간단한 계산이야 머릿속으로 해도 되는 거고, 요즘엔 또 점원이 물건 값을 일일이 입력하면 우리는 그 자리에서 모니터로 확인할 수 있잖아요. 암산조차 필요 없는 세상인 거죠. 그런데도 우리는 공부를 합니다! 이팔청춘을 다 바쳐서!

그중에서도 특히 이해할 게 많고 외울 것도 많은 사회, 어렵기만 한 사회는 왜 계속 공부해야 할까요? 여러분이 가장 많이 의문을 가지는 부분이기도 합니다. 이런 질문을 받을 때 쌤이 늘 하는 말이 있습니다. "우리가 배우는 사회과 교육과정의 목표에도 나와 있듯이 민주시민을 양성하기 위해서지!"라고요. 여러분의 반응은 대개 이렇습니다. "쌤, 장난하세요?"부터 시작해서 "그런 어려운 말을 누가 못 해요?"를 지나 "우리나라가 민주국가니까 우린 당연히 민주시민 아닌가요?" 등등으로요. 물론 대답을 하면서도 뭔가 아리송하다는 표정은 여전합니다만!

그럼 이제, 쌤이 생각하는 민주시민의 개념을 들어볼래요? 우리가 살아가는 사회와 관련해서 설명하겠습니다. 여러분도 이미 "사람은 절대로 혼자서 살 수 없는 사회적 존재다"라는 것을 배웠을 겁니다. "내가 다른 친구들보다 사회 과목을 조금 더 잘 하는 것 같아", "내가 다른 친구들보다 운동에 조금 더 소질이 많은 거 같아"라고 표현할 때 우리는 '나 혼자서만 살아가는' 세상을 떠올리지 않습니다. 만일 혼자 살아가는 세상이라면 'OO보다'라는 표현 자체가 성립할 수 없어요. 여러 사람들이 함께 어울려 살기 때문에 할 수 있는 표현이라고 생각합니다. 이렇게 여러 사람들이 어울려 살고 있는 사회가 잘 돌아가려면, 또 이 사회가 비교적 효율적으로 운영되려면 사회과에서 이야기하는 '민주시민의 양성'이 절대적입니다. 왜 그럴까요?

우리는 사회 과목을 통해서 여러 가지를 배웁니다. 과목별로 또 내용에 따라 달라지겠지만, 여러분은 사회 시간을 통해 판독법도 배우고, 인간이 만든 제도라든가 삶의 배경이 되는 시간과 공간의 개념도 배웁니다. 하지만 결국 그런 과정을 통해서 우리는 다른 사람을 배려하는 것을 알게 되고, 다른 사람과 함께 어울리고,

다른 사람과 함께 지켜야 할 규칙이나 제도에 대해 배워나가게 됩니다. 그 과정을 통해서 나 혼자서가 아니라 다른 여러 사람들과 함께 이 사회를 구성하고 발전시키는 방법을 모색하고, 자기 역할을 제대로 하기 위해 어떤 행동을 해야 할지를 배웁니다. 다른 과목도 마찬가지겠지만, 유독 이런 부분을 강조하는 것이 바로 사회 과목입니다. 동시대를 함께 살아가는 다른 사람에 대한 배려, 그리고 민주시민으로서의 자질을 배우는 것, 이것이 바로 사회를 공부하는 목적이자 가장 중요한 배움의 이유입니다.

헉, 중학교 사회는 3개 분야로 나누어진다고요?
_걱정 말아요, 영역별 학습 방법을 알려줄게요.

초등학교와 달리 중학교는 본격적으로 사회 과목이 세분되고 그 내용이 심화됩니다. 역사 과목은 독립되어 나가서 교과서도 별도로 발행되고 있어요. 그리고 남은 두 교과인 지리와 일반사회가 중학교 사회 교과서를 이룹니다. 지리 영역은 주로 자원의 개발과 이용, 산업 활동의 변화에 따른 지역의 변화 등 우리 인간을 둘러싼 환경을 공간적 측면에서 다루는 과목이에요. 일반 사회는 정치, 법, 경제 등 인간이 만들어낸 여러 가지 제도들을 다루는 과목이고요. 즉 지리가 '인간과 공간'을 다루는 분야라면 일반사회는 '인간과 사회'라는 관점에서 접근합니다. 그리고 역사는 우리가 살아온 발자취를 시간의 흐름을 통해서 살펴보는 것이고요. 다시 말해 '인간과 시간'이라는 개념으로 접근한다는 겁니다. 감을 잡았나요? 그럼 이제부터 각 영역별로 효율적인 학습 방법이 무엇인지 살펴보겠습니다.

지리 : 어디서, 어떤 현상이 일어나고, 어떤 영향을 미치는지 이해하라!

지리 과목을 효율적으로 학습할 수 있는 방법은 무엇일까요? 여러 가지가 있겠습니다만, 가장 효율적인 방법은 다음 세 가지에 초점을 두고 접근하는 것입니다. 첫 번째는 '어디서'라는 걸 알아두고, 두 번째로 '어떤 현상이 일어나는가'를 이해하고, 세 번째 '그렇게 해서 일어난 현상이 인간 생활에 미치는 영향이 무엇인가?'를 탐색하는 것입니다.

정리하면, 지리 과목은 우선 ①어디서 ②어떤 현상이 일어나는가? ③그것이 인간 생활에 미치는 영향이 무엇인가의 관점에서 각 내용을 공부해야 합니다. 이때 무조건 외우기는 금물입니다! 이해가 선행되지 않은 암기는 시간이 지날수록 기억에서 멀어지거든요.^^ 만일 학교 선생님이 수업 시간에 "이런 저런 게 있다"고 하실 때 무비판적으로, 무조건 수용하면 절대 자기 공부가 되지 않습니다. 강의를 들으면서 머릿속으로 '지금 저 현상이 어디에서 나타나고 있지? 저런 현상이 우리에게 미치는 영향은 무얼까?'를 곱씹는다면 지리 공부가 훨씬 효율적일 거예요.

쉬운 예를 들어볼게요! 울릉도에 대해서 이것저것 배우는 시간입니다. 여러분은 대개 교과서에 적힌 대로 "울릉도는 다설지다, 우리나라에서 눈이 가장 많이 오는 지역 중의 하나다"라고 외우면서 공부합니다. 그런데 누군가 나중에 "왜 울릉도가 겨울에 눈이 많이 오는 다설지 중 한 곳이야?"고 물으면 선뜻 설명하지 못합니다. 왜냐고요? '울릉도=다설지'만 생각날 뿐 선생님이 수업 시간에 설명해주신 내용은 싹~ 잊어버렸기 때문입니다. 그렇다면, 방법을 바꿔서 제대로 공부해볼까요? 쌤이 위에서 이야기한 순서에 따라서 말입니다.

일단 '어디서'라는 걸 알아야겠지요? 여러분도 '울릉도'가 어디인지 다 알 거예요. 하지만 지명만 안다고 해서 해결되는 건 없습니다. 우선 지도를 통해 울릉도의 정확한 위치를 파악하고, 울릉도를 둘러싼 지형이나 기후를 짐작해야 합니다. 그래야만 다른 내용과 연결시킬 수 있습니다. 예를 들어 호주에 대찬정 분지가 있다고 할 때, 호주가 어디 있는지 안다고 해서 대찬정(호주의 중앙 저지 중에 우물을 파서 지하수를 얻을 수 있는 지역) 분지까지 이해할 수 있을까요? 아니죠!! 대찬정 분지의 위치를 알아야만 그 지역에서 이런 특색이 있다는 걸 이해할 수 있고, 이 대찬정 분지가 호주 지역 사람들의 일상생활에 어떤 영향을 미치고 있는지를 이해할 수 있습니다.

자, 이야기를 원점으로 돌려 다시 울릉도로 갑시다!

여러분은 조금 전, 울릉도의 이름과 위치를 지도에서 파악했습니다. 지도를 통해 울릉도를 둘러싼 지형과 기후도 짐작했을 거고요. 그럼, 겨울에 어떤 현상이 발생하고 있을까 생각해볼까요? 조금 전 쌤이 '울릉도는 다설지'라고 했지요? 다설지는 '눈이 많이 오는 곳'이라는 뜻입니다. 그럼 왜 울릉도에 눈이 많이 내리는지 알아야겠지요. 머릿속으로 지도에서 보았던 울릉도의 위치를 떠올려보세요. 어디쯤인지 생각나죠? 겨울이 되면 차가운 북서계절풍이 우리나라 쪽으로 내려오다가 동해안을 지나게 됩니다. 그런데 차가운 대륙성 바람보다는 동해안이 비교적 덜 춥기 때문에 대기는 따뜻한 습기를 많이 머금게 되고, 바람맞이 면에 해당하는 울릉도에 도달해서는 눈을 많이 뿌리게 되는 겁니다.

여기에서 두 가지 문제가 해결됐지요? 첫 번째 울릉도는 어디냐, 두 번째 어떤 현상이 일어나느냐가 말입니다. 정리하자면, "북서계절풍이 따뜻한 바다 위를 건너오다가 이것이 산의 바람맞이 면에 부딪혀서 많은 눈을 뿌린다"는 것입니다. 그렇다면 이런 현상은 울릉도 주민들에게 어떤 영향을 미쳤을까요? 바로 '우데기'라고 하는 울릉도 전통 가옥 구조를 탄생시키는 데 한몫했지요. 우데기란 방설벽을 말합니다. 울릉도 사람들은 집의 외곽에 벽을 만들어두고 폭설이 와서 바깥에 나가지 못할 경우를 대비해 집 안과 벽 사이의 공간에 식량을 쌓아놓았답니다. 아마 초등학교 때까지는 그냥 '울릉도=다설지, 그래서 우데기가 많이 나타난다'고만 공부했을 거예요. 어때요? 그냥 외우는 것보다 이렇게 차근차근 논리적으로 이해하니까 훨씬 쉽죠? 이런 식으로 공부한다면 중학교 지리 공부도 문제없을 겁니다!!

일반사회 : 제도의 의미와 목적을 정확하게 이해하라

　일반사회 영역은 크게 정치와 경제, 사회·문화, 법 영역으로 나눌 수 있습니다. 우선 정치와 법 영역부터 볼게요. 이 부분은 "① 제도의 의미 이해하기 ②제도의 목적 이해하기"의 순서를 준수하면 효과적으로 공부할 수 있어요. 예를 들어볼게요.

　민주주의를 효율적으로 운영하기 위해서 제도적으로 보장하고 있는 원칙들이 몇 가지 있습니다. 대표적인 것들 중 하나가 '권력 분립'의 원리입니다. 쌤이 이렇게 말하면 여러분은 자동적으로 "민주 정치의 기본 제도는 1.국민 주권의 원리, 2.국민 자치의 원리, 3.권력 분립의 원리, 4.입헌주의의 원리……" 이렇게 해서 외웁니다. 하지만 이것 역시 시간이 어느 정도 지나면 기억이 나지 않습니다. 정말, 안타까운 일이지요. 다시 한 번 '암기'를 버리고 '이해'를 따라가봅시다.

　일반사회 중 정치와 법 영역을 배울 때는 특히 제도의 뜻을 먼저 이해하도록 노력해야 합니다. 제도의 뜻을 알고, 그 뜻을 제대로 이해했으면, 다음으로 그 제도를 도입한 목적이 무엇일까를 알아야 합니다. 예를 들어서 '권력 분립의 원리'라는 말을 생각해봅시다. 잠깐 언어 공부를 하고 지나갈게요.^^;; 이 말은 한자어입니다. 여러분이 어려워하는 한자어죠. 하지만 한자의 뜻을 그대로 생각해보면 뜻풀이가 매우 쉬워집니다. 말 그대로 "남을 복종시키거나 지배할 수 있는 공인된 권리와 힘(권력權力)을 나누어서(분分) 세워놓겠다(립立)"는 것이니까요. 결국 권력을 분산하겠다는 의미지요. 이제 권력 분립의 원리가 어떤 것을 말하는지 이해했죠?

그럼 두 번째 단계로 넘어갑니다. "이 제도를 왜 쓰느냐?" 하는 목적에 대해 공부하는 단계이지요. 쌤은 시험 문제를 낼 때 이따금 "권력 분립의 원리를 채택하는 이유로 올바른 것은?" 하는 질문을 던지면서 매력적인 오답으로 '정치적 효율성이 높아지기 때문이다'라는 문항을 넣습니다. 그러면 학생들은 꼭 그 답을 고르더라고요. 그런데 여러분, 쉽게 생각해보세요! 내가 힘을 집중하지 않고 여기저기 분산시키면 과연 그 힘을 효율적으로 사용할 수 있을까요? 아니죠? 그렇다면 정치적인 효율성이 떨어지는데도 권력 분립을 하는 진짜 이유, 즉 이러한 제도를 유지하는 목적을 정확히 이해해야겠죠? 뭘까요? 바로 '권력이 집중되고 오용되고 남용되는 것을 방지하고, 그러한 과정을 통해서 비록 효율성은 좀 떨어지더라도 그 과정을 통해 국민의 기본권을 보장하는 데에 큰 도움이 되기 때문에 권력 분립의 원칙을 둔 것이며, 이것이 바로 대표적인 민주 정치 제도의 기본적 원리 중의 하나가 된다'는 것입니다.

일반사회에서 배우는 정치 내용 중 여러분이 직접 경험해볼 수 있는 게 있는데, 무엇일까요? 바로 '선거와 투표'입니다. 아직 나이가 어려서 국회의원이나 대통령을 뽑는 투표에 참여할 수는 없지만 학급이나 학교 회장을 뽑는 선거에는 얼마든지 참여할 수 있지요. 선거의 의미는 '내가 능동적인 존재로 사회 변혁을 이끌어낼 수 있는 일에 참여한다'는 데 있답니다.

학교를 대표하는 전교 회장을 뽑는 선거를 한번 떠올려보세요. 소박하고 진지하게 공약을 발표하는 친구가 있는가 하면, 허황된 공약—제대로 실천할 수 없을 것처럼 보이는—을 남발하는 친구들도 있게 마련이지요. 몇 해 전, 쌤이 근무하는 학교에서 있었던 일입니다. 어떤 학생이 선거 때 '화장실에 휴지를 비치하겠다'는 공약을 내걸었답니다. 사소하고 평범한 공약 같지만, 짓궂은 남학생들은 화장실 휴지를 필요할 때 쓰지 않고 둘둘 풀어서 물에 탁 적셔가지고는 벽에 던지는 데 주로 사용하거든요(학교에서는 교육적 차원에서 휴지를 공급하지 않은 지 꽤 오래 되었답니다). 재미있게도 많은 학생들이 휴지에 목숨을 걸었고, 결국 그 친구가 압도적으로 당선됐어요. 물론 공약은 지켜졌고, 아이들은 다시 휴지를 사용할 수 있게 되었어요.

아이들은 이런 과정을 통해 선거에 대해서 다시 생각해보고, 뭔가 조금씩 깨닫게 되었지요. 후보들은 지킬 수 있는 공약을 내걸고, 여러분과 같은 유권자들은 자신이 지지한 후보자를 선출하고, 그 후보자가 당선되어 여러분이 원했던 공약을 지키는 과정을 통해 선거가 얼마나 중요한지 알게 되었다는 뜻입니다. 그 다음부터 는 학생들이 선거에 열심히 참여하더라고요. 실제로 한두 표 차 이로 당락이 결정되는 선거의 사례를 통해 선거의 중요성을 다시 한 번 되새겨볼까요? 2000년 16대 총선에서는 단 3표 차이로 국 회의원의 당락이 결정된 적이 있고요. 2008년 강원도 고성군수 보궐 선거에서는 단 1표 차이로 당락이 결정되었답니다. 또 2002 년 동두천시 시의원 선거에서는 동표가 나와서 결국 연장자가 당 선된 경우도 있어요.

나의 참여로 누군가의 당락을 결정짓고, 변화를 이끌어내고, 그 것이 사회로 규모가 확대되면서 더 큰 변화를 일으킬 수 있다는 사실, 얼마나 멋진가요? 이런 것만 봐도 민주시민의 양성을 목표 로 하는 일반사회 과목이 얼마나 중요한지 알 수 있지요? 여러분 이 실제 사회에 나가서 생활하는 데 필요한 거의 모든 것을 가르 쳐주는 과목이잖아요. 멋진 민주시민 양성을 돕는 과목이고요!! 여러분, 쌤이 한 번 더 강조합니다. "일반사회를 공부할 때는 제도 의 의미를 이해하는 것도 중요하지만, 그 목적까지 이해해야 공부 한 내용을 여러분만의 지식으로 만들 수 있다!!"

사회·문화 : 개념을 알고 실제 사례로 확인하라

사회문화 역시 개념을 이해하는 것이 가장 중요합니다. 그 다음 두 번째로 중요한 것은 실제 사례를 적용해서 공부하는 것이고요.

이렇게 하면 단순한 암기를 떠나서 여러 모로 응용하는 것도 가능해집니다. 물론 이해도 더 잘 되겠지요. 예를 들어볼까요? 문화의 특성 중에는 보편성과 다양성이라는 게 있습니다. '다양성'이란 사전에 따르면 '모양, 빛깔, 형태, 양식 따위가 여러 가지로 많은 특성'입니다. 즉 어떤 행동(사고)을 하는 데 있어 방법이 여러 가지 있을 수 있다는 뜻입니다.

'밥을 먹는다'는 행위를 예로 들어볼게요. 한국 사람들은 식사할 때 수저를 사용하지만, 서양 사람들은 대개 포크와 나이프를 씁니다. 손을 쓰는 나라도 있고요. '먹는다'는 행위는 비슷하지만 그것을 수행하는 방법은 제가끔이지요. 이에 비해 '보편성'은 '모든 것에 두루 미치거나 통하는 성질'이라는 의미입니다. 여러분, 쌤이 든 예를 보세요. 수저로 먹고, 포크·나이프로 먹고, 손으로 먹고……. 여기서 나타나는 공통된 특징은 무엇일까요? 그래요. 바로 '인간은 음식을 먹을 때 무엇인가를 이용한다'는 것입니다.

이처럼 우리는 먼저 개념을 이해하고, 그 다음 사례를 적용해서 공부하는 습관을 들여야 합니다. 다시 한 번 정리해줄게요. 수업 시간에 선생님이 "문화의 특성 중에는 보편성과 다양성이 있다"고 하셨을 때, 무작정 그 문장을 달달달 외울 게 아니라 먼저 문화의 보편성은 무엇인지, 다양성은 무엇인지를 이해해야 합니다. 전 세계 인류 문화에서 나타나는 어떤 공통된 특성은 보편성이고, 워낙 다양한 인류가 살고 있다 보니 문화도 다양하게 나타난다는 게 다양성이죠. 하지만 이렇게 외우는 것도 불안합니다. 분명히 나중에 헷갈리거나 실제 사례를 적용할 때 어려움을 겪게 될 테니까요.

그러면, 어떻게 한다? 맞아요. 좀 전에 쌤이 '밥을 먹을 때'의 예를 들어준 것처럼 보편성과 다양성의 의미를 실제 사례로 적용해보는 겁니다. 다양성의 또 다른 사례로 인사법을 들 수 있죠. 어떤 나라는 볼을 부비고, 어떤 나라는 고개를 깊숙이 숙이고, 또 어떤 나라 사람들은 서로 뺨을 때립니다. 그러면 이런 다양한 인사법에서 생각할 수 있는 보편성은 뭐지요? 사람의 사고방식이나 신체 구조가 유사하기 때문에 결국에는 비슷비슷한 문화 양식이 나타날 수밖에 없다는 것, 방금 쌤이 열거한 인사법들―볼 부비기, 고개 숙이기, 뺨 때리기―은 모두 '인사하기 위해서 있는 거다'라는 점입니다. 자, 이렇게 사례를 가져다 도입해보면 사회·문화 공부가 훨씬 재미있고 쉬워지겠지요? 쌤은 그렇게 생각하는데, 여러분은 어떠세요?

경제 : 개념어, 그래프와 친해지자

경제 영역은 많은 학생들이 어려워하는 부분입니다. '어떻게 하면 여러분에게 좀 더 쉽게 가르칠 수 있을까?' 하고 쌤이 가장 고민하는 분야이기도 하고요. 우선, "다양한 경제 용어를 최대한 많이 알아두라"고 얘기하고 싶습니다. 경제를 배우다 보면 '자원의 희소성'이라든가 '기회비용', '매몰비용'…… 같은 생소한 표현들이 자주 나올 텐데, 이런 경제 용어들은 무엇보다 그 뜻이 무엇인지를 정확하게 이해하는 수밖에 없습니다. 그 다음, 개념을 이해해서 내 것으로 만든 뒤에는 검증하기 위한 방편으로 다양한 일상생활의 표현들을 경제적인 용어로 다시 표현해보기를 권합니다. 이렇게 개념어 정리가 끝나면, 두 번째로 수요와 공급의 곡선 도출에 대해서 확실하게 알고 넘어가야 합니다. 중학교 과정에서는 그 정도까지만 다루고 있거든요.

자, 그럼 첫 번째로 '다양한 경제 용어 이해하기'를 설명해볼게요. 경제 용어는 단순하게 이해하는 것으로만 끝나서는 안 됩니다. 반드시 여러분 스스로 실생활에서 경제 용어를 사용해서 연습해보는 과정이 필요합니다. 예를 들어볼게요. 지금 쌤이 빵과 우유를 먹고 싶어요. 그런데 지금은 빵과 우유 중에 하나밖에 먹을 수 없는 그런 상황이에요. 돈이 별로 없어서 한 가지밖에 살 수 없거든요. 뭘 먹을까 잠시 고민하다가 쌤은 결국 빵을 사서 먹었습니다. 이 상황을 경제 용어를 사용해서 설명하면 다음과 같습니다.

"쌤은 자원의 희소성으로 인해서 빵과 우유, 전부를 가질 수 없어. 이 같은 자원의 희소성은 사람들로 하여금 선택의 기로에 서게 만들지. 그리고 사람들은 이왕이면 자신의 선택이 합리적이기를 바라기 때문에 비용과 편익을 분석할 수밖에 없게 되는 거지. 이때 나오는 개념이 '기회비용'이야. 기회비용을 최소한으로 선택해야 하는 상황에서 빵을 선택했을 때의 기회비용과 우유를 선택했을 때의 기회비용을 비교해보니—기회비용은 주관적이라서 사람마다 조금씩 다르다— 빵을 선택했을 때의 기회비용이 더 적은 거야. 그래서 쌤은 우유 대신 빵을 먹기로 마음먹은 거지."

어때요? 머리가 복잡하나요? 이런 표현들, 좀 생소하고 어렵겠지만 마음 다부지게 먹고 꾸준히 연습해보세요. 그래야 그 용어들이 진짜 내 것이 됩니다. 무슨 일을 하든—공부를 할 때나 기술을 익힐 때나—내 것으로 만들려는 진지한 노력이 없다면 시간이 조금만 지나도 모든 게 연기처럼 사라진답니다!!

그 다음, 수요·공급의 법칙과 그래프 정도는 반드시 잘 알아두어야 합니다. 이것을 쉽게 공부하는 특별한 방법은 없습니다. 스스로 그래프를 많이 그려보는 수밖에요. 그러니까 가격과 수요량의 관계를 표로 한번 도출해보는 겁니다. 지금 쌤한테 100원짜리 노트를 10권 살 수 있는 돈이 있습니다(어디까지나 가정. 요즘엔 100원짜리 노트가 없으니까). 막상 문구점에 갔더니 200원짜리 노트가 마음에 듭니다. 계산해보나 마나 200원짜리를 선택하면 다섯 권밖에 살 수가 없죠. 그럼 300원일 때는요? 세 권밖에 못 사지요. 이 상황을 일단 도표로 정리한 다음, 그래프로 그려봅니다. 노트 값이 올라갈수록 쌤이 가질 수 있는 노트의 수는 줄어들지요? 이게 바로 여러분이 경제 시간에 배우는 가격과 수요량의 관계입니다. 별로 어렵지 않지요?

여러분, 경제 공부를 할 때는 반드시 도표와 그래프 그리기를 잊지 마세요. 아무리 귀찮더라도 이것만은 꼭 하고 지나가세요!! 그래야만 머릿속으로만 외우던 경제 용어나 개념들이 '눈'을 통해 다시 한 번 각인된 다음 여러분의 머릿속에 무사히 안착할 거예요. 결국 경제 부분은 쉽게 공부한다는 생각을 버리고 '자꾸 연습하고 자꾸 풀어보고 자꾸 적어보는' 방법이 최고라고 봅니다. 또 시간이 날 때마다 친구나 가족들과 모의주식투자를 한다든지 모의 레몬마켓 같은 것을 열어보세요. 어려웠던 경제 개념을 가급적 놀이와 연관시켜 풀어보면 뜻밖의 효과를 거둘 수 있답니다. 블루마블 같은 보드게임도 좋겠지요?

 "왜?"라고 물으면 역사의 궁금증이 풀린다

중학교에 올라오면 초등학교 사회 시간에 배웠던 역사를 조금 더 깊게 배우게 됩니다. 여러분 가운데는 "초등학교 때 이미 역사 과목을 포기했어요!"라면서 기초도 잡혀 있지 않다고 볼멘소리하는 친구도 있을 거예요. 그런데 그건 비겁한 변명이십니다(영화 〈실미도〉의 설경구 버전^^;; 여러분은 이 영화를 모를라나?). 왜 비겁한 변명이냐? 중학교에 올라와 배우게 될 내용들은 사실 초등학교 때 한 번씩 훑고 지나간 것들입니다. 즉 기초를 심화시킨 내용이라는 뜻이죠. 그러니까 미리 포기하지 말고 지금부터라도 열심히 노력하면 좋은 결과를 얻을 수 있을 겁니다.

역사 과목도 암기에 의존하면 큰 코 다치는 과목입니다. 시작부터 실패할 가능성이 높지요. 다른 과목과 마찬가지로 "왜 그럴까?" 하면서 의문을 던지는 게 중요합니다. 거기서 답을 얻은 다음에는 그 내용을 자기만의 내용으로 재구성하는 게 중요하고요.

예를 들어 우리가 오늘날 당연히 여기는 주민등록증 제도를 생각해봅시다. 그냥 "어 주민등록? 태어나면 다 하는 거고 만 17세 되면 주민등록증을 받는다는데?" 하고 지나갈 게 아니라 이런 식으로 사람들을 나라에 등록하는 게 왜 필요할까, 우리나라처럼 주민등록증이 있는 나라는 어디인가 하고 의문을 품으면서 "지금은 당연히 여기는 주민등록증 제도의 기원이 뭘까?" 하고 물을 수도 있겠지요.

이렇게 '왜?'라는 호기심으로 접할 때 우리는 주민등록증이라는 하나의 현상을 가지고 고려 시대의 호패법까지 거슬러 생각할 수 있게 됩니다. 그리고 이것이 조선 시대에 와서는 16세 이상의 남자에게 호패를 발행하게 하고 지참하게 함으로써 '유망'과 '피역'을 방지하는 데 활용되었다는 것을 알게 되지요. 유망이란 함부로 도망을 다니는 걸 말하고, 피역이란 어떤 노역의 의무를 피하는 것을 뜻합니다. 나라에서는 호패를 이용해 이 같은 일들을 미연에 방지함으로써 세금을 더 확실하게 거두고, 신분을 확인하여 거주지별로 백성들을 통제하려고 했던 것입니다.

아마 여러분은 이 지점에서 "그럼 세금을 효과적으로 내기 위해서 주민등록증 제도를 둔 거예요?"라고 물을 수 있겠지요. 그러면서 스스로 이런 제도의 긍정적인 면과 부정적인 면은 무엇인지 생각하거나 어떤 식으로든 비판도 해볼 수 있겠지요. 이런 사고 과정을 통해서 '꼭 이런 억압적인 제도가 아니라 보다 효율적으로 개인의 신분을 확인할 수 있는 다른 제도는 없을까?' 하면서 자기 생각을 더 발전시킬 수도 있습니다. 이런 훈련이 잘 되면, 좀 거창하게 나가자면, 어떤 사회의 긍정적인 변화를 이끌어낼 수 있는 원동력이 되지요!!

여러분, 역사 공부를 할 때는 특히 능동적이 되어야만 합니다. 선생님이 가르쳐주는 대로 수동적으로 지식만 흡수하지 말고, "왜 그랬을까, 이런 일들은 그 시대의 어떤 상황과 맞물려서 발생한 것일까, 그것들이 오늘 우리의 삶에 미치는 영향은 무엇일까?" 하고 묻고 또 물으면서 '연결해서' 공부하세요. 과거의 시간에 머무는 지식이 아니라 오늘날과 연결된 지식이라는 사실을 깨닫는다면 역사 공부만큼 재미있는 분야도 없다는 걸 알게 될 겁니다!

다시 한 번 정리할까요?

역사를 공부할 때는 무턱대고 암기하지 말고, 그 시대의 시대적 상황을 최대한 이해하면서 암기하도록 하세요. 그리고 '연표'를 적극 활용하세요. 연도순으로 간단 간단한 사건들에 대한 내용을 정리하면 역사의 중요한 대목인 '흐름'을 파악할 수 있거든요. 역시 예를 들어볼까요? 조선의 임금인 정조가 즉위한 1776년은 미국이 영국을 상대로 독립 전쟁에서 승리한 해이면서, 영국에서는 산업

혁명의 변화가 진행되었던 시기이기도 하지요. 또한 중국에서는 건륭제의 시대로 수도 북경에서는 서양의 상인과 선교사들을 쉽게 만날 수 있었다는 사실들을 함께 기억해보도록 하면 우리나라의 흐름뿐만이 아니라 세계의 흐름을 함께 파악할 수 있겠지요. 그래서 연표의 적극적 활용을 강조하는 것입니다.

또 여러분 스스로 '자신만의 판서'를 만들어보세요. 학교 선생님의 강의나 여러분이 배우는 교과서를 토대로 자기 판서를 만들면 자연스레 복습도 되고 자기 주도적인 학습도 할 수 있습니다. 오래 기억에 남는 것은 물론이고요. 우리는 역사를 통해 과거의 불행한 사건들을 재조명하고, 이것을 오늘날의 시점에서 해석하면서 더 이상 불행한 일이 반복되지 않도록 긍정적인 길을 모색할 수도 있습니다. "역사 공부, 이래서 중요하다 할 것이야~~!!"

14세를 위한
사회 공부법
팁

사실 제일 어려운 부분이 공부법 팁입니다. "공부에는 왕도가 없다(There is no royal road to learning)"는 말이 있듯이 사회 공부를 잘 하는 법은 정해져 있지도 않고 따로 존재하지도 않습니다. 다른 사람의 방법이 다 나한테 맞는다는 보장도 없고요. 그러니까 쌤이 지금부터 얘기하는 팁은 참고만 하고요, 꼭 본인에게 맞는 공부법을 체득하기 바랍니다. 조금이라도 도움이 될 만한 팁들을 소개합니다.

책을 많이 많이 읽어라!!

중학교에 입학할 때까지의 짧다면 짧고 길다면 엄청 긴 소중한 자투리 시간을 잘 활용해야 하는데요. 이때 중요한 것이 바로 '독서'입니다. 뻔하지만 가장 중요한 팁이지요!! 교과서의 내용은 물론이고 그 이외의 지식과 간접 경험을 빠른 시간 내에 체득하는 데는 독서만 한 것이 없어요. 특히나 오늘날과 같이 자기 주도 학습이 강조되는 상황에서 독서 경험은 자기만의 학습 방향을 찾을 수 있다는 점에서 그 중요성이 크며, 사회 관련 책을 사전에 많이 읽기를 권합니다. 예를 들어 이원복 교수의 『먼나라 이웃나라』 시리즈의 경우는 초등학교·중학교 아이들이 즐겨 읽는 책 중 하나인데 그걸 자주 읽어보고 중학교에 와서 수업을 듣는 친구와 그렇지 않은 친구는 역사 시간, 특히 세계사 영역을 배울 때 그 차이가 확연하게 드러날 정도입니다. 다시 한 번 말하지만 꼭 사회 관련 도서가 아니어도 좋으니 시간이 날 때마다 틈틈이 책을 읽으세요. 게임만 하지 말고요.^^;;

누가 뭐래도 학교 수업이 킹왕짱!!

학원을 다니고 EBS와 같은 인강을 듣는다 한들 이것보다 더 좋을 수 없는 것, 여러분은 바로 그것을 자주 간과합니다. 뭐냐고요? 시험 문제를 출제하는 사람은 학원 선생님이나 EBS 선생님이 아니라 바로 우리 학교 쌤이라는 사실이지요. 그러니까 학원에서만 열공하고, 학원 숙제 하느라 잠을 설쳐서 학교 오면 푹 자는 친구들은 자연히 내신이 '꽝'이겠지요? 옛말에도 있답니다. "안에서 새는 바가지 밖에서도 샌다!" 공부도 마찬가지죠! 여러분, 학교 공부에 충실하세요. 고등학교에 진학할 때도 내신이 중요하다는 거 잘 알고 있죠?

선행 학습보다 복습이 중요하다!

독일의 심리학자 에빙하우스의 '망각 곡선'이라는 얘기 들어본 적 있지요? 한 시간이 지나면 기억한 내용의 절반을 망각하고, 약 한 달이 지나면 전체의 20%밖에 기억을 못 한다는 사실! (쌤은 한 시간이 지나면 10%도 기억하지 못할 만큼 점점 퇴보하고 있어요.^^;;) 배운 내용을 여러 번 복습해서 완전히 내 것으로 소화하는 게 중요하다는 것 잊지 마세요!! 자기만의 판서도 좋고, 거울 앞에서 자기를 상대로 강의를 해도 좋고! 자기만의 것으로 체화하는 게 중요합니다.

뉴스와 신문을 많이 접하라

사회 과목도 이제는 단순 암기 내용을 묻는 시대는 지났습니다. 종합적인 사고력과 의사 결정 능력 등을 볼 수 있는 응용문제가 많기 때문에 그만큼 사회에 관심을 가지고, 뉴스와 신문을 자주 접하면서 학교에서 배운 내용과 접목하여 사고의 나무를 키워 나간다면 더욱 좋겠지요?

용어 정리는 필수!!

중학교 사회는 초등학교와 달리 텍스트는 한글이지만, 알고 보면 한자어인 용어가 정말 많아요. 이것이 정리가 안 되면 공부하는 게 별로 의미가 없을뿐더러 자칫 헛수고가 될 수 있습니다. 예를 들어 지형과 관련된 지리 영역을 공부한다고 해요. '사구', '사빈' 등의 용어가 등장하죠? 이런 단어를 무턱대고 암기하면 나중에는 뭐가 모래 언덕인지, 뭐가 모래사장인지 헷갈리게 됩니다.

잘 보면 '사구', '사빈'이 다 한자어입니다. 사구(砂丘)는 모래 '사'자와 언덕 '구'자가 만나서 이루어진 단어죠. 이렇게 뜻을 바로 알 수 있는 한자어를 보면 간단하게 이해가 되죠? 글자 그대로 모래 언덕이죠! 사빈(砂濱)은 모래 '사'자와 물가 '빈'이 만난 단어입니다. 물가에 있는 모래! 즉, 물 가장자리에 있는 모래! 그러니까 바로 해수욕장에 가면 쉽게 볼 수 있는 모래사장이죠?

중학교 사회 교과서에 나오는 용어들은 거의 다 한자어입니다. 그러니까 개념을 한자와 함께 기억하면 내용을 따로 암기할 필요가 없는 거지요. 사과의 한자어를 생각해봤나요? 사과(沙果), 즉 모래밖에 없는 척박한 땅에서도 잘 자라는 과일이라는 의미죠. 그래서 진짜 맛있는 사과는 비가 적게 오는 지역일수록 당도가 높고 더 맛있게 재배되는 게 아닐까요?^^;; 이제부터는 사회 교과서에 나오는 개념들이 어렵다고 불평하지 말고, 차근차근 한자어와 함께 그 뜻을 정확히 파악하려고 노력한 뒤 개념을 정리해둡시다. 사회 공부가 한결 쉬워집니다!!

사회와 친해지는 개념어 완전정복

일반사회

- **게리멘더링** : 정치적인 목적으로 특정 정당에 유리하게끔 선거구를 재구획하는 것. 1812년 미국 매사추세츠 주 주지사였던 엘브리지 게리가 자기 정당에 유리하도록 선거구를 분할했는데, 그 모양이 전설상의 괴물 샐러맨더(Salamander)와 비슷하여, 거기에 이름 게리(Gerry)를 합성하여 게리맨더(Gerrymander)라고 불렀던 것. 이후 선거구를 재구획하는 행위를 게리맨더링이라고 부르게 되었음.

- **기회비용과 매몰 비용** : 기회비용은 어느 하나를 선택함에 따라 포기해야 하는 가치들 중 제일 큰 것을 의미하며 합리적 선택시 꼭 고려해야 하는 비용으로 편익보다 기회비용을 작게 해야 합리적 선택! ex. 인어 공주가 다리를 얻으려고 포기한 목소리가 기회비용! 그런데 인간의 다리로 찾아간 왕자가 "너 싫어!"라고 한다면 기회비용이 편익보다 큰 잘못된 선택이 되고, "최고에요! 결혼해줘요!"라고 했다면 그래도 합리적 선택임. 매몰 비용은 말 그대로 매몰된 비용으로 다음 선택을 망치고 싶지 않으면 고려하지 않아야 할 비용이다.

• 내집단과 외집단 : 미국의 심리학자 썸너가 도입한 개념. 구성원들이 가지는 소속감에 따른 구분. 한 개인이 그 집단에 소속한다는 느낌을 가지며, 구성원 간에 우리라는 공동체 의식이 강한 집단을 내집단 또는 우리 집단이라고 한다. 반면에 이질감이나 적대 의식을 가지는 집단을 외집단 또는 타인 집단이라고 한다.

• 비용과 편익 : 비용은 어떤 것을 얻기 위해 지불해야 하는 대가를 의미함. 편익은 비용을 지불하고 구매한 어떤 것을 사용함으로써 얻게 되는 만족감을 의미함.

• 사회계약설 : 자연 상태에서 인간은 자신의 자유와 권리를 보장받기 위해 서로 계약을 통해 정부를 형성한 것이라는 사상.

• 선거구 법정주의 : 불법 선거구를 막기 위해 선거구는 국민의 대표 기관인 국회에서 정한 법으로만 결정할 수 있다는 뜻.

• 입헌주의 : 국민의 기본적 인권을 보장하기 위하여 통치 및 공동체의 모든 생활이 헌법에 따라서 영위되어야 한다는 정치원리. 헌법에 국민의 기본권을 세우겠다(보장하겠다)는 내용.

• 자원의 희소성 : 희귀하다는 개념과 구분하라! 경제학에서 말하는 희소성은 인간의 필요와 욕구에 비해 그 수가 적으면 비로소 희소하다고 할 수 있음.

• 정치 : 사회적 희소가치를 권위적으로 배분하는 과정을 의미. 일상 생활에서 발생하는 문제를 합리적으로 해결해가는 과정.

• 합계 출산율 : 여성 1명이 평생 동안 낳을 수 있는 평균 자녀수를 의

미함. 통상적으로 15~49세까지의 가임 여성 1명이 평생 동안 낳을 수 있는 평균 자녀수로 최근 우리나라는 이 수치가 점점 감소하면서 저출산율 문제에 봉착해 있음.

- **공간** : 지리학의 여러 이론(논리실증적)들이 실험되는 곳, 역사학의 시간에 대비되는 개념임.

  ex. 인구공동화 현상은 지역이나 장소에서 일어나는 현상이 아닌 도심이라는 공간에서 일어나는 현상이다.

- **기후** : 한 장소에서의 장기간(30년)에 걸친 대기의 종합적인 변화, 자연지리의 양대 축.

- **이동** : 장소든 공간이든 지역이든 물자, 사람 등의 이동이 항상 일어난다.

- **인구** : 지리학은 지표에 대한 학문이며 지표에서 살아가는 주인공은 결국 인간이다. 그 인간의 수량적 표현이 인구임.

- **장소** : 지역보다 주관적인 개념. 주로 사람의 심리와 연관된 곳.

  ex. '내게 아름다운 추억이 깃든 장소'라고 말하지 '내게 아름다운 추억이 깃든 지역'이라고는 하지 않음. 지역이 객관적 대상이라면 장소는 주관적 대상임.

- **지역** : 크게 '인문지역'과 '자연지역'으로 나뉨. 특징과 주체성을 가져서 연구할 가치가 있는 장소를 지역이라고 부름.

• **지형** : 오랜 시간(지질시대) 또는 짧은 시간 동안 지구의 외적영력(풍화, 침식, 운반, 퇴적)과 내적영력(융기, 침강, 화산, 지진 등)에 의해 형성된 지표의 형태, 자연지리의 양대 축.

역사

• **붕당** : 학문적·정치적으로 뜻을 같이하는 양반들이 모여 구성한 정치 단체를 의미함.
• **사림** : 조선 중기에 사회와 정치를 주도한 세력을 가리키는 말. 고려 말 조선 건국에 참여하지 않은 일부 사대부들이 지방으로 내려가 학문과 교육에 힘을 쓰게 되는데 이들을 사림이라고 부르게 됨.
• **삼정** : 토지를 대상으로 세금을 거두는 전정, 군포를 거두는 군정, 봄에 곡식을 빌려 주었다기 약간의 이자를 붙여 가을에 갚게 하는 환곡을 의미함.
• **성리학** : 우주의 원리와 인간의 심성을 탐구하는 학문.
• **실학** : 실제 생활에 도움이 되는 실용적인 학문을 의미함.
• **애국 계몽 운동** : 개화 지식인과 전직 관리들이 교육과 산업의 진흥을 통한 부국강병을 추구하며 실시한 국민 계몽 운동을 의미함.
• **정세** : 일이 되어 가는 사정과 형세.

꽂히면 통한다
14세에게 권하는
책&영화

Books

○ **통계 속의 재미있는 세상이야기** –구정화 등 지음 | 통계청

자칫 아이들에게 딱딱하게, 어렵게 다가갈 수 있는 통계 이야기를 삽화나 유명한 박지성 선수의 연봉 이야기 등을 통해 쉽고 재미있게 풀어나가는 책. 예비 중학생 여러분이라면 한번 보시길 추천!

○ **먼 나라, 이웃나라** –이원복 글 ·그림 | 김영사

다들 읽어봤나요? 세계사 영역을 공부할 때도 좋지만, 다른 나라의 문화와 역사를 이해하는 데에는 딱인 듯!

○ **쑴내관의 재미있는 궁궐 기행** –송용진 지음 | 지식프레임

루브르 박물관? 만리장성? 우리나라에도 아직 못 다 본, 또 쉽게 지나친 너무나 소중하고 아름다운 문화유산이 많다. 그냥 무심코 지나쳤던 문화유산 이야기를 쉽고 재미있게 풀어나간 책. 강추!

○ **박시백의 조선왕조실록 –** 박시백 글 · 그림 | 휴머니스트

자칫 딱딱하고 어려울 수 있는 우리나라 역사를 만화의 형태로 간결하고 재미있게, 그러나 핵심은 정확하게 짚고 넘어가는 최고의 책! 강추!!

○ **마시멜로 이야기**

─ 호아킴 데 포사다. 엘런 싱어 지음 | 공경희 옮김 | 21세기북스

인내하는 방법. 무엇보다도 열심히 노력한 나 자신에게 포상을 통해 더 큰 성장 동력을 이끌어가는 과정이 흥미로운 책.

Movies

○ **식코** (Sicko, 2007)

다큐멘터리 | 미국 | 감독 마이클 무어

미국의 의료보험제도의 문제점을 낱낱이 파헤친 영화. 민영화나 경제적 이윤 추구만이 만사는 아님을 깨닫게 해주고 국민 복지의 중요성을 다시 한 번 깨우쳐준 영화.

○ 트루맛쇼(The True-taste Show, 2011)

다큐멘터리 | 한국 | 감독 김재환

우후죽순으로 제작되고 있는 맛집 프로그램의 진실을 깨우쳐준 영화. 아이들에게 보이는 것만이 진실은 아님을 알 수 있게 해주는 영화. 미디어 리터러시의 개념과 접목하면 좋을 듯.

○ 노 임팩트 맨(No Impact Man: The Documentary, 2009)

다큐멘터리 | 미국 | 감독 로라 가버트, 저스틴 쉐인

1년 동안 지구에 해를 끼치지 않으려고 노력하면서 살기를 실천하는 환경운동가 부부의 눈물 나는 실천기. 우리를 둘러싸고 있는 환경에 대해 다시 한 번 생각해볼 수 있는 다큐멘터리.

선생님이 궁금해요!

Q 어릴 적 꿈은 무엇이었나요?

A 어렸을 적부터 막연히 교사가 되고 싶었던 거 같아요. 아버님이 늘 주변 사람들을 위해 작은 힘이라도 보태려고 노력하시는 걸 보면서 어린 마음에 '나도 누군가를 위해 힘을 보탤 수 있는 사람이 되어야지' 하고 생각했는데 교사는 여러 가지 면에서 나의 적성과 희망사항을 실천하는 데 어울리는 직업이라고 여겼거든요. 한참 자라는, 언젠가 이 나라의 장래를 책임질 여러분에게 어떤 형태로든 올바른 길을 제시하고 영향력을 미치는 직업, 정말 멋지잖아요.

Q 쌤은 어떤 아이였어요?

A 다소 조용하고, 눈에 띄는 아이는 아니었던 거 같아요. 그렇지만 가끔 남들 앞에 서는 걸 때때로 즐기기도 했어요. 그럴 때는 보통 때와 딴판으로 끼가 발동해서 아이들 마음을 사로잡곤 했지요. 자라서는 그 끼를 열정으로 연결하여 매사에 자신감을 갖게 되었습니다.

Q 사회 교사가 된 특별한 이유가 있나요?

A 처음 시작 인사를 할 때도 잠깐 언급했지만, 민주시민 양성에 조금이라도 일조할 수 있는 건 사회 과목만 한 게 없다고 생각했어요. 영어, 수학, 국어가 아주 중요하긴 하지만 그것들만 가지고 우리가 살아가는 데 필요한 지식이나 지혜, 인간과 인간, 인간과 사회, 인간과 자연의 관계에 대해서 배울 수는 없잖아요? 또, 자기들만 생각하는 요즈음의 아이들에게 남을 배려할 줄 아는 그런 자세를 갖는 데 사회 과목이 조금이라도 일조할 수 있지 않을까 생각했기 때문이기도 하고요!^^

Q 꼭 챙기고 싶은 책, 버킷리스트에 들어갈 책이 있다면요?

A 버킷리스트까지라고는 모르겠습니다만 나름 마음을 다스리는 데 도움을 받았던 책이 있습니다. 선배 교사의 추천으로 읽게 된 건데, 제목이 『모리와 함께 한 화요일』이죠. 오래 전, 한참 죽을 만큼 힘들다고 생각했던 때 읽고 마음에 위안을 받았던 책입니다. 죽음을 목전에 두고도 초연할 수 있었던 모리 슈워츠 교수와 그를 통해 자신의 지난날을 돌이켜 보고 새로운 각오를 다져나가는 미치 앨봄의 모습을 보면서 저도 힘을 내어 마음을 다스렸던 기억이 있어요. 죽음을 앞둔다는 건 사람이 가장 진지해지는 순간을 맞는다는 건데, 아직 여러분에게 그런 진지함을 요구하는 건 무리겠지만, 혹시 너무 힘들고 지치는 순간이 온다면 꼭 읽어보기 바

랍니다. 아무리 학생 신분이라고 해도 힘들고 지치는 순간은 오게 마련이잖아요? 특히 요즘처럼 아주 어렸을 때부터 공부와 학습이라는 거부하지 못할 환경에 처한 여러분에게는 말이죠. 그럴 때 이 책을 읽고 힘을 얻고, 다시 아자아자!! 하기 바랍니다.

·Q 다른 직업을 택하게 된다면 어떤 일을 하고 싶으세요?

A 한비야 씨처럼 세계 각지를 바람처럼 돌아다니면서, 동시에 봉사 활동을 하며 어려운 처지에 놓인 사람을 도와줄 수 있는 그런 직업은 어떨까요?

Q 이것만은 꼭, 생활의 신조는 무엇일까요?

A '역지사지(易地思之)'입니다. 아이들한테도 틈틈이 많이 해주는 얘기인데요. 님을 나 사신보다 더 사랑할 수 있는 정도는 아니라도 함께 살아가는 사회 속에서 타인을 배려할 줄 아는 포용심과 따뜻한 마음을 심어주려고 많이 노력하고 있어요.

4교시
과학

과학적 사고는 내 일생의 힘

물고
관찰하고
탐구하라

서울 마포중학교 과학과
장양배 선생님

중학생이 된 것을 축하드립니다!

중학교에 올라오니까 여러 가지 달라진 점이 많죠?

초등학교 시절에 배웠던 과학과 중학교에 올라와서 배우는 과학
에는 다른 점이 좀 있어요. 초등학교 때는 실험 위주, 체험 위주로
공부해서 재미있는 부분이 참 많았죠. 하지만 그때는 "아하, 이렇
구나!"를 깨닫는 정도에 그쳤지요. 그런데 중학교에 올라오면 원리
와 관련된 것들이 많아지기 때문에 여러분이 많이 힘들어 할지도
모르겠어요. 그렇지만 과학이라는 것은 과학자들이 여러 가지 경
험을 가지고 만들어낸 것이기 때문에 여러분이 천천히 생각하고

좀 더 방향을 바꾸어서 생각해보고, 아니면 이어서 생각해보고, 다른 것과 연결시켜서 생각해보기를 연습한다면 중학교 과학 정도는 무난히 잘할 수 있을 거라고 생각합니다. 그래서 이번 시간에는 쌤이 여러분에게 중학교 과학은 어떤 것이고, 어떻게 공부하는 것이 좋은지 알려드리려고 합니다. 가장 중요한 건 과학을 대하는 태도인 것 같아요. 여러분이 좀 더 신중하고 적극적인 마음을 가진다면 충분히 잘할 수 있을 거예요!!

과학의 정체가 궁금해요!
_과학은 '의문'과 '관찰', '탐구활동'으로 이루어집니다!

과학이란 무엇일까요? 과학자들은 주로 "과학이란 자연 현상에 대하여 의문을 가지고 탐구하는 학문이다. 그 과정에서 자연이 원리와 법칙을 찾아내고 일정한 지식체계를 갖추는 활동이다"라고 말하지요. 과학은 우리 주변에서 일어나는 자연 현상 여기저기에 숨겨져 있습니다. 예를 들어 지구에서는 모든 물체가 지표면으로 떨어집니다. "왜 그럴까요?"라고 묻는다면 여러분은 바로 대답할 거예요. 정답은 "중력 때문에 떨어져요"이겠죠?

그럼 다시 질문할게요. "입김으로 불어서 부풀게 한 풍선은 위로 던졌을 때 느리지만 땅으로 떨어집니다. 그런데 수소 기체가 들어 있는 풍선은 왜 안 떨어지고 하늘 위로 올라가지요?" 어때요?

궁금해졌나요? 바로 이것이 과학의 시작입니다. '의문'을 가지는 것이지요. 이렇게 자연 현상에 의문을 가지려면 무엇부터 해야 할까요? 바로 '관찰'입니다. 우리의 감각기관으로부터 받아들인 '관찰' 정보를 '왜 그럴까?' 하고 생각한 것이 바로 '의문'이거든요. 과학은 관찰을 통해 얻은 정보에 관해 이유를 찾고, 의문을 해결해보고 싶은 바람으로 탐구활동을 한 결과랍니다. 과학에 탐구과정이 꼭 필요하다고 강조하는 건 이 때문입니다.

탐구하고 싶다는 마음이 생기면 그 다음으로 '탐구를 어떻게 해야 할까?'라는 문제가 생기겠지요? 과학적 탐구는 계획을 세우는 데서부터 시작되거든요. 일단 계획을 세운 뒤에는 준비를 하고 실행에 옮깁니다. 그리고 실험 결과가 나오면 그 내용을 분석해서 결론을 내리지요. 내려진 결론은 검증을 받고요. 만약 검증의 결과가 잘못되었다면 다시 처음으로 돌아가서 잘못 설정된 부분을 수정하고 새로 시작합니다. 그러니까 과학은 "왜?"라는 의문에서 시작하여 탐구 계획→준비→실행→결과 도출→검증→결론이라는 과정을 거치는 학문입니다.

얼핏 생각하면 복잡하고 오랫동안 고생해야 하는 것처럼 보이지요? 하지만 과학적인 탐구활동에서 얻을 수 있는 장점은 매우 많습니다. 우선 합리적 사고를 훈련하는 데 도움이 됩니다. 탐구 과정이 합리적이지 않으면 정확한 결과를 얻을 수 없거든요. 합리적이라고 하는 것은 다른 사람이 봤을 때에도 인정할 수밖에 없을 정도로 객관성을 갖는다는 것입니다. 과학적 사고를 한다는 것은 핵심을 정확하게 짚어낼 수 있는 능력이 있다는 뜻이지요.

여러분이 학교생활이나 공부를 하다 보면, 또는 친구들 사이의 관계에서도 그렇고 부모님과의 관계에서도 마찬가지로 여러 가지 문제를 만나게 됩니다. 이를 효과적으로 해결하려면 문제의 핵심이 무엇인지부터 찾아야 해요. 그래야 시간이나 에너지를 낭비하지 않게 되거든요. 핵심을 정확히 찾으면 해결책을 찾는 게 쉬워집니다. 문제 해결도 정확하고 빠르게 되지요.

또 어떤 장점이 있을까요? 과학적 사고는 어려운 일을 처리할 때 남보다 여유를 갖게 해줍니다. 어떤 일을 처리할 때 먼저 해야 하는 일과 나중에 해도 되는 일을 구분해내는 능력을 길러주니까요. 이런 것 말고도 과학적 사고력의 중요성과 장점은 매우 여러 가지이지만 간단하게 줄여 정리하자면 이렇습니다. "과학적 사고력을 지닌 사람은 (다른 사람이 보기에) 능력자가 될 수 있다!!"

쌤, 중학교 과학 시간에는 어떤 내용을 공부하죠?
_다섯 가지 영역을 7개의 대단원으로 나누어 배웁니다!

중학교 1학년 과학 교과서는 총 7개의 대단원으로 구성되어 있습니다. 내용적으로 분석하면 다섯 가지의 영역으로 나눌 수 있지요. 분류의 기준은 각 분야에서 다루는 '대상이 무엇이냐?'입니다.

물리 분야는 물체의 움직임에 관한 영역이고, 화학은 물질의 변화에 관한 영역입니다. 생명과학은 살아 있는 생명체 중 식물의 구성과 생명 활동을 대상으로 하고, 네 번째 영역인 지구과학에서는 우리가 살고 있는 지구에서 일어나는 변화에 관해 배우게 됩니다. 그리고 마지막으로 이 네 가지 영역에 직·간접적으로 관련이 있는 열에너지에 대해서 배웁니다.

여러분이 과학 교과서를 공부하는 과정에서 꼭 확인해야 하는 것이 있습니다. 바로 수업 내용을 과학적으로 분석하는 일입니다. 사실 우리가 생활하면서 체험하는 인위적인 활동과 모든 자연 현상은 '원인과 결과'로 구분하여 분석할 수 있어요. 우리는 생활하면서 많은 것들이 시간에 따라, 아니면 상태에 따라 바뀌고 변화하는 현상을 관찰하거나 체험할 수 있는데요, 과학에서는 이를 '결과'라고 해석합니다. 예를 들어볼까요?

- 달리던 자동차가 갑자기 멈춘다.
- 얼음이 녹는다.
- 지진이 발생하여 땅이 흔들린다.
- 파도가 친다.
- 나무가 자란다.
- 바람이 분다.
- 여름에는 낮이 길고, 겨울에는 밤이 길다.

이처럼 일상에서 관찰되는 수없이 많은 변화하는 사실들이 과학적으로는 '결과적인 현상'이라 표현할 수 있습니다. 이런 모든 현상에는 이유가 있겠지요? 그것이 바로 '원인'에 해당하는 것입니다. 그러니까 과학의 핵심은 이유를 밝히는 것이 되겠지요. 우리의 활동과 자연 현상의 변화를 가장 근본적으로 설명할 수 있는 '원인'에 해당하는 것은 '힘'과 '에너지'입니다. 다양하게 작용하는 힘과 에너지에 의해 모든 변화가 나타난다는 것이지요.

여러분은 이제 과학을 공부하는 과정에서 다양하고 복잡한 과학적 사실과 현상들을 경험하게 될 것입니다. 뿐만 아니라 과학을 더 어렵게 느껴지게 만드는 수많은 과학 용어(낱말 뜻), 개념(과학적 의미)들을 만나게 될 것입니다. 과학을 나름 재미있고, 자신 있게 공부하려면 '원인', '결과', '과학 용어', '개념(과학적 의미)'이라는 표현들을 머릿속에 기억해두어야 할 것입니다. 자, 그럼 지금부터 교과서에 실린 대단원의 제목과 각 단원이 어떤 내용들로 구성되어 있는지 간단히 살펴볼까요?

1단원 : 과학이란?

이 단원에서 배우는 핵심 내용은 '과학이란 무엇일까?' 하는 것입니다. 앞에서 말했듯이 과학의 핵심은 어떤 사실에 대한 '원인'과 '결과'를 명확하게 구분하는 데 있습니다. 이에 못지않게 그 둘 사이의 관계를 이어주는 일 또한 아주 중요합니다. 관계를 이어주는 일을 '과정'이라고 설명할 수 있는데 주로 탐구활동이 그 역할을 합니다.

그래서 선생님들이나 과학을 할 줄 아는 사람들은 탐구활동의 중요성을 매번 강조합니다. 탐구활동에 익숙해지면 탐구를 하는 과정에서 지식의 양도 풍부하게 늘릴 수 있고, 과학적 체계를 따라 탐구활동을 계속하다 보면 사물이나 현상을 바라보는 시각도 달라져서 창의적인 문제를 해결하는 능력이 향상될 수 있습니다(우리들의 일상생활을 자세히 관찰하고 살펴보면 무언가를 결정해야 하는 순간이 많습니다. 그럴 때 필요한 것이 바로 합리적인 판단력과 올바른 결정력일 것입니다. 이런 능력은 과학적 사고 훈련을 통해 얻어집니다. 생각할 수 있는 능력을 기르는 데 과학적 사고가 가장 큰 도움을 준다는 사실, 꼭 명심해야겠죠?).

옛날이나 지금이나 과학이 우리 사회에 미치는 영향은 대단합니다. 우리가 누리는 문명의 발전도 과학이 없었다면 이루어지지 않았을 테니까요! 그래서 여러분은 중학교 과학 첫 단원에서 과학의 사회적 역할에 관한 내용을 공부하게 됩니다.

2단원 : 지구계와 지권의 변화

이 단원은 지구과학에 해당하는 분야입니다. 지구의 내부와 지표면에서 일어나는 변화를 다루고 있지요. 지구에 속하는 모든 영역을 지구계라고 정하고, 이것을 다시 네 가지로 구분합니다. 바로

'지권(땅), 수권(물), 기권(공기), 생물권(생명체)'입니다.

지권은 자연 상태의 지구에서 볼 수 있는 고체의 영역입니다. 땅에 관한 모든 구성과 변화를 담고 있지요. 그래서 이 단원에서의 핵심 문구는 '지구의 구성과 변화'입니다. 더 구체적으로 설명하면 '지표면의 구성과 변화 과정'에서는 암석을 이루는 다양한 광물과 지표를 이루는 여러 가지 암석들의 특징과 생성 과정에 대해 공부하게 됩니다. 그리고 암석이 순환하는 과정을 알게 됩니다. '지구 내부의 구성과 변화'에서는 지구 내부가 지각, 맨틀, 외핵, 내핵으로 구성되어 있다고 배우는데, 땅속 깊은 곳이 어떤 구조로 되어 있는지 어떻게 알 수 있었을까요? 여러분도 잠시 생각해보세요. 참고로 지구의 반지름은 대략 6,400km입니다. 바로 지각 변동에 의해 발생하는 지진을 연구하면서 알게 되었다고 하네요.

지진과 화산 활동은 지각 변동의 과정에서 발생하는 일부분일 뿐이고, 오랜 세월 동안 지속된 큰 지각 변동은 남아메리카 대륙과 아프리카 대륙처럼 커다란 대륙을 멀리까지 이동시키는 원동력이 되었습니다. 지금도 대서양 중앙의 바다 깊은 곳에서는 지각이 새롭게 만들어지면서 지각 변동이 계속되고 있지요.

지구 내부의 변화는 이렇게 '지각 변동'이라는 용어와 함께 설명됩니다. 지각 변동과 관련된 이론은 여러 가지가 있습니다. 그중 대표적인 것이 '대륙이동설', '맨틀의 대류', '해저확장설' 그리고 '판 구조론'이죠.

여기서 잠깐! 앞에서 말한 강조 사항을 잊은 건 아니겠지요? 이 단원에서 '결과'에 해당하는 내용은 무엇일까요? 찾았나요? 바로 암석의 생성과 변화, 그리고 대륙의 이동과 지각 변동입니다. 모든 '변화'가 결과에 속한다는 것, 절대 잊으면 안 돼요!

그렇다면 위 결과들의 원인은 무엇일까요?

암석의 생성과 변화는 열과 압력, 풍화와 침식이 원인입니다. 지각 변동은 '맨틀의 대류'가 가장 중요한 원인이 됩니다. 덧붙여서 판 구조론도 중요한 열쇠가 된다는 사실을 꼭 기억하세요. 이때, 여러분이 정확히 짚고 넘어가야할 점은 암석의 변화와 맨틀의 대류의 근본적인 원인에는 보이지 않는 힘과 압력, 열에너지가 숨겨져 있다는 사실이죠. 그렇다면 이제 힘과 에너지가 어떻게 작용하는지 공부해야겠죠?

3단원 : 힘과 운동

이 단원은 과학의 영역 중 물리에 해당합니다. 물리는 어려우면서도 가장 재미있는 분야입니다. 우리의 일상생활에서 가장 많이 적용되고 경험하는 부분이거든요. 그러나 다른 영역보다 특별히 과학 용어에 대한 정리도 각별히 신경 써야 하고, 개념도 정확하게 이해해야 합니다. 그래야만 쉽고 재미있게 내용을 공부할 수 있어요.

이 단원의 핵심은 "물체의 움직임에 어떤 변화가 있는지 잘 관찰하고 표현할 수 있는가?" 하는 것입니다. 물체의 움직임을 우리는 '운동'이라고 표현합니다. 물체가 운동을 하려면 물체에 직접적인 힘이 작용해야 합니다. 여기서 물체의 움직임은 결과이고 힘의 작용은 원인이 되죠. 다시 말하면 물체에 작용하는 힘에 의해서 운동 상태의 변화가 일어난다는 뜻입니다. 그래서 먼저 힘의 종류와 표현법을 공부합니다. 중력, 마찰력과 탄성력, 전기력과 자기력 등을 배우죠. 이 부분은 무엇보다 개념에 대한 정확한 이해가 관건입니다. 모든 공부가 그렇지만, 과학을 공부할 때도 단순히 외우는 것은 효과가 없습니다. 내용을 '반드시 제대로' 이해해야죠. 특히 실제로 어떤 물체에 힘이 작용할 때 어떤 효과를 나타내는지, 이때 어떤 점을 주의 깊이 관찰해야 하는지 등을 확실하고 정확하게 알아두어야 합니다. 실제로 지구상에서 한 물체에 작용하는 힘은 한 가지만 있는 게 아닙니다. 따라서 물체에 작용하는 여러 가지 힘들의 종류와 수, 그리고 그 힘과 힘 사이의 관계를 잘 관찰하고 구분할 줄 알아야겠죠? 그 힘들 사이의 관계를 잘 찾아낼 수 있다면 이 단원은 아주 쉽고 재미있을 겁니다.

다음으로 배우게 되는 것은 '힘의 합력', '힘의 평형'이라는 개념입니다. 이 부분이 좀 어렵지요. 힘의 방향과 크기에 따라 그 힘의 효과가 다르게 나타나거든요. 그렇지만 이 개념이 물체의 운동 상태 변화에 직접적인 영향을 준다는 사실을 꼭 기억하기 바랍니다.

이어서 배울 내용은 힘의 크기와 방향의 변화에 따라 물체의 운동 결과가 달라진다는 사실입니다. 여기서 운동의 결과는 물체의 위치 변화로 나타납니다. 위치 변화는 움직이는 방향과 움직이는 정도에 따라 결과가 다르게 나타나는데, 그 이유는 출발점과 도착점을 연결했을 때 정해지는 방향과 직선거리가 달라질 수 있기 때문입니다. 좀 어려운 말이지요? 그래서 우리는 물체의 운동을 쉽게 이해하고 설명하기 위해서 운동의 결과를 운동 방향과 관계없이 물체가 실제로 움직인 '전체 이동거리'로 정합니다. 이 말 속에는 '물체의 움직이는 방향이 변하지 않거나 운동 방향을 알고 있다'는 약속이 숨겨져 있습니다.

이동거리는 여러분이 직접 측정할 수 있습니다. 움직이는 물체의 이동거리는 시간에 따라 계속 바뀌기 때문에 그 측정값도 계속 변할 수 있습니다. 그래서 보다 쉽게 물체의 운동 결과를 알아보고 예측하기 위해서 우리는 '속력'이라는 개념을 사용하기로 약속했습니다. 속력은 이동거리를 시간으로 나눈 값입니다. 즉 계산값이죠. 우리는 흔히 '속력을 측정한다'고 말하지만 사실 속력은 물체가 움직인 거리와 시간을 측정해서 계산한 값입니다(여러분은 수업 시간에 그 원리를 잘 알 수 있는 탐구활동으로 '시간기록계'의 사용법을 배우게 됩니다).

속력의 개념을 배우면 속력의 크기와 방향이 변하지 않는 운동, 즉 '등속직선운동'을 배우게 되고, 속력의 크기가 일정하게 변하는 '등가속도운동'을 배우게 됩니다. 물론 가속도라는 단어는 교과서에 나오지 않습니다. 그저 속력이 점점 일정하게 빨라지는 운동이나 일정하게 느려지는 운동 정도만 실생활의 예를 들어 배웁니다. 그러니 이 부분을 이해하는 게 그리 어렵지는 않을 것입니다. 다만 매 시간마다 변하는 속력의 변화량 정도에 따라 운동의 결과가 크게 달라지기 때문에 여러분은 탐구활동의 과정과 탐구 결과 값을 그래프로 표현하는 법을 정확하게 공부해야 하지요.

그 다음은 원운동과 주기운동, 포물선운동의 특징을 공부합니다. 이들의 공통점은 모두 곡선운동을 한다는 점입니다. 곡선운동은 물체에 작용하는 힘의 방향과 물체가 움직이고자 하는 방향이 나란하지 않을 때 나타나는 운동으로 우리가 실제로 생활하면서 경험할 수 있는 평범하고 흔한 물체의 운동이지요. 놀이동산에 가면 쉽게 찾아볼 수 있답니다. 여기서 잠깐 체크할 점은 "이런 운동에는 반드시 중력이 실제로 작용하고 있다"는 사실입니다. 중력을 잘 이해하고 활용하면 지금보다 창의적인 아이디어를 더 많이 만들어내는 데 크게 도움이 될 것입니다(한 번 믿어보세요^^).

이 단원에서 마지막으로 공부하게 될 내용은 '관성'입니다. 관성이 작용하는 현상은 일상생활에서 흔히 찾아볼 수 있고, 또 많이 활용되어서 여러분도 쉽게 이해할 수 있을 거예요. 그런데 많은 학생들이 관성에서 가장 중요한 부분을 무시하는 경향이 있어요. 관성 현상의 핵심은 관성의 원인에 있습니다. 관성은 물체가 외부로부터 힘을 전혀 받지 않는 것과 같은 상태에서 나타나는 현상입니다. 즉 힘이 전혀 작용하지 않은 경우나 합력이 Zero가 되어 힘이 평형을 이루기 때문에 힘의 효과가 나타나지 않아 현재의 운동 상태를 유지하려 한다는 사실이 결과로 나타나는 것입니다. 나중에 학교에서 배울 때 이 점을 꼭 기억해주기 바랍니다.

설명이 좀 길었지요? 정리해보겠습니다. 이 단원에서 과학적으로 '결과'에 해당하는 핵심 내용은 무엇일까요? 그래요. '물체의 운동 상태 변화'입니다. 속력의 변화나 운동 방향의 변화가 그 결과지요. 그럼 위와 같은 현상의 '원인'은 무엇이지요? 당연히 물체에 작용하는 힘의 크기와 방향이 되겠습니다. 그러므로 여러분은 "물체에 작용하는 모든 힘을 잘 조절하면 물체의 움직임을 우리가 원하는 대로 바꿀 수 있다"는 사실을 기억해야 할 것입니다.

4단원 : 광합성

이 단원에서 여러분이 기본적으로 해야 할 중요한 작업은 "식물은 어떤 식으로 살아갈까?" 또는 "식물이 살아가는 데 꼭 필요한 것은 무엇일까?"라고 질문을 던져보는 것입니다.

여러분, 광합성이라는 단어를 많이 들어봤죠? 단어의 뜻을 풀이해보면 '빛을 합성한다'입니다. 이 단원에서 여러분은 '빛을 어떻게 합성하지?', '빛을 합성하는 이유가 뭘까?', '광합성을 하는 곳은 어디일까?' 등등에 대해 의문을 가져야 합니다.

우리는 대개 광합성이 지구상에 존재하는 생물들 중에 오직 식물만 하는 활동이라고 알고 있습니다. 아니, 좀 더 정확하게 말하면 식물 중에서도 엽록소라고 불리는 녹색 색소를 가지고 있는 녹색 식물만 광합성을 할 수 있다고 알고 있을 거예요. 하지만, 그렇지 않습니다!! 녹색 식물이 아닌 물속에 사는 생물들 중에서도 광합성을 하는 식물들이 있거든요. 미역, 다시마, 파래, 김, 유글레나 등 다양한 종류의 생물들이 광합성을 한다고 알려져 있답니다. 이들은 녹색을 띠는 것도 있고, 갈색을 띠거나 붉은 색을 띠는 식물들도 있습니다. 하지만 이들 생물의 공통점은 역시 모두 엽록소를 가지고 있다는 점이지요. 다른 점이라면 어떤 식물은 갈색 색소와 붉은색 색소를 더 가지고 있어서 색깔이 다르게 보인다는 것이고요. 결론은? 그렇지요. "광합성이란 여러 종류의 식물들이 빛을 이용하여 무엇인가를 한다"는 것입니다. 그럼 이들은 대체 무슨 일을 하는 것일까요?

다시 처음으로 돌아갈게요.

위의 의문들 중에 가장 중요한 의문은 '빛을 합성하는 이유'입니다. "대부분의 식물들은 왜 빛을 합성할까?"에 대한 답은 바로 '자신의 생명을 유지하고 살아남기 위해서'입니다. 식물에게는 살아가는 데 꼭 필요한 에너지를 만드는 에너지원(에너지를 생산할 때 필요한 재료 물질)이 필수 요소입니다. 광합성을 하는 것은 그 에너지원을 만들어 저장하기 위해서고요. 다시 말해서 엽록소를 포함하고 있는 엽록체에서 빛을 흡수하고 합성하여 녹말과 같은 에너지원으로 바꾸어 저장한다는 뜻입니다. 우리 사람으로 치면 음식을 섭취하는 것과 비슷한 과정이죠. 우리가 먹고 소화한 음식물이 우리에게 필요한 에너지로 쓰이는 것처럼 식물에게도 영양분이 필요합니다. 사람과 다른 점이 있다면, 식물은 스스로 양분을 만들어 저장한다는 것이지요.

이 단원의 핵심은 제목에서 알 수 있듯이 광합성을 하는 이유와 그 결과를 배우는 것입니다. 이쯤 되면 여러분이 궁금한 게 생길 겁니다. 식물이 빛을 '어디서', '어떻게' 합성할 수 있을까 하는 문제이지요. 이 궁금증을 해결하려면 우선 식물의 구조에 대해서 공부해야겠지요?

그러니까 이 단원의 첫 번째 공부할 내용은? 맞아요! 생물을 이루는 기본 단위인 세포부터 시작합니다. 이 부분은 지식적인 내용이 주를 이루기 때문에 수업 시간에 잘 정리하면서 공부하는 것으로 충분합니다. 또 아주 작은 크기의 세포는 눈으로 볼 수 없기 때문에 현미경 사용법을 이어서 배우게 되지요.

그 다음은 식물의 각 기관에 대해 배우게 됩니다.

이때 여러분은 식물의 조직과 기관들이 어떤 식으로 연결되어 있으며, 어떤 모양을 하고 있는지 식물 전체를 보면서 세밀하게 관찰한다는 생각으로 직접 그림을 그려보는 게 좋습니다. 그림 그리기는 생물을 제대로 이해하는 데 가장 효과적인 방법입니다. 뿌리와 줄기, 그리고 잎의 구조와 기능을 그런 식으로 공부하면 절대 잊어버릴 일이 없답니다.

식물에게 있어서 광합성만큼 중요한 것이 또 있습니다. 물과 양분의 이동이 지속적으로 이루어져야 한다는 점입니다. 물과 양분은 생물이 살아가는 데 꼭 필요한 것이니까요. 그러니까 여러분은 물과 양분의 이동 경로와 원리에 대해서도 공부해야겠지요? 여기서 접할 과학 용어들로 '뿌리압', '물의 응집력', '모세관 현상', '증산작용' 등이 있습니다. 이 용어들은 서로 연관되어 있는데 "물이 어떻게 높은 가지에 달린 잎까지 올라갈 수 있을까?"라는 질문에 대한 답을 주는 열쇠이기도 합니다.

식물의 구조와 기능을 충분히 이해했다면 광합성 작용의 의미와 과정을 배우게 되고, 생성된 양분은 어떤 과정을 거쳐 식물 구석구석으로 이동하는 것인지, 그리고 양분을 어떻게 식물에게 필요한 에너지로 다시 바꾸는지를 공부합니다. 바로 '호흡'에 관한 공부이지요. 호흡은 광합성만큼 중요합니다. 식물이 살아가는 데 필요한 에너지를 만드는 과정이거든요!!

자, 정리해볼게요.

이 단원에서 가장 중요한 질문은 "식물은 어떤 방식으로 살아가는가?"입니다. 그리고 그 결과는 "영양분을 만들어 저장하고 다시 그 양분으로 에너지를 만들어낸다"는 것이고요. 여기 필요한 '과정'이 바로 광합성 작용과 호흡 작용, 그리고 물과 양분의 이동 방법입니다.

추가로 하나 더 기억해 둘 것!

식물의 구조와 기능은 꼭! 꼭!! 꼭!!! 잘 정리해두세요. 그림을 그리면서 공부하면 도움이 된다는 것, 잊지 마시고요!

 5단원 : 열과 우리 생활

이번 단원에서 여러분은 에너지의 일종인 열과 관련된 공부를 하게 됩니다.

열과 관련지어 우리가 일상생활에서 쉽게 경험할 수 있는 현상으로 어떤 것들이 있을까요? '아이스크림을 따뜻한 방에 두었더니 녹았다', '꽁꽁 언 손을 뜨거운 물에 담갔더니 따뜻해졌다', '히터는 방 안의 위쪽에 설치하는 것보다 아래쪽에 설치하는 것이 방을 더 빨리 따뜻하게 할 수 있으므로 효율적이다', '물을 끓일 때 냄비가 물보다 더 빨리 뜨거워진다', '뚝배기에 끓인 찌개가 냄비에 끓인 것보다 더 오래도록 따뜻하다', '열이 많으면 체온계의 눈금이 올라간다' 등등 우리 주변에는 열에 의해 발생하는 변화가 수없이 많습니다.

물질의 온도가 변하는 까닭은 물질이 가지고 있던 열의 양이 달라지기 때문입니다. 또 열은 물질의 기본 입자인 분자들의 움직임을 변화시킵니다. 예를 들어 액체 상태의 물에 열을 가하면 분자들의 움직임이 빨라져서 100℃가 되면 물 분자들이 그릇 밖으로 뛰쳐나가면서 수증기로 변하는 현상을 볼 수 있어요. 이런 현상을

'끓음'이라고 하지요. 그리고 공기에 열을 가하면 따뜻해지면서 부피가 커지는 현상도 있습니다. 우리는 이런 현상을 이용해서 열기구를 하늘 높이 띄울 수 있습니다. 기체뿐만이 아니지요. 고체도 열을 받으면 길이가 늘어나는 현상을 볼 수 있습니다. '고체의 열팽창'이라고 하는 것이지요. 다리미나 전기매트에 바이메탈을 이용한 온도 조절장치를 달거나 기차선로를 연결할 때 약간씩 떼어서 설치하는 까닭도 그 때문입니다.

여기서 잠깐, 여러분이 생각하는 이번 단원의 핵심이 무엇인지 정리해볼까요?

열에 의해서 변화가 일어나면 온도에 변화가 생기고, 물질을 이루는 분자의 운동에너지를 변화시켜 물질의 상태도 변화합니다. 그리고 입자 사이의 거리를 달라지게 하여 고체나 액체, 기체의 부피 팽창과 길이 팽창이라는 현상을 만들어내기도 하지요. 이런 현상이 결과로 나타나는 것은 모두 '열의 이동'이라는 현상과 '분자 운동에너지의 변화'가 '원인'으로 작용하는 탓입니다. 열의 이동은 열이 많은 쪽에서 적은 쪽으로 저절로 이동하는 현상입니다. 열의 이동 현상은 입자들이 가지고 있는 에너지가 증가하게 되면 입자들 간의 충돌이 늘어나게 되면서 가지고 있던 열에너지를 나누어 갖게 되는데, 이 과정에서 열은 에너지가 많은 쪽에서 적은 쪽으로 이동하게 됩니다. 이와 같이 열은 고체 물질에서는 '전도'로, 액체와 기체 상태의 물질에서는 '대류'라는 현상으로 나타납니다. '복사'라고 부르는 이동 방법도 있는데, 이것은 물질을 이루고 있는 입자 간의 충돌에 의해 전달되는 것이 아니라 입자 없이 직접 전달되는 방식입니다. 태양의 에너지가 지구에 도달하는 현상과 따뜻한 난로의 열기가 그 예이지요.

그 밖에 여러분은 이 단원에서 '비열', '열용량', '열량'이라는 단어와 '열평형', '열팽창' 등의 개념을 공부합니다. 이제 열에 대한 단원을 마무리하겠습니다.

열은 물질을 이루는 입자(또는 분자)의 운동에너지를 변화시킬 수 있고, 입자의 운동에너지의 변화는 입자 사이의 거리를 달라지게 하여 물질의 부피나 길이를 변화시킬 수 있습니다. 결국 고체 상태였던 물질이 액체 상태로 바뀌기도 하고, 액체 상태였던 물질이 기체 상태로 바뀌는 등 물질의 상태 변화의 원인으로 작용합니다. 또한 열은 전도, 대류, 복사와 같은 방법으로 이동시켜 온도 변화의 원인이 되기도 합니다. 아 참, 이 단원의 핵심어는 당연히 '온도 변화', '열의 이동', '열평형', '열팽창'이 되겠지요?

 6단원 : 분자 운동과 상태 변화

이 단원은 앞의 단원에서 다룬 내용의 연장이라고 생각해도 괜찮을 것 같습니다. 모두 열에 의해서 일어나는 현상들이거든요. 다만 '분자 운동'이라는 '원인'에 의해 나타나는 현상으로 압력과 기체의 부피와의 관계(보일의 법칙), 온도와 기체의 부피와의 관계(샤를의 법칙) 등이 추가되고, 앞에서 언급한 물질의 상태 변화의 내용을 구체적으로 공부하게 되는 과정이 들어 있을 뿐입니다.

이 단원에서는 물질의 세 가지 상태와 기체 상태의 분자 운동을 다룹니다. 그래서 핵심어는 '분자 운동'과 이 분자 운동의 변화에 따라 달라지는 현상, 즉 '물질의 상태 변화'가 된답니다. 물질이 가지는 열에너지는 분자 운동의 '근본 원인'이 되는 것이고요.

우선 '물질'이라는 용어를 정확하게 이해해야 합니다. 물질은 많은 수의 입자(크기와 질량이 있는 알갱이)들이 세 가지 형태로 모여 있는 상태입니다. 입자로 되어 있지 않은 건 물질이 아니지요. 세 가지 형태는 기체, 액체, 고체 상태를 말합니다. 여러분도 다 알고 있죠? 물질의 종류는 아주 다양합니다. 전 우주에 존재하는 기본 원소 자체로 구성되어 있는 것도 있고, 원소들이 서로 결합하여 만들어진 화합물도 있습니다. 자연 상태에서 만들어지는 것도 있지만 지금은 인위적으로 만들어낸 물질도 아주 많습니다. 플라스틱이나 종이, 의약품, 비닐 등이 그 예입니다. 이런 물질을 묶어서 '순물질'로 분류하기도 하는데, 순물질이 단순히 섞여 있는 상태를 '혼합물'이라고 부릅니다. 혼합물의 예로는 설탕물, 소금물, 커피, 바닷물, 우유 등이 있습니다.

물질을 이해하는 데 가장 중요한 점은 "각각의 물질은 모두 자기만의 성질을 가지고 있다"는 사실입니다. 그렇기 때문에 우리는 물질을 쉽게 구분할 수 있는 것이고요. 자, 본론으로 들어가 여러분이 공부해야 할 내용을 정리해볼까요?

'분자는 끊임없이 스스로 움직이고 있다?!'는 사실을 여러분은 믿으세요? 믿지 못하겠더라도 믿어야 합니다. 여러분은 분자가 끊임없이 움직인다는 증거로 물질의 '확산'과 '증발' 현상에 대해 공부하게 됩니다. 확산이란 옆집에서 삼겹살을 구워 먹으면 그 냄새가 우리 집까지 넘어와 먹고 싶어지게 만드는 것으로 설명할 수 있겠네요.^^ 냄새 분자가 저절로 멀리까지 이동하는 것이지요. 기체 분자가 스스로 움직이지 않는다면 확산 현상도 나타나지 않을 겁니다. 물속에 떨어뜨린 잉크가 골고루 퍼져나가 물 전체가 잉크색으로 바뀌는 것도 확산 현상의 예입니다.

증발 역시 분자가 스스로 움직여야만 설명이 가능한 현상입니다. 증발이란 액체 표면에서 액체 분자가 공기 중으로 흩어져 기체가 되어 날아가는 현상이지요. 물이 담겨진 그릇을 오래도록 방치해두면 물의 양이 점점 줄어드는데, 물이 줄어드는 까닭은 물의 표면에 있는 분자들이 왼쪽, 오른쪽, 아래쪽으로 계속 움직이다가 분자 간에 서로 잡아당기는 힘을 이겨내고 결국 비어 있는 공기 중으로 날아가거나, 끊임없이 움직이는 공기 분자가 물 표면의 물 분자와 계속 부딪쳐서 물 분자가 물 밖으로 튕겨져 올라가 흩어지기 때문이라고도 볼 수 있습니다. 바람이 잘 통하는 곳에서 증발이 많이 일어나고 온도가 높은 날 증발이 잘 되는 까닭과 같습니다.

만약 분자들이 움직이지 않는다면 우리는 아마 살아 있지 못할 거예요. 왜냐하면 우리는 공기 중의 산소를 몸속으로 빨아들여야 호흡을 하고 살아갈 수 있는데, 산소가 공기 중에 떠서 가만히 있으면 우리는 산소를 들이마시기 위해 계속 움직여야 할 테고, 서로 부딪치고 방해를 받게 되어 산소를 충분히 마시지 못할 테니까요. 하지만 그럴 일은 없으니까 산소 분자와 같은 모든 기체 분자들이 계속 끊임없이 움직이고 있는 것이겠죠?

다음으로 공부할 주제는 기체 분자의 운동과 압력, 온도, 부피의 변화에 관한 내용입니다. 기체 분자의 움직임은 매우 빨라서 움직이다가 물체의 표면에 충격을 가하게 되는데, 그때 기체가 물체의 표면에 작용하는 힘을 '기압'이라고 합니다. 기체가 물체의 표면에 압력을 가하는 것이지요.

주사기의 끝을 손으로 막고 피스톤을 누르면 어떻게 될까요? 피스톤이 주사기 안으로 밀려들어가서 주사기 내부의 부피기 줄어들지요? 더 세게 두 배의 힘으로 누르면 어떻게 변할까요? 주사기 내부의 부피가 반으로 줄어들 겁니다. 즉 누르는 힘의 크기에 반비례하여 부피가 더 많이 줄어들게 됩니다. 결과적으로 압력과 기체의 부피와의 관계를 '반비례한다'고 할 수 있지요?

좀 다른 방향으로 생각해보겠습니다. 주사기 내부의 기압은 어떻게 될까요? 피스톤을 눌러 부피가 줄어들면 기체가 움직일 공간이 줄어들지요? 그럼 기체가 주사기 내부 벽면과 더 많이 충돌하게 됩니다. 그러면 자연스럽게 내부의 기압이 증가하겠죠? 이 경우에도 기압과 부피는 반비례 관계입니다. 이러한 관계 즉 압력과 기체의 부피와의 관계를 정리해 놓은 사람이 바로 로버트 보일(1627~1691)이라는 영국의 자연과학자입니다. 그래서 기체의 압력과 부피와의 관계를 '보일의 법칙'이라고 부른답니다.

보일의 법칙은 기체의 온도 변화는 없다고 가정할 때에만 성립합니다. 왜 그럴까요? 이유는 기체의 부피는 온도에 따라 변화하기 때문이죠. 기체의 분자 운동과 관련해서 여러분은 또 '샤를의 법칙'도 배우게 됩니다. 샤를의 법칙은 기체의 온도가 변하게 되면 분자 운동이 활발해지게 되고 그에 따라 기체의 부피도 변한다는 내용이죠. 기체가 열을 받으면 온도가 올라갑니다. 온도가 올라가면 기체 분자들은 그만큼 더 빨리 더 많이 움직이게 되고요. 그렇게 되면 기체가 멀리 흩어지려 하기 때문에 부피는 저절로 늘어나게 된다는 것이지요. 샤를은 실험을 통해 기체의 온도가 $1℃$ 증가할 때마다 기체의 부피는 처음 부피($0℃$일 때의 부피)의 $1/273$배 증가한다는 사실을 알아냈다고 합니다. 그것을 근거로 '온도와 기체의 부피는 비례한다'는 결론을 얻은 것이지요.

이어서 여러분은 또 다른 주제인 물질의 상태 변화와 분자 운동의 관계를 배우게 됩니다.

물질의 상태 변화는 결국 물질의 분자 운동이 분자끼리 서로 잡아당기는 힘 즉 인력을 이겨낼 정도로 활발해져야 나타나는 현상입니다. 그러므로 상태 변화가 일어나려면 물질에 열에너지의 출입이 있어야 한다는 말로 바꿀 수가 있겠네요.

예를 들어 고체 상태인 얼음을 액체 상태인 물로 바꾸려면 무엇이 필요한가요? 당연히 얼음에 열을 가해야겠죠? 얼음에 가한 열이 분자 운동을 활발하게 만들어주기 때문에 물로 바뀌는 것이니까요. 물이 얼음으로 변하는 것도 물의 열을 빼앗아내면 저절로 일어나는 현상입니다. 그런데 궁금해지는 것이 있죠? "왜 물은 0℃가 되어야 얼고 얼음은 0℃가 되어야 녹나?" 또 "물이 끓어서 수증기가 되려면 왜 100℃까지 온도가 올라가야 하나?" 하는 것들입니다. 바로 이 질문이 상태 변화에서 가장 중요한 열쇠를 찾게 해주는 단서가 됩니다. 답을 찾으려면 분자 배열에 대해 잘 이해해야 하죠.

고체 상태는 분자 배열이 매우 규칙적이고 결합 상태가 단단합니다. 그것을 조금 느슨하게 결합되어 있으면서 약간은 자유로운 상태인 액체로 만들려면 분자 운동을 활발하게 해주어야 하죠. 그러니 열이 필요할 수밖에요! 그런데 열을 가한다고 해서 분자 배열이 금방 흐트러질까요? 아니지요. 단단히 결합되어 배열이 규칙적인 이 형태를 무너지게 만들려면 어느 정도 이상 분자 운동이 활발해져야만 합니다. 즉 경계가 되는 부분이 있다는 뜻입니다. 과학에서는 그처럼 경계가 되는 온도를 '녹는점'이라고 말합니다. 즉 그런 온도에 이를 때까지 열을 가해줘야 한다는 뜻입니다.

마찬가지로 액체에서 기체로 변할 때도 경계가 있습니다. 그 경계에 도달할 때의 온도를 '끓는점'이라고 하지요. 쉬운 예로 비교해볼까요? 실을 양쪽에서 잡아당긴다고 가정합시다. 힘을 주어 잡아당기자마자 실이 끊어질까요? 양쪽에서 힘을 주어 계속 잡아당기면 어느 순간 실은 끊어집니다. 이것으로 우리는 실을 잡아당겨서 끊어지게 하려면 실을 이루는 분자의 인력이 끊어질 때까지 힘을 가해야 된다는 사실을 알 수 있어요.

자, 정리 시간!!

물질을 이루는 분자들끼리는 서로 잡아당기는 힘이 있고, 그 힘을 끊어내려면 경계가 되는 지점에 이를 만큼 분자 운동이 활발해져야 합니다. 분자 운동을 활발하게 하려면 열의 출입에 의해 온도가 변해야 하고요! 여러분은 이제 분자 운동의 증거와 분자 운동이 달라지면서 나타나는 변화, 즉 '결과'가 압력, 온도, 부피 변화와 관련된다는 사실을 기억해야 합니다. 또한 물질의 상태 변화와 관련이 있다는 점도요!

7단원 : 수권의 구성과 순환

수권은 지구에서 물의 영역입니다. 바닷물, 강과 호수, 지하수, 그리고 빙하. 아니 대기 중의 물도 있네요. 수증기 말입니다. 그중에서 어떤 물이 가장 많은지 아세요? 당연히 바닷물인 해수겠지요. 그 다음은요? 빙하랍니다. 그리고 순서대로 지하수→강과 호수→대기 중의 수증기입니다.

이번 단원의 핵심은 무엇일까요?

다행히 이번 단원에서는 복잡한 이론보다 책을 읽고 쌓아야 할 지식의 양이 더 많습니다. 물론 여기서도 과학 용어 정리는 가장 중요한 핵심 과제이고요. 한 가지 깊게 생각해볼 것은 모든 종류의 물이 그냥 머물러 있지 않고 계속 흐르거나 순환한다는 사실입니다.

바닷물인 해수는 한 자리에 머물러 있지 않고 끊임없이 움직입니다. 파도가 그 증거 중의 하나이지요. 그럼 우리는 이제 "해수는 왜 계속 움직일까?" 하고 질문을 던져야겠죠? 해수가 흐르는 것을 '해류'라고 합니다. 해류의 발생 원인은 위도에 따라 지표면에 도달하는 태양 복사 에너지양이 다르기 때문이지요. 바닷물의 표면 온도는 위도에 따라 달라지거든요. 그 결과로 바다 위의 공기층은 대류 현상을 일으키고, 대류 현상은 대기의 대순환을 만들어냅니다.

대기의 순환은 큰 바람을 일으키게 되어 그 바람이 바닷물 표면과 충돌하면서 바닷물을 일정한 방향으로 움직이게 하는 것입니다. 멋지게 보이는 파도 하나에도 이런 원리가 숨어 있다니! 과학의 세계는 정말 놀랍습니다.

이제, 이번 단원에서 집중적으로 공부할 내용을 질문 형태로 정리하면서 마무리하겠습니다. 답은 여러분이 나중에 교과서를 읽어가면서 찾아보고 정리하세요.

- 지구상의 물은 지구 환경에 어떤 영향을 줄까? – 물의 순환, 수자원의 가치 알아보기
- 거대한 얼음 덩어리가 흐른다던데? 빙하로부터 얻을 수 있는 정보는? –지구의 역사
- 전 세계 바다의 염분 분포가 지역에 따라 다른 까닭은? – 염분, 강수량과 증발량
- 한류와 난류가 생기는 까닭은? – 제각기 다른 바다의 수온, 표층 순환, 심층 순환

여기까지가 중학교 1학년 과학 교과서에서 다루는 주제들입니다. 여러분이 꼭 잊지 말고 해야 할 작업은 각 단원마다 중요한 핵심어와 과학적으로 의미 있는 변화 즉 '결과'에 해당하는 것은 무엇인지, 또 그 '원인'에는 어떤 원리가 있는지 확인하고 노트에 정리하는 일입니다. 과학 실력은 생각하는 능력의 크기만큼 자랍니다. 과학은 관찰하는 만큼, 눈에 보이는 만큼 재미있어집니다.

"눈에 보이는 게 다 과학이다"고 하는 말, 정말인가요?
_그렇고말고! 생활과학의 비밀을 벗겨주마!

먼저 스포츠과학 이야기를 해볼까요? 야구가 좋겠지요? 야구에는 어떤 과학이 들어 있을까요? 일단, 투수들의 공 던지는 법 즉

투구법에 과학이 많이 들어갑니다. 투수가 공을 던질 때, 공을 어떤 식으로 잡느냐에 따라서 공의 회전이 달라지고, 속도가 달라지고, 그래서 변화가 일어나죠. 그 다음으로 투수가 오버핸드 투수인가, 사이드핸드 투수인가 혹은 언더핸드 투수인가에 따라 공이 움직이는 방향이 달라집니다. 정대현 투수나 김병현 투수는 '핵 잠수함'이라고 하죠? 그들이 공을 던지면 공이 날아오다가 가라앉기 때문이랍니다. 또 어떤 경우에는 '업숏'이라고 해서 공이 오다가 위로 붕 떠오르는 것처럼 보이기도 합니다. 실제로 떠오르는 건 아닌데 꼭 떠오르는 것처럼 보이거든요.

왜 그럴까요? 투수가 공을 잡고 던질 때 아래 방향으로 회전을 주느냐, 옆 방향으로 회전을 주느냐에 따라서 즉, 회전 방향에 따라서 공기의 저항이 달라지고, 공기 저항에 따라서 속력이 달라지고 그러거든요. 왼쪽과 오른쪽의 공기 흐름이 달라지면(빠르기가 달라지면) 회전을 하게 된다는 이치입니다. 회전에 따라서 힘을 받고 휘어지는 거죠.

예를 들어 직구를 던질 때는 투수들이 대개 손가락을 벌려서 공을 잡습니다. 공에 힘을 골고루 나누어주는 거죠. 그러면서 공을 놓을 때 손가락에 스냅을 줍니다. 그러면 공이 아래 그림처럼 회전을 먹습니다. 굉장히 빠르게 진행되는 거죠.

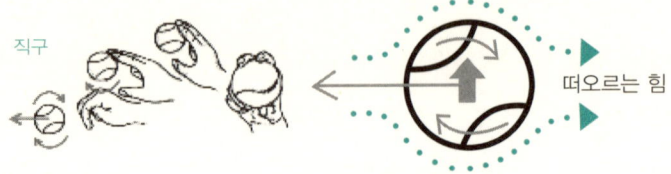

압력이 낮다
공기의 흐름이 상대적으로 빠르다

직구

떠오르는 힘

공기의 흐름이 상대적으로 느리다
압력이 높다

변화구의 원리를 한번 볼까요? 공의 절반쯤을 잡고, 여기 힘을 준 다음 회전을 시키면 회전하는 쪽은 공기의 마찰에 의해서 많이 움직이고, 반대쪽은 적게 움직이니까 공이 확 휘어집니다.

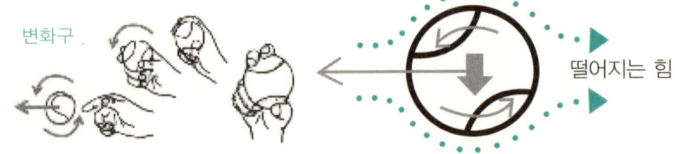

압력이 높다
공기의 흐름이 상대적으로 느리다

변화구

떨어지는 힘

공기의 흐름이 상대적으로 빠르다
압력이 낮다

이번에는 축구를 봅시다. 축구에 '무회전 슛'이라는 게 있어요. 호날두 같은 선수가 공을 차면 공이 회전을 안 하고 그대로 날아옵니다. 그렇게 하려면 공의 중심점을 제대로 차야 합니다. 힘에는 작용점, 크기, 방향이 있지요? 작용점이 어디냐에 따라서 물체의 움직임이 달라지는데, 무게 중심 가운데 부분에 정확하게 힘을 주면 그 물체는 직진을 하지요. 중심의 오른쪽에 힘을 주면 공이 왼쪽으로 휘어지고, 반대로 왼쪽에 힘을 주면 공은 오른쪽으로 휘어지지요. 가운데를 차면 공은 앞으로 날아가고요. 그러니까 공의 어느 부분을 차느냐에 따라서, 즉 작용점이 어디냐에 따라서 물체의 움직임이 달라지는 것이지요.

축구공의 가운데 부분을 정확하게 발등으로 탁 차면 공이 왼쪽이나 오른쪽으로 돌지 않고 그대로 직진합니다. 이때 공은 강하게 회전하지 않기 때문에 공기에 의해서 떨리게 되지만(공기하고 마찰이 일어나니까), 가고자 하는 힘이 워낙 강하기 때문에 공기의 저항을 이겨내면서 날아갑니다. 골키퍼의 눈에는 공 두 개가 마치 흔들리면서 날아오는 것처럼 보입니다. 여러분이 만화에서 보는 불꽃슛 같은 게 날아오는 거죠. 그러니까 힘의 작용점을 어디에 두는지, 얼마나 강하게 차는지에 따라서 축구공의 움직임도 달라진다는 뜻이겠죠?

농구를 생각해봅시다. 농구에서 선수가 슛을 던지면 바로 '포물선운동'이 일어납니다. 어느 각도로 얼마만큼 던지느냐에 따라서 포물선이 결정되지요. 앵그리버드 같은 게임도 그래요. 새총을 잡아당겨서 놓았을 때 어느 각도로 얼마만큼 잡았다가 놓느냐에 따라 돌이 날아가는 각도와 거리가 달라집니다. 아래쪽으로 많이 잡아당기면 위로 높이 올라가고, 수평으로 잡아당기면 수평으로 날아가다가 떨어지죠. 약하게 잡으면 조금밖에 안 날아가고, 강하게 잡았다 놓으면 멀리 갑니다. 모두 각도에 관계된 현상입니다.

포물선운동을 할 때 가장 멀리 수평 거리로 나가게 하려면 45도 각도로 쏘아야 합니다. 이론상으로는 45도 각도로 쏘았을 때 수평 거리가 가장 길어집니다. 투창을 던지는 사람이나 투포환 선수들의 모습을 유심히 지켜보세요. 항상(거의) 45도를 유지한답니다. 그런데 실제로는 공기 저항이 있어서 40도에서 50도 사이에서 던진다고 합니다. 2도나 3도 정도 차이 나게 연습하는 거죠.

이번에는 신발과 과학의 관계를 볼게요.

여러분, 육상 선수한테는 운동화 바닥이 두꺼운 게 좋을까요, 얇은 게 좋을까요? "얇은 거!!"라고요? 맞아요. 그럼 마찰이 큰 게 좋을까요, 작은 게 좋을까요? 네, 작은 게 좋습니다. 마찰력을 작게 해서 몸을 가볍게 해줌으로써 앞으로 나가는 힘을 더 잘 받쳐줄 수 있으니까요! 여러분 혹시 육상선수들이 신는 스파이크를 본 적 있나요? 스파이크에는 못이 박혀 있답니다. 운동장 바닥이 우레탄이라서 운동화로 바닥을 밟을 때 탁, 찍혀야 하기 때문입니다. 안 찍히면 밀리거든요.

또 하나 물어볼까요?

골프선수하고 육상선수, 백 미터 달리기선수가 신는 운동화의 공통점은 뭘까요? 네에, 맞습니다. 바닥에 징이 박혀 있다는 것이죠!! 또 골프화에는 징만 박혀 있는 게 아니라 홈도 패여 있지요.

요즘엔 트레킹화가 인기 상품입니다. 예전에는 운동화 하나로 달리기도 하고 산에도 가고 그랬는데 요즘에는 용도에 따라 다른 운동화를 착용하지요. 덕분에 트레킹화, 등산화, 워킹화, 런닝화처럼 운동화 종류도 다양해졌습니다. 그럼 트레킹화, 등산화, 워킹화의 차이를 살펴볼까요?

일단 무게 면에서는 등산화가 제일 무겁지요. 바닥의 홈도 깊게 패여 있고요. 등산화는 왜 바닥의 홈을 깊게 만들었을까요? 답은? 네에, "미끄러지지 않게 하려고"입니다. 산에 가면 모래가 많죠? 모래 중에는 굵은 알갱이도 있고요. 그 틈 사이에 모래 알갱이가 끼었다고 칩시다. 모래 알갱이가 바닥 틈새에 박히면 그 부분은 접지가 안 되지요. 그럼 당연히 미끄러지겠죠? 바위 같은 데 올라갈 때는 백 퍼센트 미끄러지겠죠. 그럼 등산화를 군이 무겁게 만든 이유는 무엇일까요? 너무 가벼우면 움직일 때 몸이 쏠리기 때문입니다. 즉 몸이 움직일 때 중심을 제대로 잡아주기 위한 것이지요.

워킹화 같은 경우엔 무게도 훨씬 가볍고 홈도 깊지 않습니다. 트레킹화는 중간 단계지요. 걷기도 해야 하고, 또 올라갔다 내려갔다 해야 하니까요. 아 참, 신발 바닥에 무늬를 넣는 이유는 뭘까요? 그래요, 마찰력을 높이기 위해서입니다. 그런데 마찰력이 높으면 오히려 좋지 않은 게 있답니다. 바로 볼링화죠. 여러분, 볼링화의 마찰력이 높다고 상상해보세요. 발을 놓는 순간 브레이크가 걸리면서 딱 넘어지겠죠? 테니스화도 마찰이 적은 신발 가운데 하나입니다. 홈이 굵고 깊으면 마찰력 때문에 유연하게 움직일 수가 없지요.

이 밖에도 과학은 우리의 일상생활과 긴밀하게 연결되어 있습니다. 일상에서 마주치는 많은 일들의 배후에 과학이 숨어 있는 것이죠. 예를 들어볼게요. 관성을 설명하는 가장 흔한 예 가운데 하나가 자동차를 타고 가다가 급브레이크 밟는 상황입니다. 갑자기 브레이크를 밟으면 사람이 앞쪽으로 쏠립니다. 왜 그럴까요?

이렇게 질문하면 대개 "관성 때문에 그래요!" 하고 대답합니다. 자, 그럼 관성이 어떻다는 말인가요? 한 번 꼬리에 꼬리를 물고 생각해볼까요? 갑자기 브레이크를 밟았더니 자동차가 멈췄습니다. 힘을 받아서 멈춘 거죠. 그런데 앉아 있는 내 다리와 엉덩이는 누르는 힘 때문에 더 이상 앞으로 나가지 못합니다. 반면, 상체는 힘을 받지 못했으니까 원래 가던 걸 유지하려고 그러겠지요? 그래서 앞으로 쏠리는 겁니다.

또 다른 예를 들어볼게요. 주방에서 쓰는 칼 중에 날이 얇은 게 있고, 좀 두꺼운 게 있잖아요? 칼날이 얇은 것은 주로 야채 같은 것을 썰 때 사용합니다. 이때 칼날의 방향을 보면 도마와 칼날을 직각으로 두지 않고 비스듬하게 해서 썰지요. 하지만 칼날이 두꺼운 걸 비스듬히 사용하면 잘리지 않습니다. 이런 종류의 칼은 두꺼운 고기나 뼈처럼 딱딱한 것을 탁탁탁 칠 때 사용합니다. 그런데 여기에도 과학의 원리가 숨겨져 있습니다. 날이 두꺼운 칼날은 옆으로 밀리지 않는 이상 무엇을 벨 수가 없습니다. 작두를 타는 것과 똑같은 이치입니다. 작두는 그 위에 그냥 올라가 있으면 아무렇지도 않아요. 발을 앞으로 내밀면서 걸어야 베이는 거지요. 도루코 면도날 같은 것도 마찬가지입니다. 이런 현상에 숨겨진 과학적 원리는 무엇일까요? 바로 힘의 작용입니다. 그러니까 힘이 작용하지 않으면 아무리 칼날이라 해도 베이거나 다치지 않습니다. 어때요? 생활 속에 숨겨진 과학의 원리, 참 놀랍지요?

14세를 위한
과학 공부법
팁

교과서에 나오는 제목부터 분석하라!

모든 책의 제목은 그 내용의 가장 핵심적인 부분을 담는 것이 보통이다. 과학 교과서에 단원별로 쓰인 대단원과 중단원, 소단원의 제목에도 그 단원에서 배우고 알아야 할 가장 중요한 핵심어가 들어가 있다. 과학은 원인과 결과, 그리고 탐구 과정이 분명히 드러나는 과목임을 명심해야 한다. 즉 어떤 자연 현상이나 변화가 일어났을 때 관찰이나 감각기관을 통해서 얻게 된 사실은 결과에 해당하고, 변화가 있다면 반드시 원인이 있다는 사실 또한 잊지 말 것.

나만의 노트를 작성하라!

노트 필기는 칠판에 선생님이 써주시는 것을 그대로 받아 적는 것이 아니다. 요즘 중학교에서는 선생님들이 칠판에 차곡차곡 필기를 하지 않는다. 일일이 내용을 쓰면서 수업하기엔 가르치고 배울 내용이 너무 많기 때문이다. 그래서 많은 선생님들이 요점 정리용 학습지를 만들어서 나눠주신다. 시간을 효율적으로 사용할 수 있다는 장점은 있지만 학생들이 눈으로만 공부하는 나쁜 습관을 가지게 될 수도 있다. 그러므로 선생님의 수업 방식이나 학습지, 필기 방식과 관계없이 나만의 노트를 만드는 것이 중요하다.

우선 노트에 들어갈 내용은 예습(제목의 분석, 핵심 과학 용어 정리, 탐구활동의 주제와 과정 정리)과 수업 시간에 선생님이 설명하시는 실제 수업 내용(칠판에 쓰인 내용과 말씀으로 강조하는 내용을 구분해서 메모 형식으로 기록), 그리고 복습(하루 수업이 끝나면 그 단원과 관련된 문제를 문제지에서 찾아 3문제 이상 쓰기)이다.

예습은 과학 수업이 있기 하루 전 30분 정도 투자해서 교과서를 살펴보는 수준으로 한다. 어려운 용어가 나오면 사전을 찾아 꼭 정리한다. 예습을 할 때 내용을 반드시 손으로 쓸 필요는 없다. 시간을 줄이기 위해서 잘 정리되어 있는 자료가 있으면 복사해서 깔끔하게 오려 붙여도 좋다.

실제 수업 내용은 가능한 한 많은 것을 메모한다. 자신이 알아볼 수 있을 만큼 요약해서 기록해도 좋다. 이왕이면 여러 가지 컬러 펜을 사용하고, 포스트잇을 적절히 이용하는 것도 시각적 효과가 있어 권할 만하다.

복습은 시중에 나와 있는 문제집에 있는 문제를 옮겨 적어도 좋다. 복습의 목적은 그날 배운 과학 수업과 관련된 내용으로 어떤 문제가 만들어지는가를 알아보기 위한 것이다. 일종의 문제 유형 탐색인 셈이다.

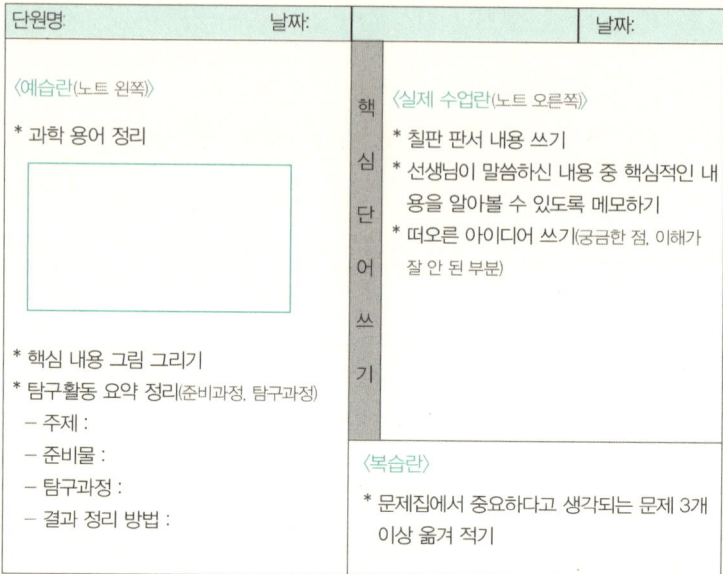

단원명	날짜:		날짜:
〈예습란(노트 왼쪽)〉 * 과학 용어 정리 * 핵심 내용 그림 그리기 * 탐구활동 요약 정리(준비과정, 탐구과정) 　- 주제 : 　- 준비물 : 　- 탐구과정 : 　- 결과 정리 방법 :	핵 심 단 어 쓰 기	〈실제 수업란(노트 오른쪽)〉 * 칠판 판서 내용 쓰기 * 선생님이 말씀하신 내용 중 핵심적인 내 용을 알아볼 수 있도록 메모하기 * 떠오른 아이디어 쓰기(궁금한 점, 이해가 잘 안 된 부분) 〈복습란〉 * 문제집에서 중요하다고 생각되는 문제 3개 이상 옮겨 적기	

나만의 노트 정리법

- 예습 내용은 너무 길지 않게 핵심만 요약한다.

- 실제 수업시 핵심 단어는 선생님이 설명한 개념어나 핵심어를 내용
  이나 뜻풀이는 쓰지 말고 단어만 쓴다.

- 실제 수업시 메모는 가능한 수준에서 많이 쓴다.

- 칠판에 그려진 그림은 반드시 그린다.

- 메모를 할 때는 자신이 쉽게 이해할 수 있는 수준의 표현을 활용
  한다.

- 마인드맵이나 개념트리 형태를 특히 권할 만하다.

- 떠오른 아이디어나 궁금한 점, 이해가 안 된 부분은 빨간 색으로 쓰고 동그라미 등의 도형으로 강조한다.

- 모든 필기는 규칙을 정해 자신만의 표현이 되도록 한다(컬러 펜이나 기호, 그림 등을 이용하여 다양하게 표현).

- 복습란은 짧은 문제보다는 문장이 긴 문제를 선택하고, 될 수 있으면 서술형 문제를 선택한다.

- 부족한 공간과 다양한 표현을 위해 포스트잇을 사용한다.

- 공간이 부족하면 다른 종이에 기록한 후 노트의 여백에 붙인다.

- 한 시간 수업 분량은 가능하면 한 장을 넘기지 않도록 한다.

- 여백이 남더라도 다음 시간 내용을 이어 쓰지 않는다.

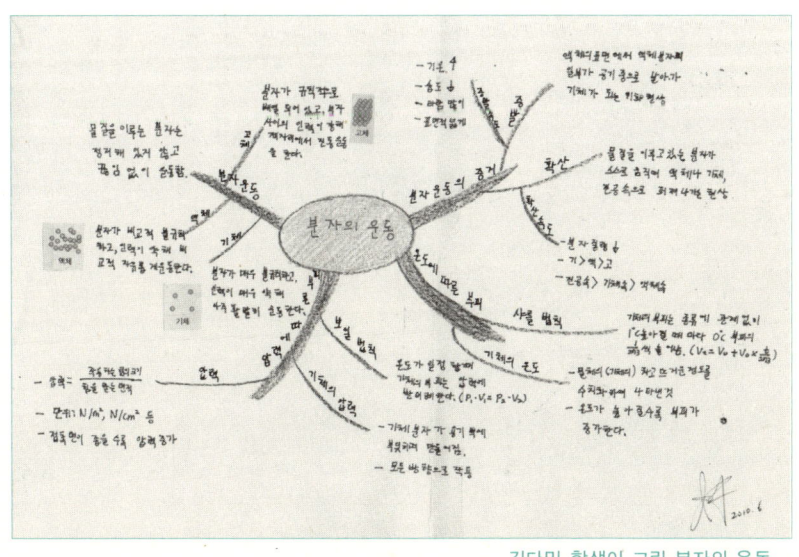

김다민 학생이 그린 분자의 운동

학습목표: 배설기관의 구조와 기능을 이해한다.

*배설기관

동물체 내에 생긴 암모니아·요소·요산 등의 노폐물 외에 여분의 염류와 물을 체외로 배출하는 기관으로 체내 항상성 유지에 필요한 기능을 한다.

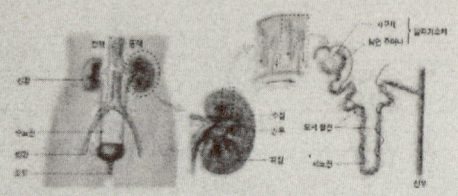

*동물의 배설기관

(1) 척추동물에서는 비뇨기[관]이라고도 하며 수분평형 또는 삼투조절의 주요 기관도 겸하는 것이 보통이다. 전형적인 배출기관은 신장이고 체강 내지 순환계와 긴밀한 접촉을 갖는 강계 또는 관계이다. 배출기관의 여러 형을 통하여 관계에서 먼 곳에는 흔히 수관(수뇨관)이나 저류소(방광)가 분화하고, 또한 배출수관으로부터 생식수관으로의 기능전환도 이루어지고 있다. 배출물질의 형성은 소수의 예외를 제외하면 이러한 배출기관 이외의 기관(예: 간)에서 이루어진다. 체내 여러 조직에서 체액 중으로 방출하는 배출물질을 섬모류나 여과, 분비(집수세포)에 의해 농축하여, 이것을 오줌으로 체외로 유도한다. 원체강을 갖는 동물의 체강 내에 있는 원신관이 원시형 이고 진체강 출현과 더불어 신관(후생신)이 발달한다.

(2) 무척추동물에서는 여러 종류의 체절기, 보야누스기, 신낭, 촉각선, 소악선, 각선 등이 있으며, 이들은 신관 또는 그 변형물이라고 생각한다. 그러나 육생절지동물의 말피기관과 선충류의 측선관은 그들과는 기원이 다르다. 이상의 대부분은 체액의 삼투압이나 이온의 밸런스 조절을 오히려 원래의 기능으로 하는 것 같고 함질소성 배출기능은 증명되지 않은 것도 많다. 주로 하등동물에서 신장에 협력 또는 독립적으로 기능하는 특수한 배출기관이나 배출기능을 함께 갖는 기관을 볼 수 있다.

196

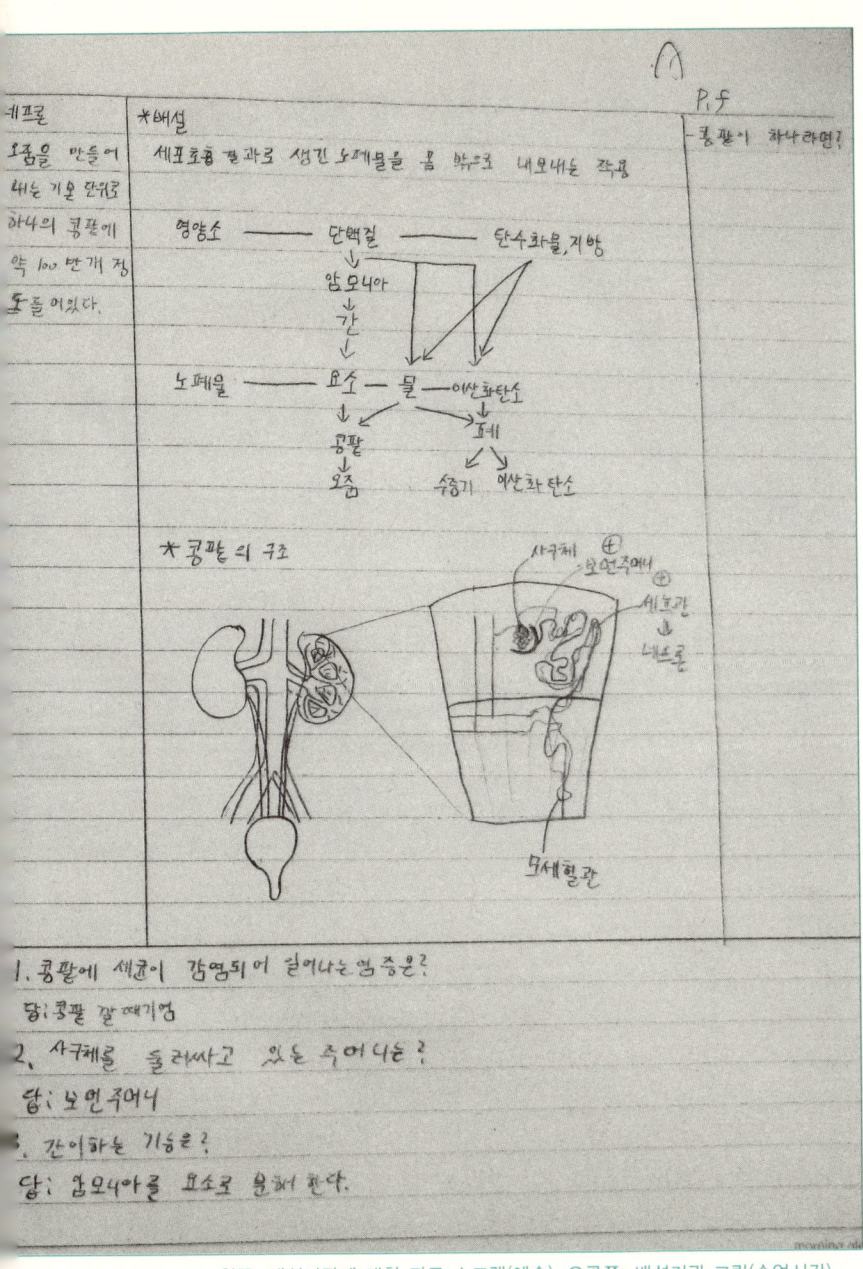

네프론

오줌을 만들어 내는 기본 단위로 하나의 콩팥에 약 100만 개 정도 들어있다.

★해설

세포호흡 결과로 생긴 노폐물을 몸 밖으로 내보내는 작용

영양소 ──── 단백질 ──────── 탄수화물, 지방

      암모니아 ↓
      간 ↓

노폐물 ──── 요소 ─ 물 ← 이산화탄소
           ↓   ↓
          콩팥   폐
           ↓
          오줌   수증기 이산화탄소

★콩팥의 구조

사구체
보언주머니 ⊕
세뇨관
네프론

무세혈관

P.5

콩팥이 하나라면?

1. 콩팥에 세균이 감염되어 일어나는 염증은?

  답: 콩팥 깔때기염

2. 사구체를 둘러싸고 있는 주머니는?

  답: 보언주머니

3. 간이하는 기능은?

  답: 암모니아를 요소로 운허 판다.

왼쪽-배설기관에 대한 자료 스크랩(예습), 오른쪽-배설기관 그림(수업시간)

197

떠오르는 생각을 항상 메모하자!

수업 중 이해가 안 된 부분이나 궁금한 내용이 있으면 그 즉시 선생님께 묻지 말고 노트에 빨간색 펜으로 메모를 하고 동그라미를 쳐서 강조해놓는다. 그 다음 집에 와서 그 내용과 관련된 자료를 혼자서 스스로 찾아본다(인터넷, 과학도서, 백과사전 등). 그리고 반드시 정리하는 습관을 가진다.

선생님의 눈과 입을 떠나지 말라!

한 마디로 수업 시간을 잘 지키는 것이 중요하다는 뜻! 공부를 잘하려면 시간을 효율적으로 관리하고 집중력을 높여야 한다. 특히 선생님이 수업 중에 하시는 말씀은 당연히 핵심 키워드일 경우가 많다. 그러므로 선생님의 말씀과 표정, 동작 등을 잘 살펴보면 어떤 내용이 중요하고 덜 중요한지를 금방 알아낼 수 있다.

수업 시간 내내 집중력을 유지한다는 것은 아주 힘든 일이다. 그렇지만 습관이 되면 한 시간이든 두 시간이든 집중할 수 있는 능력이 저절로 생긴다. 습관이 들 때까지 1년이고 3년이고 스스로를 칭찬하고 격려하면서 노력하라. 이 습관은 집중력을 높여주는 효과가 있을뿐더러 사고력 향상이나 추진력 강화 등 다른 좋은 능력도 함께 길러준다.

수업 시간에 배운 내용을 다른 친구에게 설명해주는 기회를 만들어라!

수업 시간에 배운 내용이나 혼자서 공부한 내용을 확실하게 자기의 것으로 만드는 일은 공부의 기초를 튼튼하게 다지는 중요한 습관이다. 공부한 내용을 더 확실하게 이해하고 기억하는 방법 중 가장 좋은 것은 남을 가르쳐보는 것이다. 공부는 머리로만 하는 게 아니다. 손으로도 하고, 귀로도 하고, 몸으로도 한다. 공부한 내용을 말로 정리해보라. 그 내용이 여러분의 일부가 될 것이다. 여러분도 지식 전달 연습을 통해 공부한 내용을 확실하게 자신의 것으로 만들어보자.

탐구활동이나 실험활동을 적극적으로 하자!

과학에서 탐구활동과 실험은 중요한 수업 방식이다. 과학의 개념과 과학적 사고는 탐구와 실험을 통해 얻을 수 있다. 교과서에는 그 단원에서 중요한 내용이 실험이나 탐구활동으로 구성되어 있다. 수업 전에 철저하게 읽어보고 탐구과정을 준비하라. 활동의 시작은 탐구할 주제를 분석하는 것이다. 그 다음 탐구순서를 기억하라. 탐구결과를 어떻게 정리하는지 따라해보라. 결과로부터 얻은 결론은 반드시 잘 기억하고 언제든지 확인할 수 있도록 자신만의 표시를 해놓아라.

그것이 익숙해지면 교과서 탐구내용을 다른 형태나 준비물로 재구성해보자. 자신이 하고 싶고 혼자서 할 수 있는 탐구활동으로 바꾸어보는 것이다(일명 자유탐구).

예를 들면 1학년 과학 탐구활동 중에 용수철의 늘어나는 길이가 작용하는 힘에 비례한다는 것을 확인하는 실험이 있다. 그 실험은 용수철을 스탠드에 걸어놓고 자를 용수철 아래 끝에 세운 다음 용수철에 추를 달아 늘어난 길이를 측정하는 간단한 실험이다. 결과는 추가 하나씩 증가할 때마다 용수철도 그에 비례해서 늘어난다는 것으로써 용수철 저울의 기본 원리를 보여주는 것이다. 이 실험을 여러분의 방식으로 바꾸라. 나만의 탐구활동은 다음과 같은 순서로 하는 게 좋다.

• 먼저 제목을 바꾸어 준다(나만의 저울 만들기 등).

• 그 다음 탐구활동 계획서를 작성한다.

• 계획서는 구체적으로 작성한다.

- 준비물은 필요한 재료를 정확하게 기록.

- 탐구과정은 작업의 순서대로 꼼꼼하게.

- 실험 도구 설치 방법이나 직접 만들 경우 그림으로 표현할 것.

- 실험에 적용하는 과학 원리를 정리하여 기록할 것.

- 예상되는 실험 결과를 미리 쓸 것.

탐구활동 계획서

주제	탄성체의 탄성을 이용하여 저울을 만들어보자.				
학번		이름		탐구활동 실시예정일	

탐구 목표	① 탄성을 이해하고 탄성력의 크기를 측정할 수 있다. ② 탄성력의 원리를 응용하여 무게를 재는 저울을 만들 수 있다.

준비물	30cm 쇠자 1개, 가로세로 3cm 길이 30cm 각목 2개, 두꺼운 도화지(A4) 1장, 드라이버, 톱, 가로 40cm 세로 10cm 두께 1cm 나무판 1장, 나사못(길이 2.5cm) 6개, 50g짜리 추 10개, 플러스펜(빨간색, 검은색), 두꺼운 실, 플라스틱 컵 1개, 가위, 칼, 목공용 풀, 송곳, 테이프

	1. 저울 제작 과정 ① 각목 1개의 위쪽 5cm 정도의 위치에 쇠자가 박힐 만큼의 두께에 깊이 2cm 정도가 되도록 톱으로 흠집을 낸다. ② 나무판을 바닥에 내려놓고 가로 양쪽 끝 가운데에 각목 2개를 흠집난 곳이 마주보도록 하여 세운다.(기둥 역할) 판의 바닥쪽에서 위쪽 방향으로 나사못을 이용하여 고정한다. ③ 쇠자를 흠집에 꼭 맞게 끼워넣은 후 옆면에서 테이프를 이용하여 고정시킨다. ④ 도화지를 반으로 접고 한쪽 끝은 예쁘게 모양을 내주고 쇠자가 끼워지지 않은 각목 기둥의 뒷면에 모양을 내지 않은 쪽을 길게 붙인다. ⑤ 플라스틱 컵 위쪽 4곳에 같은 간격으로 구멍을 내고 실을 단단히 묶어 바구니를 만든다. ⑥ 바구니에 달린 4개의 줄을 가지런히 한 다음 쇠자의 구멍 속에 넣고 끝을 단단히 묶는다. 이때 바구니가 기울어지지 않게 조심한다. ⑦ 바구니에 50g의 추를 차례로 올려놓고 쇠자가 휘어진 정도에 따라 자의 끝부분과 도화지가 수평을 이루는 지점에 플러스펜으로 눈금을 표시한다. ⑧ 도화지 위의 각 지점에 추의 질량을 써놓고 눈금과 눈금 사이의 간격을 등간격으로 표시하여 눈금을 세밀하게 만든다. ⑨ 무게를 모르는 물체를 저울에 달아 무게를 측정하고 실제 저울을 이용해서 그 물체의 실제 무게를 측정하여 두 값을 비교한다.
탐구 설계 및 과정	

* 적용된 과학적 원리나 요소
① 탄성력은 탄성체에 작용한 힘의 크기와 같다.
② 자가 휘어진 정도는 추의 무게에 따라 비례하여 달라진다.

실험한 결과 데이터 정리	물체이름			
	만든저울			
	전자저울			

예상되는 결과	

201

나만의 과학 잡지를 만들어보자!(포트폴리오 형식)

과학을 잘하려면 그만큼 많은 관심이 필요하다. 관심이 있으면 재미있고 활동도 열심히 할 수 있기 때문이다. 수업 시간에 교과서로 배우는 과학의 내용은 다양성이 떨어지고 최신 정보가 빠져 있는 부분이 많다. 폭넓은 과학적 지식은 과학을 공부하는 데에 도움이 많이 된다. 수업 시간에 배운 과학 원리와 비교하면서 실제 생활에 많이 적용시켜볼 수 있기 때문에 과학적 분석력과 이해력, 새로운 아이디어를 생산하는 능력이 좋아진다.

수업 시간에 배운 과학 이론이나 개념과 관련 있는 정보를 다양하게 수집해보자(요점 정리가 아닌 신문기사나 잡지 내용, 인터넷 기사, 관련 도서 내용 등). 과학사(과학 관련 역사, 과학자의 연대기)의 뒷이야기도 아주 재미있는 공부 소재들이다.

모은 자료들로 잡지를 만들어본다. 컴퓨터 문서를 이용한 책을 만들거나 노트에 작성하는 것보다 비닐로 된 속지에 자료를 끼워 넣을 수 있는 클리어 파일을 활용하는 것이 좋다. 이때 준비한 자료를 보기 좋게 편집하는 것이 중요하다. 자료의 맨 윗부분에는 반드시 제목을 쓰도록 하고, 바로 아랫줄 오른쪽 끝에는 작성한 날짜를 기록한다. 그 다음 줄에는 교과서 관련 내용의 제목을 쓰고, 그 내용이 나와 있는 교과서 페이지를 기록한다. 나머지 공간은 수집한 정보를 나름대로 형식을 정해서 채워 넣는다.

이렇게 간단하게만 만들어도 좋다. 여러분이 직접 만든 포트폴리오는 여러분의 역사가 될 것이다. 열심히 공부한 증거가 될 수도 있고, 여러분이 원하는 진로를 선택할 때 자기개발의 자료로 손색 없는 근거가 될 수도 있다. 포트폴리오 내용이 구체적이고 일관성이 있다면 여러분을 그 분야의 전문가로 만들어줄 시작점이 될 수도 있다. 한마디로 여러분의 자산이 되는 것이다.

과학고나 영재고 진학에 관심이 있는 학생이라면 이런 활동을 계획적으로 꾸준히 실천해볼 것을 권한다. 자기소개서를 작성할 때 분명 도움이 많이 될 것이다.

클리어파일을 이용해서 만든 학생 포트폴리오

대단원 정리는 꼭 하라!

대단원이 끝나면 반드시 총정리를 하는 것을 원칙으로 삼아라. 학생들이 과학을 어렵게 느끼는 이유 중에 하나가 대단원의 전체적인 연결 고리를 한눈에 보는 능력이 부족하기 때문인 경우가 있다. 과학 개념은 그 하나하나마다 정해진 의미가 있지만 실제 자연이나 우리의 생활에 적용되는 과학 원리는 그 개념과 관련이 있는 다른 개념들이 그물처럼 얽혀 있는 경우가 대부분이다. 그야말로 숲과 나무를 동시에 볼 줄 아는 폭넓은 시각을 가지라는 뜻이다. 대단원 내용이 한눈에 들어오도록 정리하는 것이 중요하다.

대단원을 정리하는 형식으로 알맞은 것으로 마인드 맵, 메모리 트리, 개념도 등을 추천한다. 대단원 정리를 할 때에는 그 단원의 핵심이 무엇인지 먼저 체크하고 큰 주제와 포괄적인 내용이 우선되고 다음으로 중요한 중간 주제, 그리고 핵심적인 과학 용어를 세분화시켜 정리하는 것이 좋다. 과학 용어와 개념들이 잘 연결되도록 구체적으로 정리하는 센스가 필요한 부분이다. 과학을 단편적 지식이 아닌 융합적 사고력 향상의 디딤돌로 삼으라!

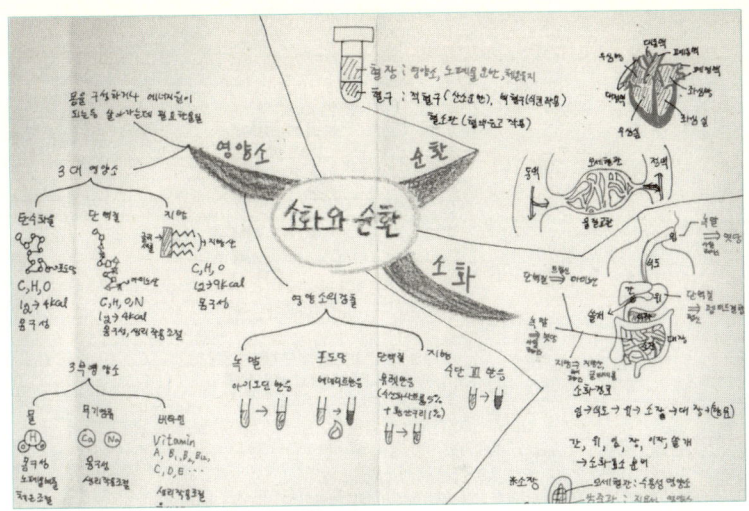

소화기와 순환의 내용을 마인드 맵으로 그림

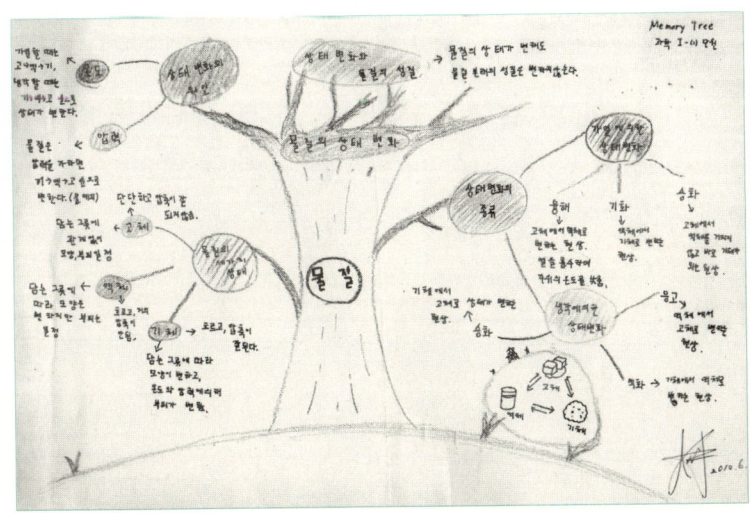

물질의 상태 변화를 개념트리로 표현

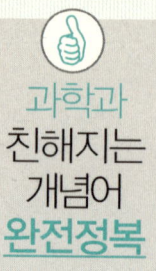

과학과
친해지는
개념어
완전정복

1단원 : 과학이란?

• **가설** : 어떤 사실을 설명하거나 어떤 이론 체계를 이끌어내기 위해 미리 설정한 가정.

☞ 탐구하고 싶은 주제에 관하여 탐구활동을 시작하기 전에 탐구활동의 방향을 결정하는 데에 중요한 역할을 합니다. 가설이란 간단히 표현하면 탐구 전에 임시로 정한 답입니다. 정답으로 인정을 받기 위해서는 충분한 근거와 설득력이 있어야 하는 것은 당연한 일이겠지요. 그러므로 가설을 정하기 위해서는 탐구주제와 관련된 주변 정보나 지식을 어느 정도 알고 있는 것이 좋습니다. 지식이나 정보가 없다면 지식 검색을 통해 관련 자료를 미리 살펴보는 것이 필요하겠습니다.

가설을 정할 때에는 주제 즉 해결하고자 하는 문제에 포함되어 있거나 직접 관련되어 있는 핵심 단어를 주로 사용하여 원인과 결과가 잘 드러나도록 하는 것이 중요하며 문장의 마무리는 예상이나 가정이라는 의미가 포함되도록 문장을 구성합니다.

예시) 겨울철에 간장이 잘 얼지 않는 현상(결과)은 간장을 만들 때 소금이 들어가기 때문(원인)일 것이다.(가정문)

206

이 예시문의 가설은 소금이 겨울철에도 간장이 얼지 않게 하는 원인이 된다고 생각한 것입니다. 그런데 좀 부족하다는 생각이 들지 않나요? '소금이 들어가면 왜 간장이 얼지 않는 걸까?', '소금 대신 다른 물질을 넣으면 어떨까?' 등의 새로운 의문이 생깁니다. 그렇다면 이 가설은 정확하다고 보기가 힘들 것입니다. 여기서 과학적 지식의 적용이 필요합니다. 일단 결과부터 분석해보겠습니다.

'겨울철에~', '간장이', '잘 얼지 않는' 이 세 가지 문구에서 얻을 수 있는 정보는 어떤 것이 있을까요? 바로 '기온이 낮다, 혼합물이다, 액체가 언다……' 등입니다. 그러면 혼합물이 냉각되어 얼게 되는 현상이라고 생각할 수 있겠네요. 이 중에서도 가장 중요한 내용은 '언다', 즉 응고 현상에 관한 것입니다. 응고 현상은 액체가 외부로 열을 계속 빼앗겨 액체의 온도가 내려가다가 '어는점에 도달하면' 그때부터 얼기 시작해 액체가 고체로 상태 변화를 하는 것입니다.

겨울철에는 보통 기온이 영하로 떨어진 상태로 지속되는 날이 많기 때문에 물이 포함되어 있는 웬만한 액체는 거의 얼게 되는 것이 당연합니다. 그런데 간장이 물이 어는 온도인 0℃ 이하에서도 얼지 않았다면 결국 '무엇인가가 간장이 얼려고 하는 것을 방해'하고 있다고 생각할 수 있지요. 여기서 중요한 핵심은 '어는 것을 방해했다'가 되는 것이지요. 그럼 앞의 예시문에서 원인 부분을 어떻게 수정해야 할까요? '소금이 물이 어는 현상을 방해하기 때문일 것이다' 정도가 되겠습니다.

중요한 것은 가설을 설정할 때 이유를 서술하는 부분은 좀 더 명확하고 구체적으로 나타낼 필요가 있다는 것입니다. 원인을 분명하게 말할 수 없다면 결과에 해당하는 부분을 분석하고 필요한 자료를 조사하고 약간의 연관성이라도 있는 것들을 정리해야 합니다.

2단원 : 지구계와 지권의 변화

• **지구계** : 지구를 구성하는 여러 가지 요소들의 집합.

☞ '계'라는 단어의 의미는 어떤 사물이나 현상을 설명하기 위해 꼭 필요한 성분 또는 근본 조건(요소라고 함)들이 여러 가지가 있을 때 그 요소들이 상호 간에 연결 고리가 형성되어 있는 묶음을 의미합니다. 지구계에 속한 요소는 산, 바다, 강, 공기, 구름, 암석, 광물, 동물, 식물 등 다양한 종류가 있고, 이 요소들이 서로 영향을 주고받으며 지구를 구성하고 있기 때문에 지구계로 묶을 수 있는 것입니다.

예시) 생태계 : 다양한 생물들이 햇빛, 물, 공기 등과 상호 작용을 하면서 살아가는 집단. 소화계 : 입, 식도, 위, 소장, 대장, 항문 등이 섭취한 음식물이 우리 몸에 잘 흡수되도록 잘게 분해하는 작업이 유기적으로 이루어지도록 관계를 유지하는 집단.

• **맨틀 대류설과 해저 확장설 그리고 판 구조론** : 대류 이동설(1912년)⇒맨틀 대류설(1929년)⇒ 해저 확장설(1961년)⇒ 판 구조론(1960년대 후반)

☞ 베게너의 대류 이동설이 발표된 후 대류 이동의 원동력을 설명하

기 위해 발표된 이론이 맨틀 대류설입니다. 맨틀의 대류는 직접 관찰할 수 없는 현상이고 설명할 만한 근거도 부족했기 때문에 맨틀이 고체 상태이긴 하지만 엄청난 열에 의해 천천히 움직일 수 있는 성질을 가지고 있다는 가설로 출발했습니다. 맨틀이 대류한다는 가정으로 대륙이 이동했다는 설명이 설득력을 얻게 된 것입니다.

물론 지금은 거의 정식적인 이론으로 받아들여지고 있지만 우리나라에서의 표현은 그대로 맨틀 대류설로 사용하고 있습니다. 이후에 대서양 중앙의 깊은 곳에서 긴 해저 산맥(해령)이 발견되었는데 이를 연구하면서 해령에서는 새로운 해양 지각이 생성되어 양쪽으로 넓게 이동한다는 해저 확장설이 등장하게 됩니다. 그 원동력이 맨틀의 대류이고 그 결과가 대륙의 이동으로 나타났다는 이론이 성립되는 것입니다.

그 후 지진이 자주 일어나는 지역과 화산 활동이 활발한 지역을 지도상에 점을 찍어 비교해보니 띠 모양의 지진대와 화산대가 그려지는데 그 지점들이 거의 일치하고, 선으로 연결하면 몇 개의 조각으로 나누어진다는 사실을 근거로 판 구조론이 나오게 됩니다.

판 구조론은 앞서 발표된 여러 가지 가설을 종합한 이론이기 때문에 '~론'이라는 단어를 사용하고 있습니다. 결과적으로 근거가 부족해서 설명하기 어려웠던 지구 내부로부터 일어나는 화산 활동과 지진 현상을 포함한 대부분의 지각 변동의 원인을 판 구조론이 나오면서 모두 설명할 수 있게 되었습니다.

• 모호로비치치 불연속면(모호면) : 지각과 지각 아래쪽에 위치하는 맨틀 사이의 경계면.

☞ 대륙지각 아래쪽 경계면의 깊이는 평균 35km 정도, 해양지각 아래쪽 경계면의 깊이는 평균 5km 정도에 위치하고 있습니다. 지각의 두께에 따라 모호면의 깊이는 달라집니다. 그런데 왜 불연속면일까요? 불연속이라는 뜻은 연속적이지 못하다는 의미이므로 경계가 생겼다는 뜻일 것입니다. 경계가 있다는 것은 그 경계를 사이에 두고 양쪽의 물질들에 커다란 차이가 있다는 증거가 될 수 있기 때문에 지구 내부는 층으로 구분할 수 있다는 말이기도 합니다.

경계면은 맨틀 아래쪽으로 두 개가 더 발견되는데 깊이 2,900km 지점과 5,100km 지점에서 발견됩니다. 맨틀 바로 아래에는 외핵이 있고 맨틀과 외핵의 경계는 구텐베르크 불연속면이고, 외핵 아래쪽으로는 내핵이 존재하고 그 경계면은 레만 불연속면이라고 부르고 있습니다.

참고로 지구 내부 구조는 지진파를 통한 연구를 하던 중에 지진파의 속도 변화가 급격히 일어나는 구간이 나타나고, S파가 갑자기 사라지는 현상이 발견되면서 밝혀지게 된 것입니다.

• 조흔색 : 광물을 조흔판(초벌구이 자기판)에 긁어 나타나는 광물의 가루 색.

☞ 조흔색의 한자 풀이는 흔적(흔)을 만들어(조) 나타나는 색을 의미합니다. 반대로 말하면 광물을 조흔판에 긁었을 때 흔적이 남지 않으면

조흔색도 나타날 수 없겠지요. 그래서 조흔판으로 초벌구이 자기판을 쓰는 것입니다. 조흔판의 굳기(단단한 정도)는 석영이라는 광물보다 무르고 정장석보다는 단단합니다. 조흔색을 볼 수 있는 광물은 모두 초벌구이 자기판보다 단단하지 않아야 합니다. 그래야 긁었을 때 광물이 조흔판에 긁혀 흔적을 남기게 되니까요. 그렇기 때문에 석영의 조흔색은 나타나지 않습니다. 그 밖에 대표적인 광물 중 조흔색을 볼 수가 없는 광물들로는 황옥, 강옥, 금강석 등이 있습니다. 그래서 보석으로서의 가치가 있는 것이겠지요?

쪼개짐과 깨짐 : 광물들이 외부로부터 힘을 받았을 때 부서지는 모양에 따라 구분.

☞ 광물이 힘을 받아 조각이 떨어져 나갈 때 일정한 방향이 나타나면 쪼개짐, 불규칙한 방향으로 떨어져 나가면 깨짐입니다. 쪼개짐은 한 방향이 일정하게 나타나느냐, 두 방향, 세 방향이 일정하게 나타나느냐에 따라 다시 세세히 구분합니다. 방해석과 같이 떨어져 나간 방향이 세 방향인데 기울어진 형태로 나타나기도 합니다. 이것을 기울어진 육면체 모양이라고 말하기도 하지요. 깨짐은 일정한 방향성을 가지지 못해서 나타납니다. 대표적인 광물이 석영과 흑요석입니다. 그럼 쪼개짐과 깨짐의 차이가 나는 이유가 무엇일까요? 그것은 광물의 결정이 만들어지는 과정과 관련이 있습니다. 광물은 몇 가지 원소들의 화학 결합에 의해 만들어집니다. 광물의 결정이 만들어지는 과정에서 구성하는 원소

의 종류와 비율에 따라 결합 방식이 달라져 결합력이 약한 방향과 강한 방향이 생겨납니다. 상식적으로 약한 결합은 쉽게 떨어져나가고 강한 결합은 쉽게 떨어져 나가지 않겠지요? 그래서 한 방향이 약하면 한 방향으로 쪼개지고, 두 방향의 결합력이 약하면 두 방향으로 쪼개지는 것입니다. 그렇다면 석영은 왜 쪼개지지 않고 깨지는 걸까요? 석영은 단단하다고 했지요? 바로 모든 방향으로 강한 결합력을 가지기 때문에 힘을 받은 부분이 어디냐에 따라서 불규칙한 방향성을 가지는 것입니다.

3단원 : 힘과 운동

• **중량**(무게, weight) vs. **질량**(mass) : 무게는 중력에 의해 결정되는 물체의 무거운 정도(=중량). 질량은 물체가 가지는 고유한 역학적 기본량, 다시 말해 물질 자체가 가지는 무거운 정도의 합.

☞ 학생들이 흔하게 착각하거나 잘못 이해하고 있는 것이 물체의 무게와 질량의 개념입니다. 위의 글에서도 알 수 있듯이 무게는 중량과 같은 뜻의 단어이고 중력이라는 힘에 의해서 그 크기가 달라지는 물리량입니다. 반면 질량은 역학적이라는 단어에서 알 수 있듯이 힘과 관련은 있지만 힘의 크기 변화에 의해 변하지 않는 고유한 기본량입니다. 중력은 힘의 한 종류이기 때문에 상대가 있어야 합니다. 곧 지구에서는 지구와 물체의 상호 작용에 의해 결정되는 값이고, 달에서는 달과 물체와의 상호 작용에 의해 결정됩니다. 상식적으로 달은 지구보다 반지름(지구의 1/4 정도)이 작습니다. 물론 질량에 해당하는 고유한 기본량도 지구

가 달(지구의 1/81 정도)보다 훨씬 큽니다. 그렇기 때문에 달의 중력은 지구 중력의 1/6배(뉴턴의 만유인력 공식에 각각의 질량과 반지름을 대입해서 계산된 값) 정도로 작습니다. 결국 무게도 달에서는 지구에서보다 가볍게 측정된다는 의미입니다(예를 들면 질량이 60kg인 사람이 지구에서 무게를 재면 588N이고, 달에서는 98N으로 줄어든다).

그러나 질량은 무게와 다릅니다. 개념 자체가 다르기 때문이지요. 물체는 여러 종류의 물질들의 결합에 의해 그 형태가 결정됩니다. 물질은 그 물질을 구성하는 기본 입자(원자)들의 화학 결합으로 물질의 성질을 가지게 됩니다. 결국 그 물체를 구성하는 물질들의 원자 개수에 따라 무거운 정도도 달라지겠네요(참고로 다른 종류의 원자는 고유한 기본량이 서로 다릅니다. 같은 종류의 원자는 모두 같습니다). 결론적으로 그 물체가 깨져서 크기가 달라지거나 다른 것과 더 합쳐져서 원자의 수가 변하지 않는 이상 질량은 어디에 있어도 변하지 않는다고 할 수 있겠습니다.

여러분이 기억해야 할 것은 무게와 질량의 정확한 개념과 무게는 장소가 달라지면 그 값이 달라지지만 질량은 장소에 관계없이 변하지 않는 값이라는 사실입니다.

• 힘(force) vs. 파워(power) : 힘은 서로 다른 두 물체 사이의 상호작용에 의해 어떤 변화가 나타나는 원인. 파워는 물체가 상호작용을 통해 어떤 변화(상호작용의 효과)가 나타나게 할 수 있는 능력.

☞ 많은 학생들에게 '힘이란 무엇일까요?'라고 물으면 힘에 대해 아직

공부를 하지 않은 대부분의 학생들은 '파워요!'라고 대답합니다. 혹시 여러분도 그렇게 대답하지 않으셨나요? 힘은 파워가 아닙니다. 파워와 는 개념이 다릅니다. 그럼 그 차이는 무엇일까요?

'힘'의 정의는 '물체의 모양이나 운동 상태 변화의 원인'입니다. 힘의 중 요한 개념은 변화의 원인이라는 점. 그래서 힘은 단독적으로 나타나지 않습니다. 항상 상대되는 무엇인가가 있다는 말이지요. 예를 들어 물체 에 힘을 가하면 물체는 움직이게 됩니다. 여기서 힘을 작용하는 대상이 있고 힘을 받아 변화를 일으키는 대상이 있습니다. 그래서 힘은 두 물체 사이의 상호작용이라고 할 수 있는 것입니다. 지구에서는 모든 물체가 지표면(아니 지구 중심 방향이지만)을 향해 떨어집니다. 바로 상대 역할을 하는 지구가 물체를 끌어당기는 힘을 작용시키기 때문입니다. 엄밀하게 말하면 서로 끌어당기고 있다고 해야 옳은 것이긴 하겠지만!

'파워'의 정식 우리말 해석은 '일의 능률(일률)'입니다. 물체에 대해 해 준 일의 양을 일하는 동안 걸린 시간으로 나누어준 값(일률=한 일의 양/ 시간 ⇒ $P=W/t$)이지요. 일을 하려면 에너지가 필요합니다. 다시 말해 일 과 에너지도 상호 관계에 있다는 뜻이기도 하지요. 에너지의 정의는 '일 할 수 있는 능력'입니다. 에너지가 있어야 일을 할 수 있다는 말로 해석 할 수 있네요.

다시 파워를 해석해보면 '단위 시간당 소모되는 에너지양'이라고 바 꿀 수 있습니다. 우리가 자주 사용하는 기계나 전기 제품의 설명을 살 펴보면 '출력 xx 와트(W)' 또는 '파워 xx 와트(W)'라는 문구를 쉽게 찾을 수 있습니다. 그러니까 파워는 '출력'이라는 단어로 바꿀 수 있겠네요. 그래서 파워라는 단어를 우리는 많이 쓰고 있고 익숙해서 '힘'과 혼동해서 사용하고 있는 게 아닌가 생각해봅니다.

출력이라는 한자어를 풀어쓰면 '힘이 나간다'는 뜻이 되므로 앞으로는 '힘'과 '파워'를 구분해서 사용하기 바랍니다.

· **힘의 합력이 'zero'일 때와 'zero'가 아닐 때 :** 물체에 작용하는 여러 힘의 합력이 '0'이면 물체는 관성의 법칙을 따르고, '0'이 아니면 가속도의 법칙을 따른다.

☞ 물체에 작용하는 모든 힘의 합력이 '0'이면 힘의 효과가 없는 상태가 됩니다. 힘은 운동 상태 변화의 원인이니까 물체에 작용하는 힘이 실제로는 작용하고 있다 해도 합력이 '0'이면 운동 상태 변화는 없는 것입니다. 정지하고 있던 물체라면 계속 움직이지 않는 상태가 이어질 것이고, 움직이던 물체라면 가지고 있던 속력을 일정하게 유지하게 될 것이라는 말입니다. 속력이 변하지 않고 일정한 운동을 등속 운동이라고 하고 방향까지 변하지 않는다면 등속 직선 운동 상태라고 합니다. 여기까지는 그렇게 깊은 의미가 있거나 하지는 않지만 생활 속에서는 중요한 개념으로 수없이 많이 적용되고 있습니다. 바로 '관성'이라는 개념입니다. '외부에서 물체에 힘이 작용하지 않으면 정지해 있는 물체는 계속 정지해 있고 운동하고 있는 물체는 계속 운동하려고 하는데, 이러한 성질을 관성이라고 한다.' 이 문장은 관성의 정의입니다. 관성이라는 개념을

정확하게 이해하려면 반드시 한 가지 단서를 기억해야 합니다. 바로 물체에 힘이 작용되지 않아야 한다는 점입니다. 즉 힘의 효과가 나타나지 않아야 한다는 의미지요.

예를 들어보겠습니다. 유리컵 위에 종이 한 장을 올려놓고 그 위에 동전을 올려놓습니다. 종이를 잡고 천천히 당기면 동전은 어떻게 될까요? 종이가 움직이는 대로 따라옵니다. 하지만 종이를 갑자기 잡아당기면 동전은 종이를 따라 끌려오지 않고 유리컵 안으로 떨어지게 됩니다. 여기서 잠깐. 이 현상 속에는 관성이 숨겨져 있습니다. 어느 부분일까요? 여러분은 찾으셨나요? 안타깝게도 관성에 대한 개념은 많은 학생들이 잘 이해하는데 실제로 찾아보려면 정확하게 찾아내지 못하는 친구들도 많습니다. 아마도 관성이라는 성질이 나타내는 중요한 요인을 깜빡한 게 아닌가 합니다.

많은 학생들이 '동전이 컵 안으로 떨어지는 현상'이라고 대답합니다. 미안하게도 잘못된 답입니다. 그럼 어떤 현상이 정답일까요? 정답은 '종이를 갑자기 잡아당길 때 동전이 종이를 따라 끌려오지 않는 현상'입니다. 바로 그 순간만 관성이 잠깐 작용하는 것이지요. 앞에서 강조했듯이 관성은 힘이 작용하지 않은 상태여야 확인할 수 있습니다. 종이에 작용한 힘이 미처 동전에 전달되기 전에 종이가 움직여버려서 동전은 실제로 힘을 받지 않은 상태가 됩니다. 그래서 동전은 그 자리에 그대로 있으려고 한 것입니다. 그렇지만 동전 밑을 받치고 있던 종이가 빠져나가면서 떠받치던 힘(수직 항력)도 없어집니다. 중력과 평형을 이루어 움직이지 않던 동전에 그 힘이 없어지게 되어 동전에는 중력만이 다시 작용하게 됩니다. 그러므로 동전이 떨어지는 것은 중력이라는 힘을 받았기 때문에 일어나는 현상입니다. 떨어지는 물체는 시간이 갈수록 점점 속력이 빨라집니다. 힘을 받아 속력이 변하는 운동을 하는 것입니다. 속력이 변하는 운동은 힘이 작용해야 일어나는 현상이니까 당연히 관성과는 거리가 멀지요.

이왕 나온 말이니 속력이 변하는 운동에 대해서도 살펴보겠습니다. 물체의 속력이 변하는 까닭은 힘이 작용하기 때문이지요. 일정한 힘이 계속 물체에 작용되면 속력이 변하는 정도도 일정하게 계속 유지될 것입니다. 즉 일정하게 빨라지거나 일정하게 느려지거나!

시간이 흐르는 동안 속력이 일정하게 빨라지거나 일정하게 느려지는 운동을 '등가속도운동'이라고 합니다. 앞에서 동전이 떨어지는 동안 동전의 속력은 어떻게 되겠습니까? 중력이 같은 크기로 계속 작용하게 되므로 점점 빨라지겠지요? 그러므로 동전은 등가속도운동을 하게 됩니다. 단, 공기 저항에 의한 마찰력을 무시한다면.

공기 저항이라는 단어가 나왔으니까 한 가지만 더 생각해보겠습니다. 만약 공기의 저항을 거의 무시할 수 있는 곳에서 비가 내리면 빗방울이 땅바닥에 떨어지는 순간, 속력은 어떻게 될지 상상해봅시다. 공기 저항력이 없기 때문에 중력만 작용할 것입니다. 그러면 빗방울은 떨어지면서 속력이 점점 빨라지게 되겠네요. 얼마나 빨라지느냐 간단히 계산해봅시다. 지구에서는 중력에 의해 속력이 변하는 정도인 중력가속도가 평균

9.8 ㎧ 정도 됩니다. 이 말은 높은 곳에서 정지하고 있던 빗방울이 떨어지게 되면 1초 후에 9.8m/s가 되고, 2초 후에는 9.8×2m/s, 3초 후에는 9.8×3m/s…… 10초 후에는 98m/s가 됩니다. 와우! 빗방울이 떨어지기 시작한 후 10초가 지나면 1초에 98m를 움직이는 속력을 갖는다는 말이네요. 10초 만에! 시속으로 바꾸면 [98×60×60/60×60 (m/s)= 352.8 km/h] 시속 352.8km라는 엄청난 속력입니다. 우리나라 KTX 열차의 최고 속력이 시속 330km(어느 지역은 350km)라고 알려져 있으니까 그것보다도 훨씬 빠른 속력의 빗방울을 상상할 수 있을까요? 그 속력으로 달려오는 빗방울과 부딪히면? 상상은 여러분이 알아서 하시기 바랍니다. 참고로 지구에서 공기 저항을 무시할 때 물체가 떨어지기 시작하여 10초 만에 바닥에 닿을 수 있는 높이는 대략 500m(서울 63빌딩의 두 배 높이) 정도가 됩니다. 새삼 지구에 충분한 공기가 있음이 고맙게 느껴집니다. 실제로는 떨어지는 빗방울은 공기 저항 때문에 지표면에 도달할 때에는 거의 등속운동을 합니다. 빗방울의 크기에 따라 질량과 저항력이 달라져 정확한 값은 아니지만 아무리 빠른 속력이라도 작은 나무가 흔들리는 정도인 10m/s 정도이니 위험하지는 않을 테죠.

4단원 : 광합성

• **광합성 vs. 호흡** : 식물은 광합성 작용을 통해 필요한 에너지원인 양분을 직접 생산하여 저장. 호흡 작용을 통해 저장된 양분을 분해하여 생명 활동에 필요한 에너지를 생산.

☞ 식물이 광합성을 하기 위해 필요한 물질은 물과 이산화탄소가 전부입니다. 뿌리와 기공을 통해 흡수한 물과 이산화탄소를 빛에너지를 이용하여 화학 반응을 일으켜 포도당이라는 양분을 만들어냅니다. 이 과정은 세포 속의 엽록체에서 일어납니다. 만들어진 양분은 체관을 통해 이동시키고, 부수적으로 만들어지는 산소 기체는 기공을 통해 밖으로 배출합니다. 이렇게 이동한 포도당은 물에 잘 녹지 않는 녹말 형태로 변형시켜 양분 저장소에 저장을 해둡니다.

저장된 양분은 식물이 에너지를 필요로 할 때마다 포도당 형태로 다시 변형시키고 물에 녹여 물관을 통해 식물의 각 세포로 보내집니다. 세포 속의 미토콘드리아는 이 포도당을 산소와의 화학 반응으로 물과 이산화탄소로 분해한 다음 밖으로 내보냅니다. 이런 과정을 호흡이라고 합니다.

광합성 작용과 호흡 과정은 화학적으로 완전히 반대적인 개념입니다. 여러분이 한 가지 더 알아둘 것은 광합성은 빛이 있을 때만 일어나는 현상입니다. 그렇기 때문에 빛과 이산화탄소의 양에 따라 광합성의 양이 달라집니다. 광합성 양은 온도에도 영향을 받아 적절한 온도가 유지되면 광합성을 잘 하지만 온도가 적절치 못하면 빛과 이산화탄소가 충분해도 광합성의 양이 현저히 줄어들게 됩니다. 식물을 잘 자라게 하려면 빛과 이산화탄소, 온도와 물을 잘 조절해야 하겠지요? 이런 과학적 사실을 활용하여 비닐하우스나 온실, 특수한 환경을 만들어 계절에 관계없이 다양한 채소와 과일을 쉽게 얻을 수 있게 되는 것입니다.

호흡 과정은 밤과 낮 즉, 빛이 있으나 없으나 기온이 높거나 낮거나 관계없이 항상 일어납니다. 호흡 과정을 통해 얻은 에너지는 여러 가지 생명활동에 쓰이기 때문이지요. 식물이 성장하고 식물의 체온을 유지하는 데에 많은 에너지가 쓰이고, 꽃을 피우고 열매를 잘 영글게 하기 위해서도 에너지는 필요합니다. 그래서 호흡 과정은 늘 일어나고, 에너지는 항상 필요합니다.

- **삼투압 vs. 팽압** : 식물에서의 삼투압은 세포막을 경계로 농도 차이에 의해 물을 이동하면서 세포막을 누르는 힘에 의한 압력. 팽압은 세포 내부에 들어 있는 물을 포함하는 물질들이 세포벽을 밀면서 작용하는 힘에 의한 압력.

☞ 모든 생물은 물을 필요로 합니다. 생물의 세포에 필요한 물질은 거의 대부분 물에 녹아 있는 상태로 이동하기 때문에 물이 부족하면 필요한 물질을 공급받을 수 없어서 그 생물은 곧 말라죽게 됩니다. 식물은 체내에 필요한 수분량을 거의 대부분 뿌리에서 빨아들입니다. 뿌리는 동물처럼 입도 없는데 어떤 방법으로 물을 빨아들일까요? 그리고 어떻게 잎이 있는 높은 곳까지 이동시킬 수 있을까요?

여기서 필요한 개념이 삼투 현상입니다. 삼투 현상을 이해하려면 반투막이라는 물질의 특성부터 알아야 합니다. 반투막에서의 반(半)은 절반을 의미합니다. 풀어쓰면 '절반만 투과시키는 막' 정도 되겠네요. 그래서 반투막은 물질을 선택적으로 투과시킵니다. 반투막 표면에는 아주 작은 구멍이 뚫려 있어서 구멍보다 작은 물질은 통과시키지만 구멍보다 큰 물질은 통과가 되지 않습니다. 그래서 반투막은 물 분자와 물에 녹아 있는 반투막의 구멍보다 작은 물질만 통과시키는 막이라고 정리하겠습니다. 예를 들어 포도당은 물에 녹은 상태로 물과 함께 반투막을 잘 통과할 수 있는 물질이지만 녹말은 크기가 반투막의 구멍보다 커서 통과할 수가 없습니다. 그래서 식물은 녹말 형태로 양분을 저장시킬 수 있는 것이지요. 이동할 때에는 녹말이 물에 녹는 포도당으로 다시 바뀌어 이동이 가능하게 됩니다.

반투막을 경계로 양쪽에 같은 양의 물(용매)속에 녹아 있는 다른 물질(용질)들의 양이 다르면 농도의 차이가 발생합니다. 물질의 양이 많을수록 농도가 진하다는 표현을 씁니다. 그렇게 되면 자연적으로 반투막을 경계로 하는 양쪽의 물질의 농도를 맞추려는(평형이 되려는) 현상이 나타나는데 이때 반투막을 통과할 수 있는 물질만 농도가 낮은 곳에서 높은 곳으로 농도가 같아질 때까지 이동하게 됩니다. 당연히 물은 포함이 됩니다. 이런 현상을 삼투 현상이라고 합니다.

세포 속의 세포막이 반투과성 막이기 때문에 세포 안쪽과 바깥쪽의 농도 차이가 생기면 물과 무기양분이 막을 통과하게 됩니다. 이때 세포막을 통과하려는 물질(물과 무기양분)에 의해 발생하는 압력을 삼투압이라고 합니다.

식물의 체내(세포)에 물이 부족하게 되면 뿌리와 토양 사이에 농도 차이가 생겨납니다. 이때 세포막을 경계로 삼투 현상에 의한 삼투압이 작용하여 흙(토양)에서 뿌리털로 물과 무기 양분이 이동하게 됩니다. 이렇게 흡수된 물과 무기 양분은 다시 안쪽 세포로 이동하게 되고 이동통로인 물관을 따라 식물 전체의 세포로 이동하게 되는 것입니다.

그러나 삼투압만으로 물과 무기 양분을 식물의 높은 곳까지 이동시킬 수가 없습니다. 물과 무기 양분을 식물의 꼭대기까지 어떻게 이동시킬 수 있을까요? 그 원동력은 모세관 현상, 물의 응집력 그리고 잎에서 일어나는 증산작용입니다.

이제 삼투압에 대해 이해가 되셨나요? 그러면 팽압으로 넘어가보겠습니다. 팽압을 쉽게 풀어쓰면 '팽팽하게 되어 생겨나는 압력' 정도가 되겠지요. 여기서 필요한 전제 조건으로 '일정한 크기의 공간'이라는 단서를 붙이겠습니다. 그래야 이해하기가 더 쉬울 듯합니다.

쉬운 예로 풍선에 공기를 불어넣으면 어떻게 되나요? 풍선이 부풀겠지요? 왜 부풀까요? 당연히 풍선 안의 공기 양이 늘어났기 때문이지요. 공기는 끊임없이 움직이는 분자 운동을 하기 때문에 공기의 양이 늘어나면 풍선 벽과 충돌이 많아져 벽을 밀어내는 힘이 저절로 커지게 됩니다. 그렇게 되면 풍선 내부의 압력과 바깥의 대기압 사이에 차이가 생겨 안쪽에서 바깥쪽으로 미는 힘이 생깁니다. 그렇게 압력 차이가 사라질 때까지 풍선은 부풀어 오르는 것이지요. 팽압은 바로 이런 현상과 비슷한 원리에 의해 발생하는 압력입니다.

삼투 현상으로 인해 세포 속으로 물이 들어오면 세포의 내부는 물질의 양이 늘어나게 됩니다. 물을 포함하여 물질의 양이 많아지면 당연히 압력이 커지게 되어 세포벽을 세포 바깥쪽 방향으로 미는 힘이 생겨납니다. 하지만 이 과정에서 풍선처럼 세포가 계속 커지지 않는 이유는 식물이 세포벽을 가지고 있기 때문입니다. 식물 세포의 세포벽은 두껍고 단단해서 세포를 보호하고 모양이나 부피가 쉽게 변하지 않도록 그 형태를 유지시켜주는 역할을 합니다. 그렇게 식물 세포는 일정한 공간을 유지할 수 있습니다. 부피가 쉽게 변하지 않게 되면 안쪽에서는 압력이 계속 높아지게 되는데 이런 원리로 세포벽을 누르게 되는 힘을 팽압이라 하는 것이지요.

삼투압과 팽압을 압력의 크기 변화 측면에서 비교해보면 반대적인 의미를 가지게 됩니다. 세포 내부의 팽압이 증가하려면 세포 속으로 물이 들어와야 합니다. 즉 삼투압이 필요하게 되지요. 삼투압에 의해 물질의 이동이 시작되면 농도 차이가 줄어들게 되어 삼투압은 자연스럽게 약해지게 됩니다. 팽압이 증가하면 결과적으로 삼투압은 감소하는 결과가 되는 것이지요.

그러나 삼투압과 팽압이 반대 개념이라고 생각하면 오산입니다. 이 두 개념은 단순히 서로에게 영향을 주고받는 관계일 뿐입니다. 식물체 내에서 둘의 역할이 다르기 때문이지요.

그렇다면 삼투압은 식물에 필요한 물질을 흡수하는 중요한 역할을 하는데 팽압은 식물체 내에서 어떤 역할을 하는 것일까요? 팽압은 식물의 체제를 유지하는 데 도움을 줍니다. 식물이 살아가는 데에 필요한 형태를 유지하거나 도와주는 역할을 한다는 뜻으로 해석하면 될 듯합니다.

팽압이 약해지면 세포 안쪽에서 바깥쪽으로 미는 힘이 약해지게 됩니다. 그렇게 되면 세포가 팽팽해지지 못하겠지요? 그래서 팽압이 '0'이 되면 그 식물은 시들어버렸다고 말합니다. 또한 팽압은 식물의 잎에 있는 공변세포의 모양을 변형시켜 식물의 생명 활동에 매우 중요한 광합성과 호흡에 필요한 공기를 드나들게 하는 중요한 요인이 됩니다.

공변세포는 두 개의 세포가 붙어 있는 모양입니다. 각각의 세포는 안쪽과 바깥쪽 세포벽의 두께가 다릅니다. 바깥쪽보다 안쪽의 두께가 두껍지요. 그래서 공변세포의 팽압이 증가하면 안쪽 벽은 약간 늘어나는데 바깥쪽 벽은 많이 늘어나게 됩니다. 그 결과 세포가 안쪽으로 굽은 모양이 되고 두 개의 공변세포 사이에는 틈이 만들어집니다. 이 틈을 기공이라고 부르고 공기가 세포의 안팎으로 드나드는 통로가 됩니다. 팽압이 증가하면 기공이 열리고 감소하면 기공이 닫히면서 식물의 체내에 있는 물을 수증기 형태로 내보내는 증산 작용을 조절합니다. 이런 과정을 통해 식물은 체내의 수분량을 조절할 수 있습니다.

5단원 : 열과 우리 생활

• **비열과 열용량** : 비열은 물질마다 그 값이 달라서 물질을 비교하거나 확인하는 기준. 어떤 물질 1kg의 온도를 1℃ 높이는 데 필요한 열량 [cal/(g·℃), kcal/(kg·℃)]. 열용량은 어떤 물체의 온도가 얼마나 쉽게 변하는지 비교할 수 있는 바로미터.

☞ 순수한 물질은 다른 물질과 분명하게 구별할 수 있는 몇 가지 특

별한 성질을 가지고 있습니다. 물질의 특성이라고 하는데 비열도 그중의 하나입니다. 다시 말해 비열은 물질마다 다른 값을 가진다는 뜻이고 같은 물질은 비열이 변하지 않고 항상 일정하다는 의미가 됩니다. 비열을 '비교 열량'이라고 풀어쓸 수 있습니다. 열량을 비교한다는 것이지요. 모든 물질의 질량을 1kg으로 만들어놓고 열을 가해 온도를 변화시켜주면서 소모되는 열의 양을 측정합니다. 온도가 처음 온도보다 1℃가 증가할 때까지 소모되는 열의 양을 측정해서 비교한 값이 '비열'입니다.

비열의 의미를 다른 관점에서 해석해보면 어떤 물질의 비열이 작다는 것은 같은 온도가 될 때까지 가열할 경우 가열해주어야 할 열량이 비열이 큰 물질보다 적다는 말이고, 비열이 큰 물질은 같은 온도가 되도록 온도를 변화시키려면 열량도 많이 필요하다는 뜻이 되겠네요. 바꾸어 말하면 비열이 작은 물질은 같은 열량을 공급했을 때 비열이 큰 물질보다 온도가 많이 변할 것이라는 뜻입니다. 즉 비열이 작은 물질은 온도 변화가 빠르다는 것으로도 해석할 수 있습니다.

생활 속에서 다음과 같이 활용됩니다.

일반적으로 금속은 비금속과 비교했을 때 비열이 매우 작습니다. 왜라면 가게에서는 라면을 끓일 때 유리 냄비를 쓰지 않고 양은 냄비나 쇠로 만든 냄비를 쓸까요? 정답은 양은 냄비가 금속이라 비열이 작으므로 열을 빨리 전달하기 때문입니다. 라면을 빨리 끓일 수 있어서죠.

물보다 모래의 비열이 더 작습니다(대략 1/5 정도). 여름에 해수욕장에 가면 한낮에 모래사장과 바닷물 중 어디가 더 뜨거운가요? 당연히 모래입니다. 왜지요? 모래의 비열이 작으니까 같은 태양열이 가해졌을 때 모래의 온도가 더 빨리, 더 많이 변하기 때문이지요.

'열용량'이라는 용어가 있습니다. 보통 용량이라는 단어는 크기가 정해진 그릇에 액체를 어느 정도 담을 수 있는가를 의미합니다. 그러니까 열용량은 어떤 물질이 얼마만큼 열을 많이 담아둘 수 있느냐로 생각해 볼 수 있겠습니다. 열용량의 크기는 물질의 비열에 질량을 곱한 값으로 계산합니다(열용량=비열×질량). 그렇다면 비열이 클수록 열용량이 크다는 말이고, 질량이 클수록 포함하고 있는 열의 양이 많다는 뜻이 됩니다. 즉 열용량이 크면 온도 변화가 천천히 일어난다는 말이지요. 예를 들면 같은 그릇에 라면을 끓일 경우 한 개를 끓일 수 있는 양의 물과 두 개를 끓일 수 있는 물을 담아 비교해본다면 어떤 그릇의 물이 먼저 끓을까요? 당연히 한 개를 끓이는 물입니다. 질량이 클수록 온도 변화가 느리게 일어나니까 많은 양의 물을 끓일 때 시간이 많이 걸리는 것이겠지요. 문제는 시간이 아닙니다. 끓이는 시간이 오래 걸린다면 그 만큼 열의 양도 많이 필요했을 겁니다. 그러므로 물질의 온도가 같을 때 물질의 양이 많을수록 열을 포함하는 양, 곧 열용량이 큰 것입니다. 포함되어 있는 열의 양이 많으니까 식을 때도 시간이 많이 걸리겠네요. 엄마가 된장찌개를 끓일 때 사용하는 뚝배기나 돌솥밥의 용기 등을 생각하면 이해가 쉽겠지요?

마지막으로 앞에서 넘겨온 '공급된 열량을 계산할 수 있다'는 문장을 정리하고 마무리하겠습니다. 어떤 물질의 열량의 변화를 계산하려면 그 물질의 비열과 열을 공급 받은 물질의 질량, 그리고 온도 변화량을 알면 됩니다. 계산식은 비열에 질량을 곱하고 온도 변화량을 곱하는 것입니다.

열량 = 비열 × 질량 × 온도변화량

⇒ 열량 = 비열 × 질량 × (나중 온도 − 처음 온도)

꼭 기억하기 바랍니다. 열량이 변한 값은 온도 변화량으로 나타난다는 점과 열량이 다른 두 물체가 서로 접촉해서 온도가 변했다면 한쪽은 열을 잃었고 다른 쪽은 열을 얻었다는 사실을요!! 즉 한 물체가 잃은 열량은 다른 물체가 얻은 열량과 같게 됩니다(A 물체가 잃은 열량 = B 물체가 얻은 열량).

열의 출입과 온도 변화 : 온도는 물체의 차갑고 뜨거운 정도를 숫자로 나타낸 것. 차갑다거나 뜨겁다는 표현은 상대적으로 열의 양이 적고 많음의 차이에서 나타나는 표현. 열이 많은 물체는 온도가 높고, 상대적으로 열이 적은 물체는 온도가 낮게 나타남. 물체의 온도가 변한다는 것은 물체가 가지는 열의 양이 줄어들거나 늘어나는 것이 원인.

☞ 모든 물질은 열의 형태를 띠고 있는 에너지를 가지고 있습니다. 같은 물질이라도 상태에 따라 가지게 되는 열에너지의 양(열량)은 차이가

있습니다. 물론 같은 상태에 있다 하더라도 물질의 종류와는 관계없이 열에너지의 양은 다를 수 있습니다. 그렇다면 "물질이 열을 얼마나 가지고 있는지 어떻게 알 수 있을까?" 하는 의문을 가질 수 있습니다. 우리는 그 답을 알게 해주는 도구를 이미 잘 사용하고 있죠? 바로 온도계입니다. 물체의 온도를 측정했을 때 온도계의 눈금 변화 정도로 열의 양이 얼마나 달라진 것인지 비교할 수 있으니까요. 다르게 표현하면 어떤 물체의 온도 변화량을 측정해서 그 물체가 가지고 있었던 열에너지의 양을 계산할 수 있다는 뜻입니다. 이와 관련된 개념이 '열량'이라는 용어입니다. 열량을 정확한 숫자로 어느 정도인지 나타내려면 '비열'과 '열용량'이라는 용어를 먼저 알아야 합니다. 앞에서 설명했지요? 여기서는 물체가 가지는 열량의 변화가 원인이 되고, 온도 변화의 양이 결과가 된다는 정도로 확인하고 패스!

다른 질문을 해보겠습니다.

그렇다면 "물체가 가지는 열의 양은 왜, 어떻게 달라지는 걸까요?" '왜'에 대한 대답은 간단합니다. 물체가 열을 빼앗기거나 얻기 때문입니다. 물체가 열을 빼앗기는 현상 또는 열을 잃는 현상은 저절로 일어납니다. 온도가 다른 두 물체를 접촉시키면 온도가 높은 물체에서 낮은 물체로 열이 전도나 대류라는 방식으로 이동합니다. 열이 많은 쪽에서 열이 적은 쪽으로 저절로 이동하는 현상. 이런 현상은 열에너지의 특성입니다.

접촉한 두 물체가 가지는 열의 양이 같아져 두 물체의 온도 차이가 나지 않으면 더 이상 열은 이동하지 않습니다. 이런 상태를 '열평형 상태'

라고 합니다. 그러니까 열평형은 저절로 일어난다고 이해하는 것이 좋을 듯합니다. 그럼 반대로 열을 얻는 것은 상대적인 현상이 되겠네요. 온도가 낮은 물체는 원하지 않아도 이동해온 열에 의해 양이 저절로 늘어나게 되니까요. '어떻게'에 대한 답은 에너지를 이용해 물체 내부에 있는 분자의 운동 상태를 변화시켜주는 방법입니다.

열의 양을 달라지게 하는 다른 방법이 있습니다. 그것은 가열과 냉각입니다. 가열의 방법으로는 외부에서 물체에 열에너지를 직접 더해주는 방법이 있습니다. 물체가 가지고 있는 열보다 더 많은 열을 만들어 접촉시키면 물체의 열의 양은 당연히 증가하게 되는 현상이지요. 가스레인지나 버너에 불을 붙이면 불꽃이 만들어지면서 열이 발생합니다. 연료를 태우면 빛과 열이 나오지요? 화학에서는 이것을 연소 반응이라고 부릅니다.

가열하는 또 다른 방법은 다른 종류의 에너지를 열에너지로 전환하는 것입니다. 전자레인지의 경우는 전자파(파동에너지)를 이용하여 음식물 속에 있는 물 분자를 진동시켜 열을 만들어냅니다. 전기 오븐이나 전기밥솥, 전기난로, 다리미처럼 전기에너지를 이용해서 열을 내는 방법도 있는데 니크롬선과 같이 전기가 잘 통하지 않는 물질에 전류를 강제로 흐르게 해서 전자들의 충돌에 의해 열을 발생시키는 방법입니다.

태양의 빛에너지를 모아서 열을 만들어내는 방법도 있지요? 겨울철에 햇볕이 잘 드는 곳에 있으면 따뜻해지는 현상을 경험해보았을 거예요.

열에너지가 직접 물체 내부에 전달되면 물체를 이루는 분자 또는 입자들의 운동에너지가 늘어나 활발히 활동하게 되고, 분자 또는 입자 간의 충돌이 늘어나면서 물체 내부에서 열이 발생하여 전체 열의 양이 증가합니다. 반대로 냉각으로 물체의 열을 빼앗는 방법은 외부에서 공급되는 열을 차단해주면 저절로 일어나지만 강제로 열을 빼앗는 방법은 물체의 외부 환경을 바꾸어주면 됩니다.

예를 들면 증발 현상을 이용하는 방법이 있어요.

액체가 증발할 때에는 열이 꼭 필요하다는 자연 현상을 이용하는 것입니다. 증발열이라고 하는데 물체 주변에서 강제로 물이나 액체를 증발시키면 증발에 필요한 열을 주변에 있는 물체에서 빼앗게 됩니다. 그렇게 되면 물체는 열을 빼앗겨 냉각되는 것이지요. 이 원리는 고스란히 냉장고에 적용됩니다. 냉장고에는 응축기와 증발기라는 장치가 있어서 액체 상태로 만든 냉매를 강제로 기화시키면서 냉장고 안의 열을 빼앗도록 만들어졌어요. 외부에서 강제로 물체의 열에너지를 빼앗아 가면 물체 내부에 있는 분자 또는 입자들의 운동에너지가 줄어들어 활동이 둔해집니다. 결국 분자 또는 입자 간의 충돌이 줄어들면서 물체 내부에서 발생하는 열도 줄어들어서 전체 열의 양이 감소하게 되는 것이죠.

6단원 : 분자 운동과 상태 변화

• 기체의 압력 변화와 부피 변화, 기체의 온도 변화와 부피 변화 : 기체에 작용하는 압력이 증가하면 기체의 부피는 줄어든다(반비례). 기체의 온도가 올라가면 기체의 부피도 같이 증가한다(비례).

☞ 분자 운동의 정도는 분자의 운동에너지 양의 변화에 따라 달라집니다. 여기서는 기체 상태 물질의 분자 운동에 대해서 이야기해볼게요. 기체는 운동에너지가 많아 빠르고 자유롭게 움직일 수 있는 상태입니다. 그래서 일정한 모양도 없고 주변 환경에 따라 기체의 부피 또한 쉽게 변한다는 특징을 가지고 있습니다. 그럼 기체의 부피를 변화시킬 수 있는 환경에 대해 생각해봅시다. 잘 늘어나는 고무풍선을 가지고 기체의 부피 변화 조건에 대해 이야기해보겠습니다.

고무풍선을 크게 만들어야 한다면 여러분은 어떻게 하겠습니까? 당연히 풍선을 입에 물고 공기를 불어넣겠죠? 맞습니다. 그런데 풍선에 공기가 충분히 들어가면 왜 풍선의 크기가 커지는 것일까요? 공기를 불어넣으면 풍선 안에 있는 공기의 양이 늘어납니다. 공기의 양이 늘어나면 공기도 기체이므로 당연히 분사 운동을 활발하게 하겠죠. 그러면 공기가 움직이다가 풍선 벽에 부딪혀 튕겨나가게 되는데 이 과정에서 공기 입자는 풍선 벽에 누르는 힘을 가하게 됩니다. 어떤 일정한 크기의 면적에 가해지는 누르는 힘을 과학 용어로 '압력'이라고 부릅니다. 즉 공기와의 충돌에 의해 풍선 벽은 압력을 받게 된다는 말이지요. 그러면 공기의 양이 더 많아지면 어떻게 될까요? 압력이 커지겠지요. 압력은 누르는 힘이니까 풍선 벽이 밀려나겠네요. 다행히 고무풍선은 잘 늘어나는 성질이 있으니까 풍선의 부피가 자연스럽게 커집니다.

그런데 이상한 점이 있습니다. 풍선을 불어 공기의 양을 늘려주다가 멈추고 입구를 묶으면 왜 풍선의 부피는 더 늘어나지 않고 그 크기를 계속 유지하는 것일까요? 그 까닭은 힘의 평형에서 찾을 수 있습니다. 풍선 안쪽에서 풍선 벽에 압력이 계속 작용하니까 풍선은 계속 커져야 하는데 더 커지지 않는다는 것은 풍선 바깥에서 풍선 쪽으로 작용하는 공기의 대기압이 안쪽에서의 압력과 같은 크기로 작용한다는 뜻이랍니다. 압력의 크기가 같고 서로 반대로 작용하니까 힘의 효과가 나타나지 않는 것입니다. 줄다리기를 할 때 양쪽에서 같은 힘을 주고 반대 방향으로 당기면 줄은 그 자리에 멈춰 있는 것처럼 보이는 것과 같은 이치지요.

지금까지 이야기한 내용의 핵심은 "기체의 부피 변화가 압력의 변화와 관련이 있다"는 사실입니다. 이번엔 고무공을 생각해봅니다. 고무공을 손으로 잘 감싸 쥐고 손가락으로 공을 누르면 고무공은 안으로 밀려 들어갑니다. 고무공 안의 공기의 양은 변화가 없는데 손가락의 힘에 의해 안으로 밀려들어갔으니까 부피는 줄어든 것이죠?

다시 정리하면 부피 변화가 가능한 공간에 기체를 넣어두고 외부에서 압력을 가하면 기체의 부피는 감소한다는 사실을 통해 "기체의 압력과 그 부피는 서로 반비례 관계가 성립한다"는 결론을 얻을 수 있습니다. 이러한 사실은 1662년 영국의 과학자 로버트 보일이 실험을 통해서 밝혀낸 것이어서 '보일의 법칙'이라고 부릅니다. 여기서 여러분이 주의해야 할 조건을 말씀드리죠. 바로 "보일의 실험은 기체의 온도를 일정하게 유지한다는 전제 조건이 있다"는 점입니다. 즉 "온도가 일정한 상태에서 기체의 압력과 부피는 서로 반비례 관계가 성립한다"가 되겠지요? 그러니까 기체의 압력과 부피의 관계를 말할 때에는 반드시 온도를 일정하게 유지한다는 조건이 있어야 합니다. 왜냐하면 기체의 부피는 기체의 분자 운동의 정도에 따라 변할 수 있는데 분자 운동은 온도 변화에 따라 달라지기 때문이고, 기체의 부피는 온도에 영향을 받기 때문입니다.

자연스럽게 기체의 부피를 변화시킬 수 있는 방법이 하나 더 나왔네요. 바로 온도 변화입니다. 고무공 속의 기체 온도가 올라가면 분자 운동이 활발해집니다. 분자 운동이 더 활발해지면 빠르게 움직이게 되므로 고무공의 벽과의 충돌이 더 많이 일어나서 벽을 더 멀리 밀어내겠지요. 그러면 바깥쪽 대기압보다 안쪽에서 미는 힘이 크기 때문에 고무공의 부피는 커지게 됩니다. 즉 기체의 온도가 올라가면 부피도 늘어나는 것이죠. 물론 압력을 일정하게 유지한다는 조건이 있어야겠죠?

이와 관련된 실험을 한 과학자가 프랑스의 쟈크 샤를이라는 사람입니다. 1787년에 샤를은 "압력이 일정할 때 기체의 부피는 종류에 관계없이 온도가 1℃ 올라갈 때마다 0℃인 때 부피의 1/273씩 증가한다"는 법칙을 실험을 통해 발견했는데 논문에 발표하지는 않았다고 하네요. 그러다가 1802년에 게이뤼삭이라는 프랑스 과학자가 '기체 팽창의 법칙'으로 같은 실험 내용을 발표했는데 나중에 샤를의 발표되지 않은 논문과 결론이 같아서 이것을 '샤를-게이뤼삭의 법칙'이라고 부르게 되었죠.

기체의 온도와 부피 사이에는 비례 관계가 성립하기는 하는데 놓치지 말아야 할 핵심이 있습니다. 압력을 일정하게 유지해야 한다는 점과 0℃일 때의 부피가 기준이라는 사실입니다. 1℃ 올릴 때마다 0℃ 부피의 1/273배만큼 증가한다는 사실을 꼭! 기억하세요.

• 분자 운동과 열의 출입 : 분자는 스스로 끊임없이 움직이고 있음. 확산과 증발 현상, 브라운 운동은 분자 운동의 증거. 열에너지의 증가는 물질의 분자의 운동에너지를 증가시켜 더 활발하게 움직이게 하는 원인.

☞ 모든 물질은 기본 입자(원자 또는 분자)들의 집합으로 구성되어 있습니다. 구성 입자들 사이에는 서로 당기는 인력이 작용합니다. 그리고 동시에 자유롭게 움직이려고 하는 운동에너지가 있어 서로 멀어지려고 합니다. 결국 인력과 움직이려는 힘의 차이에 따라 입자들이 매우 규칙적인 배열을 가질 수도 있고, 약간 움직임이 자유롭기는 하지만 입자들 사이에 미치는 인력의 영향을 완전히 벗어날 수 없어서 배열이 불규칙하지만 일정한 부피를 가지게 되는 상태도 있습니다. 붙잡아 두려는 인력보다 움직이려는 힘이 훨씬 커지면 어떻게 될까요? 입자 하나하나가 매우 자유롭게 움직일 수 있겠지요? 그래서 일정한 형태가 없고 부피도 일정치 않은 상태로 존재하게 됩니다. 눈치챘는지 모르겠지만 앞에서부터 순서대로 고체, 액체, 기체 상태에 대한 설명입니다.

질문을 하나 해볼게요. "분자는 스스로 끊임없이 움직인다고 하는데 왜 고체 상태의 물질은 움직임이 없는 걸까요?" 정확하게 말하면 움직임이 없는 것이 아니라 없는 것처럼 보이는 것입니다. 분자의 크기는 너무 작아서 눈으로는 절대 볼 수가 없습니다. 현미경으로 봐도 볼 수가 없어요. 고체 상태는 입자들이 매우 가깝게 붙어 있는 상태입니다. 서로서로 완전 겹쳐 있어서 아무리 움직이려 해도 꼼짝을 할 수가 없습니다. 실제로는 그 자리에서 왔다갔다하는 진동운동을 하고 있습니다.

그럼 분자가 끊임없이 스스로 움직이고 있다는 사실은 어떻게 알 수 있나요?

여러분은 증발이라는 현상을 알고 있을 겁니다. 모른다고 해도 물걸레로 교실 바닥이나 복도를 닦았는데 조금 지나면 다 말라서 물기가 없어지는 현상, 젖은 빨래가 저절로 마른다는 사실쯤은 아시겠지요? 이런 현상을 증발이라고 해요.

증발은 '다른 곳으로 떠나가다'라는 뜻을 가지고 있어요. 다시 말해 있다가 멀리 가버리는 것입니다. 물 분자가 모여 있다가 하나씩 하나씩 다른 곳으로 떠나버리는 것이 물의 증발 현상이지요. 액체 상태라면 인력의 영향으로 분자들이 멀리 못 가는 상태입니다. 움직여봐야 그 주변이지요. 그런 상대에 있는 분사에게 약간의 운동에너지가 더해진다면 어떻게 될까요? 당연히 인력을 이겨내고 바깥으로 뛰쳐나가겠지요? 그래서 증발은 액체 표면에서만 일어납니다.

운동에너지를 더해주는 방법은 빨래가 잘 마르는 조건과 같습니다. 햇볕이 강하면 따뜻합니다. 햇볕이 열에너지를 나눠주거든요. 그러니까 햇볕이 강하면 증발이 잘 되겠네요. 바람이 잘 통해도 빨래가 잘 마릅니다. 바람은 공기 입자들이 빠르게 움직이는 현상입니다. 공기가 지나가다가 빨래의 물 분자와 부딪쳐서 에너지를 전달해주기 때문에 빨래 속의 물이 증발하는 것이지요.

정리하면, 입자들이 움직이려는 에너지를 가지고 있지 않다면 증발은 일어나지 않겠지요. 에너지가 있어서 스스로 움직일 수 있으니까 증발이 나타나는 것입니다. 이것이 분자의 움직임을 눈으로 확인할 수는 없지만 분자가 스스로 움직인다는 증거로 볼 수 있는 근거랍니다. 확산도 마찬가지로 흩어져서 넓게 퍼지는 현상이기 때문에 위와 같은 원리를 적용해서 설명할 수 있습니다. 분자의 운동은 결국 입자의 운동에너지 양에 의해서 달라집니다. 분자가 에너지를 얻으면 운동이 활발해져서 더 빠르게 움직이고, 에너지를 잃으면 분자 운동은 둔해집니다. 나아가서는 분자 운동의 정도가 달라짐에 따라 물질의 상태 변화도 일어날 수 있습니다.

• 열의 출입과 상태 변화 : 물질의 세 가지 상태는 분자 사이의 거리와 인력에 의해 결정된다. 물질의 상태가 변하는 동안에는 온도 변화가 없다.

☞ 물질의 세 가지 상태인 고체, 액체, 기체를 구분하는 기준은 분자 사이의 거리와 분자 배열이 어떤지를 확인하는 거예요. 고체는 분자 사이의 거리가 매우 가깝고, 분자 배열은 규칙적입니다. 액체는 분자 사이의 거리가 비교적 가깝고, 분자 배열이 약간 흐트러져 있습니다. 반면에 기체는 분자 사이의 거리가 매우 멀고, 분자 배열이 불규칙한 것이 특징입니다.

뉴턴의 만유인력에 관한 설명에 따르면 두 물체 사이에 작용하는 인력은 둘 사이 거리의 제곱에 반비례한다고 합니다. 가까울수록 인력은 훨씬 더 커진다는 뜻이죠. 이 의미를 분자 사이의 거리에 적용한다면 고체는 분자 사이의 거리가 매우 가깝기 때문에 분자 상호 간에 잡아 당기는 인력은 엄청나게 강합니다. 그래서 분자의 배열이 규칙적일 수 밖에 없겠지요.

액체는 분자 사이의 거리가 비교적 가깝다는 표현을 쓰는데, 이 말은 분자 사이의 인력이 고체에 비해 많이 작아졌다는 것을 의미합니다. 게다가 같은 물질의 액체 상태는 고체 상태보다 분자의 운동에너지가 더 많아서 분자 운동도 더 활발하지요. 분자 사이의 인력이 크게 줄면서 운동에너지도 많은 상태이므로 액체에서는 고체에서보다 분자들끼리 자리를 바꿀 수 있을 정도로 움직임에 여유가 있습니다. 그래도 분자 사이의 인력을 무시할 정도는 아니기 때문에 액체의 형태는 일정한 부피를 유지하고 있습니다. 다만 분자들의 배열이 흐트러져 있는 정도입니다. 그런 이유로 액체는 흐르는 성질을 가지게 됩니다.

기체는 어떨까요? 분자 사이의 거리가 매우 멀기 때문에 분자 사이의 인력은 거의 작용하지 않는다고 할 수 있습니다. 그래서 기체는 자유롭게 움직일 수 있고 분자 배열이 불규칙한 것입니다. 기체는 외부 압력이나 온도에 의해 부피가 쉽게 변하는 특징이 있습니다.

모든 물질의 상태는 고정되어 있지 않습니다. 언제든지 조건만 되면 상태 변화가 가능합니다. 그렇다면 그 조건이라는 것은 무엇일까요? '녹는점', '어는점', '끓는점' 등이 그 조건이죠. 녹는 현상과 끓는 현상은 물질이 열에너지를 흡수할 때 가능합니다. 반대로 어는 현상은 물질이 열을 외부로 방출할 때 나타납니다. 열에너지의 흡수와 방출에 의해 상태 변화의 조건이 형성되는 것입니다. 녹는점은 물질이 고체에서 액체로 변하기 시작하는 즉, 녹기 시작할 때의 온도입니다.

고체를 녹이려면 열을 가해야하는 것이 상식입니다. 열을 계속 가하면 온도도 계속 올라가겠지요. 그렇다면 온도는 계속 올라갈 텐데 어떻게, 어느 온도가 녹는점임을 알 수 있을까요? 다행히도 고체를 가열하는 실험을 직접 해보면 답을 쉽게 찾을 수 있습니다. 얼음을 플라스크에 넣고 가열하면 온도가 서서히 높아지다가 0℃에 도달하면 얼음이 녹기 시작합니다. 계속 가열하면서 온도 변화를 관찰해보면 이상한 결과를 확인할 수 있습니다. 가열은 계속되는데 온도는 한동안 올라가지 않고 그대로 유지됩니다. 플라스크를 확인해보면 얼음은 계속 녹고 있는 중입니다. 얼음이 완전히 녹은 다음에야 온도가 다시 오르기 시작합니다. 온도가 올라가지 않고 일정하게 유지되는 구간이 나타나는 그때의 온도가 바로 '녹는점'입니다. 어떻게 이런 현상이 나타나는 것일까요?

가열을 하면 물질은 열을 흡수하여 열에너지가 증가하기 때문에 올라가게 됩니다. 그런데 가열한 만큼 온도가 올라가지 않고 그대로였다면 물질이 흡수한 열이 다른 곳에 쓰였다거나 들어온 만큼 곧바로 방출되었다는 뜻일 테지요. 온도가 일정하게 유지되는 동안 플라스크 속의 얼음의 상태는 어찌 되었다고 했나요? 바로 얼음은 계속 녹고 있다고 했습니다. 즉 고체가 액체로 바뀌고 있는 과정이죠. 가열되어 들어온 열에너지가 모두 고체를 액체로 만드는 데에 쓰인 거죠.

고체와 액체의 차이는 분자 사이의 거리에 따른 인력의 차이입니다. 고체 상태에서의 규칙적인 배열에서 약간 흐트러진 배열로 바뀌어야 고체가 액체로 상태 변화를 한다고 할 수 있습니다. 그렇게 되려면 분자 사이의 인력을 약하게 만들어줘야 합니다. 고체의 분자 사이의 인력은 아주 강합니다. 강한 인력을 끊어내려면 에너지가 많이 필요하겠지요. 가열에 의해 공급된 열에너지는 결국 모두 분자 사이의 인력을 끊어내는 데 사용된 것입니다. 그래서 온도 변화가 없는 구간이 나오는 것이고요.

물이 끓을 때에도 같은 원리로 온도 변화가 없는 구간이 나타납니다. 반대의 경우인 어는점은 어떻게 확인할 수 있을까요? 액체를 냉각시키면 어느 순간 액체가 얼기 시작합니다. 이때에도 온도가 계속 내려가지 않고 일정하게 유지되는 구간이 나타납니다. 그때의 온도가 바로 어는점입니다. 그 이유는 액체 상태의 에너지와 고체 상태의 에너지 차이에서 찾을 수 있습니다.

일반적으로 액체 상태가 가지는 에너지가 고체보다 많습니다. 다시 말해서 액체에서 고체로 변하는 동안 남는 에너지가 발생하는데 이 에너지를 '응고열'이라 부릅니다. 물질이 응고열을 방출하는 동안 온도 변화는 나타나지 않습니다. 완전히 고체가 되고 나면 더 이상 남는 에너지가 없으므로 다시 물질의 온도가 내려가지요.

전체적으로 정리할게요. 물질의 세 가지 상태는 분자 사이의 거리와 분자 사이의 인력이 다르기 때문에 구분할 수 있습니다. 물질이 상태 변화를 할 때에는 반드시 열의 출입이 있어야 가능하다는 사실을 기억해주기 바랍니다. 한 가지 더! 고체가 녹거나 액체가 끓는 동안 온도가 일정하게 유지되는 구간이 나타나는 이유는 가열된 열에너지가 분자의 인력을 끊어내어 상태 변화에 쓰이기 때문이고, 어는 과정에서는 물질에서 응고열이 방출되기 때문에 어는 동안 온도 변화가 없는 것입니다.

7단원 : 수권의 구성과 순환

• **염분과 염분비 일정 법칙** : 지역에 따라 염분이 다른 이유는 지역마다 바다로 들어오는 물의 양과 증발량이 다르기 때문이다. 염분비 일정의 법칙이 나타나는 까닭은 바닷물에 녹아 있는 염류들이 해수의 운동과 해류를 타고 전 바다로 골고루 퍼져나가기 때문이다.

☞ 지구상에 존재하는 대부분의 물은 바다에 있습니다. 전체의 약 97%가 넘어요. 나머지 물은 얼음 상태인 빙하, 지하수, 강, 호수 그리고 대기 중에 수증기 상태로 있지요. 이렇게 존재하는 물은 가만히 있지 않고 계속 움직입니다. 태양에서 오는 에너지나 바람에 의해 증발이 일어나면서 바다와 지표면에 있는 물은 대기 중으로 흩어지고, 대기 중의 물은 다시 비나 눈으로 지표면으로 내려옵니다. 높은 곳에 있는 물은 중력에 의한 위치에너지로 인해 흘러내려 바다로 갑니다. 이런 과정이 계속 진행되는데 이를 물의 순환이라고 합니다. 물의 순환에도 에너지가 원인으로 작용하고 있습니다.

바다에서 물놀이를 해본 사람은 바닷물이 짜다는 사실을 잘 알 테지요. 우리나라 남쪽, 특히 전라도 나주 지방은 옛날부터 좋은 소금을 생산하는 지역으로 유명합니다. 바닷물에서 짠 소금을 만들어내는 건 바닷물이 짜기 때문입니다. 그런데 바닷물은 왜 짤까요? 그 이유는 강이나 호수, 지하수에 녹아 있는 물질과 바닷물에 녹아 있는 물질에는 양과 종류에서 차이가 나기 때문입니다. 특히 바닷물에는 여러 가지 물질이 녹아 있는데 이 물질들을 묶어서 '염류'라고 부릅니다. 염류 중에 가장 많은 양을 차지하는 물질이 염화나트륨입니다. 일명 소금이지요. 이 염화나트륨 때문에 바닷물이 짠맛을 내는 것입니다. 그 다음으로 많은 것은 염화마그네슘입니다. 이 물질은 약간 쓴맛이 납니다. 정제되지 않은 천일염 중에 약간 쓴맛이 나는 소금이 있다면 염화마그네슘의 영향 때문이라고 보면 됩니다.

바닷물의 농도는 세계 어느 바다에서나 다 같을까요? 그렇지 않습니다. 국이나 찌개를 끓일 때 물의 양이 얼마인지, 또 소금을 얼마나 넣느냐에 따라 짠맛의 정도가 다르듯이 바닷물도 시역에 따라 염류의 농도가 다릅니다. 소금물의 농도를 퍼센트(%)로 나타내지요? 바닷물도 이와 비슷하게 농도 개념을 사용하는데 바닷물의 농도를 나타낸 것을 '염분'이라고 합니다. 단위는 퍼밀(‰)로 표현합니다. 풀이를 하면 바닷물 1,000g 속에 녹아 있는 염류의 총량을 g수로 나타낸 것이죠. 전 세계 바닷물의 평균 염분은 약 35 ‰이고 바닷물 1,000g 속에 약 35g의 염류가 녹아 있다는 것을 의미합니다.

평균 염분이라는 표현을 쓴 것을 보니 바닷물의 염분은 지역마다 다르다는 의미겠지요? 어떤 지역의 염분이 높을까요? 찌개가 짤 때 물을 더 넣어 섞으면 짠맛이 줄어듭니다. 반대로 찌개를 계속 끓이면 냄비의 물이 줄어들면서 더 많이 짜집니다. 염분도 마찬가지예요. 염류의 양은 거의 변화가 없고 물의 양이 변하면 염분이 달라집니다.

염분에 영향을 주는 큰 요인은 바다로 들어오는 물의 양과 바다에서 빠져나가는 물의 양의 차이입니다. 바다로 들어오는 물은 빗물과 강물, 그리고 빙하가 녹는 경우입니다. 바다 전체 염류의 양은 변화가 없는데 물이 많아지면 바닷물의 농도가 묽어지니까 당연히 염분이 낮아지겠지요. 그리고 바다에서 빠져나가는 물은 바닷물의 증발량에 의해서 결정될 것입니다. 한 가지 더 특수한 경우는 북극이나 남극처럼 바다가 얼게 되는 경우입니다. 바닷물이 얼면 얼음 부분은 순수한 물만 모여서 얼게 됩니다. 그러니까 얼음 속에는 염류가 녹아 있지 못하고 얼음 아래쪽 바닷물 속에 남아 있게 됩니다. 바닷물이 어는 것은 바다에 포함되어 있는 물의 양을 줄게 하는 원인이 되므로 염분은 높아집니다. 적도 부근의 바다는 염분이 높을까요, 낮을까요? 적도 부근은 강수량이 증발량보다 많은 지역입니다. 그래서 염분이 낮습니다. 우리나라보다 위도가 약간 낮은 지역에는 강수량이 증발량보다 적어서 염분이 약간 높게 나타납니다.

그렇다면 우리나라 부근 바다의 염분은 어떤 차이가 있을지 생각해 보겠습니다. 우리나라의 서해안은 동해보다 바다와 연결되어 있는 큰 강이 많습니다. 그래서 서해는 동해보다 염분이 낮습니다. 여름철과 겨울철에도 차이가 납니다. 여름철에 강수량이 겨울보다 많아서 여름철에는 염분이 더 낮아집니다. 이스라엘과 요르단 경계에 있는 '사해'는 염분이 아주 높기로 유명합니다. 생물이 살 수 없을 정도입니다. 그럼 왜 사해의 염분은 높게 되었을까요? 이 지역은 사방이 막힌 호수와 같다고 합니다. 그런데 요단강으로부터 강물은 들어오기만 하고 물이 흘러 나갈 바다와는 연결이 되어 있지 않습니다. 하지만 건조한 지역이라 증발량은 많지요. 따라서 강물의 유입량과 증발량이 거의 같아 물의 전체 양에는 큰 차이가 없는 것입니다. 그런데 왜 염분은 아주 높을까요? 그 까닭은 강물이 흘러들면서 그냥 순수한 물만 들어오는 것이 아니라 지표면이나 땅 속에 묻혀 있던 염류들이 물과 함께 사해로 들어오기 때문입니다. 염류의 양이 늘어난다는 뜻이죠. 하지만 증발은 순수한 물만 빠져 나가니까 물의 양에 비해 염류의 양이 더 많아져서 지금처럼 염분이 아주 높게 되었답니다.

바닷물은 혼합물입니다. 물에 소금을 녹이년 물 전체에 골고루 퍼지듯이 바닷물 속 염류들도 골고루 퍼져서 지구 바다 전체에 같은 비율로 녹아 있는 것입니다. 전체 바다에 염류가 골고루 퍼질 수 있는 이유는 바다는 다 연결되어 있고, 해수의 운동과 해류에 의해 '해수의 순환'이 일어나기 때문에 가능한 것입니다. 그래서 어느 바다나 그 속에 녹아 있는 염류들의 비율은 일정하게 나타나는 것입니다. 이를 '염분비 일정의 법칙'이라고 합니다. 염분비 일정의 법칙의 의미는 어떤 바다에서든 한 가지 염류의 양만 알면 다른 염류의 양도 그 비율에 따라 쉽게 구할 수 있다는 뜻이랍니다.

• 해수의 순환 : 바닷물은 해수의 온도 차이에 의해 순환하고, 일정한 방향으로 부는 바람에 의해 일정한 방향으로 계속 움직여 해류를 형성한다.

☞ 바닷물의 수온은 태양 복사 에너지의 흡수량에 따라 달라집니다. 태양 복사 에너지양이 달라지는 이유는 태양의 고도 즉 태양이 얼마나 높게 뜨는가에 따라 달라지는데 지구가 둥글고 자전축이 기울어져 있어 생기는 현상입니다. 결과적으로 위도와 계절에 따라 달라집니다. 적도 부근은 태양의 고도가 높기 때문에 태양 복사 에너지양이 많고 반대로 극지방은 고도가 낮아 태양 복사 에너지양이 적습니다. 여름에는 겨울보다 태양 복사 에너지양이 많아집니다. 이 때문에 대기의 대순환이 생기는데 이것이 큰 바람을 일으키게 됩니다. 무역풍, 편서풍, 극동풍 등이 그 예가 되지요. 그런데 이런 바람은 바닷물 표면을 계속 움직이게 하는 원동력이 됩니다. 결국 바닷물은 바람이 부는 방향에 따라 일정한 흐름을 가게 되고 우리는 그 흐름을 '해류'라고 부릅니다.

해류의 가장 큰 영향은 대기의 대순환과 함께 지구 전체에 열을 고르게 나누어줄 수 있어 지구 표면의 온도를 고르게 한다는 것입니다. 해류가 없다면 지구 전체에 열이 골고루 퍼지기가 어렵기 때문에 적도 부근의 바다는 계속 뜨거워지고 극지방 부근의 바다는 계속 차가워져서 생물이 살아갈 환경이 되지 못할 것이기 때문에 지구 전체를 보았을 때 엄청 중요한 역할을 한다고 볼 수 있겠죠?

사실 바닷물의 순환과 해류는 영역 자체가 광범위하고 다양한 요인에 의해 복잡한 연관성과 결과들이 나타납니다. 그래서 중학교 과학의 과정은 원리의 이해보다는 과학적 지식을 습득하고자 하는 목적이 강합니다. 여러분이 수업 시간에 이 단원을 공부하게 되면 교과서에 나오는 과학 용어를 잘 정리하고, 자신만의 방법으로 이해해보도록 노력하세요. 중학교 과학 내용은 고스란히 고등학교에서도 그대로 배우게 됩니다. 집을 지을 때 기초가 튼튼해야 그 위에 설 집이 무너지지 않고 멋지게, 오래도록 보존될 테니까요!

꽂히면 통한다
14세에게
권하는
책&영화

Books

○ **청소년을 위한 케임브리지 과학사** – 아서 셧클리프 외 지음 | 서해문집

역사에서 과학을 배운다! 인류의 과학 발달사와 재미있는 과학 세계를 소개하는 책. 단편적인 지식이 아니라 우리 삶을 통해 배우는 연관성 있고 살아 있는 지식을 접하는 즐거움을 만끽할 수 있다.

○ **아인슈타인도 몰랐던 과학이야기** – 로버트 월크 지음 | 이창희 옮김 | 해냄

생활 속에서 과학을 읽어요! 일상생활에서 접할 수 있는 과학이야기를 재미있고 논리적으로 풀어준다. 딱딱한 과학이 부담스러운 모두를 위한 과학책.

○ **개미** – 베르나르 베르베르 지음 | 이세욱 옮김 | 열린책들

세상을 상상하고 이야기를 만들어 봐요! 치밀한 관찰과 기발한 상상력의 조합! 개미의 세계에서 인간 사회를 읽는, 이보다 더 놀라울 수 없는 이야기.

○ **네 꿈과 행복은 10대에 결정된다** ─ 이민규 지음 | 더난출판사

심리학자인 아버지가 아들에게 보내는 편지. 청소년기에 꼭 생각해보아야 할 삶의 목표, 학습동기 등에 관한 통찰을 유도한다.

○ **프랭클린 자서전** ─ 벤저민 프랭클린 지음 | 이계영 옮김 | 김영사

시간에 쫓기느냐? 시간을 지배하느냐? 그것이 문제로다!

○ **스피릿 베어** ─ 벤 마이켈슨 지음 | 정미영 옮김 | 양철북

상처 입은 친구들을 위한 치유의 처방전. 구제불능인 백인 소년이 자연의 품에서 분노와 상처를 치유해가는 감동적인 이야기를 담은 책.

○ **돼지가 한 마리도 죽지 않던 날, 하늘 어딘가에 우리 집을 묻던 날**
─ 로버트 뉴턴 펙 지음 | 김옥수 옮김 | 사계절

잠자는 나의 감성을 깨워라! 가난한 농가의 아들 로버트가 꿈과 희망으로 가득 찬 유년기를 벗어나 차츰 생각하는 소년으로 성장하는 따뜻한 이야기.

○ **연금술사** ─ 파울로 코엘료 지음 | 최정수 옮김 | 문학동네

꿈을 찾아 떠난 소년의 이야기. 신비로운 성장소설인 동시에 인생에 대한 깊은 질문을 던지게 해주는 환한 등대 같은 책.

◦ **파인딩 포레스터**(Finding Forrester, 2000)

드라마 | 미국 | 감독 구스 반 산트

"친애하는 자말에게. 한때 난 꿈꾸는 걸 포기했었다. 실패가 두려워서, 심지어는 성공이 두려워서. 네가 꿈을 버리지 않는 아이인 걸 알았을 때, 나 또한 다시 꿈을 꿀 수 있게 되었지……." 포기하지 않는 꿈은 반드시 이루어진다!!!

◦ **굿 윌 헌팅**(Good Will Hunting, 1997)

드라마 | 미국 | 감독 구스 반 산트

상처받은, 그러나 천재성이 뛰어난 아이(?)의 닫힌 마음을 열어 가는 진정한 교사의 귀감이 되었던 영화.

◦ **아이디어 컴퍼니 퀄키**(chanel IT)

아이디어를 현실로 바꾸는 회사 퀄키를 다룬 리얼리티 프로그램. 아이디어로 승부하자!

○ 마오의 라스트 댄서(Mao's Last Dancer, 2009)

드라마 | 오스트레일리아 | 감독 브루스 베레스포드

평발이라는 불리한 조건을 가졌지만 최고의 발레리노가 되기 위해 피나는 연습을 하는 춘신. 우연히 휴스턴 발레단장의 눈에 띈 춘신은 동양인 최초로 휴스턴 발레단에 초청된다. 발레를 통해 자유롭게 도약하고픈 춘신의 꿈은 펼쳐질 수 있을까?

○ 서칭 포 슈가맨(Searching for Sugar Man, 2011)

다큐멘터리 | 스웨덴 | 감독 말릭 벤젤룰

미국에선 존재감 제로, 남아공에선 영웅! 팝 역사상 가장 신비로운 가수이자 전설의 가수 슈가맨! 열성 팬 두 명이 앨범만 두 장 남기고 사라져버린 그의 흔적을 찾기 시작한다. 하지만 수수께끼를 풀었다고 생각한 순간 놀라운 사실과 마주하게 되는데……. 잊지 못할 만큼 강렬하고 희망찬 이야기!

선생님이 궁금해요!

Q 어릴 적 꿈은 무엇이었나요?

A 어렸을 때 되고 싶었던 사람은 로봇을 만들고 제어하는 과학자였다. 그래서 중학교를 졸업하고 고등학교 진로를 선택할 때 전자공학과가 있는 공업계 고등학교를 가고 싶어서 부모님을 졸랐다. 그 당시에는 고등학교에 로봇을 전공하는 학과가 없어서 차선책으로 전자공학과를 염두에 두었던 것. 하지만 부모님이 완전 심하게 만류하셔서 뜻을 이루지 못했다.

Q 쌤은 어떤 아이였어요?

A 흔히 말하는 범생의 한 부류였다. 앞에 나서는 것을 즐긴다거나 눈에 띌 정도로 활발하지는 않았지만 하고 싶은 것이 생기면 열 일 제치고 달려들 만큼 열정이 많았던 것 같다. 물론 그때는 아이여서 나를 움직인 힘이 열정이란 사실을 몰랐지만!!^^ 그리고 한 번 빠지면 완전정복할 때까지 줄기차게 파고 드는 학생이었다.

Q 과학 교사가 된 특별한 이유가 있나요?

A 과학은 어려서부터 좋아하는 과목이었다. 그리고 누군가를 가르치는 행위는 늘 나에게 뿌듯함과 보람을 안겨주었다. 그리고 제일 잘할 수 있는 일이라는 생각도 많았다. 뭐 특별한 계기가 있어서 교사가 된 게 아닌 걸 보면, 교사는 나의 천직인 것 같다.

Q 꼭 챙기고 싶은 책, 버킷리스트에 들어갈 책이 있다면요?

A 읽어도 읽어도 질리지 않는 최고의 베스트셀러인 성경, 그리고 불경 해설서.

Q 다른 직업을 택하게 된다면 어떤 일을 하고 싶으세요?

A DIY 가구를 만드는 목수나 사진작가. 비록 로봇은 아니지만 내 손으로 뭔가를 설계하고 만드는 일은 정말 멋진 일이니까! 특히 나무 향기를 맡으며 일할 수 있는 목수는 짱. 사진작가도 드림 잡 중의 하나.

Q 이것만은 꼭, 생활의 신조는 무엇일까요?

A '이청득심(以聽得心)'과 "모든 사물이나 인간의 행동을 있는 그대로 봐라!"이다. 나도 모르게 편견에 빠지는 오류를 경계하기 위해서.

5교시

심리

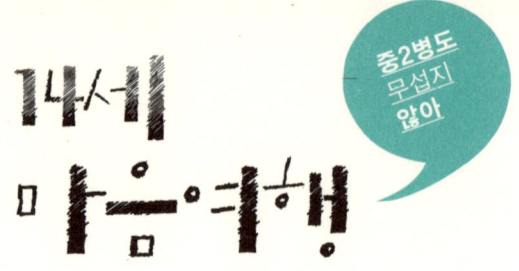

중2병도
무섭지
않아

14세의 마음, 궁금하면…… 나에게!

콧물 묻은 아동용 옷을 벗어 던지고 어엿한 청소년으로서 첫 발을 내딛는 14세, 중학생이 된 여러분! 만나서 반갑습니다. 아동기에서 본격적으로 청소년기에 들어선 여러분에게 어떤 변화들이 생길까요? 키도 훌쩍 클 것이고, 밋밋하고 평평했던 몸의 이곳저곳이 올록볼록해지면서 제법 어른스러운 몸매도 갖게 되겠죠? 꾀꼬리 같던 목소리는 듣기 괴로운 변성기를 맞이할 거고요.^^

칙칙하고 간지 안 나는 교복도 입어야 하고, 학교 수업도 늘어날 것이고, 학원도 더 늦게 끝날 것이며, 친구들과 놀 시간은 점점 줄어들겠지요. 아동기를 벗어나 청소년이 되는 순간, 여러분이 경험해야 할 변화는 이러한 신체적 변화나 학교 생활에만 있는 것은 아닙니다. 여러분이 겪게 될 또 다른 큰 변화가 있거든요. 바로 여러분의 '마음' 안에서 일어나는 것이죠. 그렇다면 14세 중학생이 된 여러분의 마음은 과연 어떤 변화를 겪게 될까요? 지금부터 심리상담가이자 여러분 또래의 중학생 두 명의 엄마인 쌤이 여러분의 궁금증을 한 올 한 올 풀어줄 테니, 눈 크게 뜨고 주목!!

쌤이 우리 마음을 안다고요?
_그럼요, 심리상담가 쌤은 달라도 너~무 다르니까!!

먼저 심리상담가로서 쌤이 어떤 일을 하는지 잠깐 소개할게요. 학교에서 여러분이 주로 상담을 받는 선생님은 담임선생님이거나 학교에 상주해 계시는 상담교사 선생님이었을 거예요. 하지만 좀 더 전문적인 상담을 받고자 한다면 각 시군구 교육청에서 운영하는 학생상담센터나 청소년 수련관 또는 사회종합복지관에서 전문 심리상담가를 만날 수 있지요. 그 밖에 사설 상담소에서도 상담을 받을 수 있고요. 쌤은 주로 청소년 수련관이나 복지관, 그리고 사설 상담소에서 여러분과 같은 또래 친구들을 10여 년 동안 만나왔고, 지금도 매일 만나고 있습니다. 아래 이야기를 읽다 보면, 심리상담가로서 쌤이 어떤 일을 하는지 눈치채게 될 거예요.

몇 년 전 엄마 손에 이끌려 처음 상담소에 왔던 A의 모습이 아직도 생생하다. A는 중학생이 된 지 몇 달 안 되었는데 이미 학교에서는 일진으로 명성(?)을 날리고 있었고, 이런저런 반항적인 행동들로 선생님들에게 단단히 찍힌 상태였다.

엄마에게 등이 떠밀려 상담실로 들어선 A는 콧등까지 앞머리를 길게 내려 두 눈이 어디에 달렸는지 알아볼 수조차 없었다. 스키니 모양으로 좁게 줄여 입은 교복 바지는 앙상한 두 다리를 더 가늘어 보이게 했다. 고개를 푹 숙인 채 상담실에 들어오자마자 A는 쌤의 맞은편에 놓인 의자에 털썩 걸터앉았다. 세수한 다음 수건을 의자에 대충 던져 놓듯이!

그렇게 의자에 앉은 A는 척추가 하나도 없는 연체동물 마냥 허리와 머리를 둥글게 숙여 그대로 테이블 위에 '쿵' 소리가 나게 엎드렸다. 그 소리에 쌤도 움찔했지만 A는 알아채지 못했다.

"저런, 많이 피곤한가 보다. 오기 싫은데 억지로 와서 기분이 좋지 않은 것 같기도 하고"

"......"

A는 아무런 대꾸도 하지 않고 테이블에 머리를 얹은 채 그대로 있었다.

"여기 오는 친구들이 너처럼 엄마한테 떠밀려서 오는 경우가 꽤 많아. 그래서 짜증도 나고, 아무 말도 하고 싶지 않을 수도 있어. 어쨌든, 그럼에도 불구하고 네가 오늘 니 발로 여기까지 왔다는 사실이 쌤한테는 아주 중요해!"

"……"

"지금 아무 말도 하고 싶지 않으면, 안 해도 좋아. 다만, 오늘은 우리가 만난 첫 시간이고, 쌤은 첫 만남에서 너에게 꼭 알려줘야 할 중요한 내용이 있어서 얘기할 테니까 그대로 엎드려서 들어도 괜찮아."

"……"

"첫째는 이곳에서 네가 나를 만나는 이 시간과 이 공간은 전적으로 너를 위한 시간과 공간이야. 그러니까 이곳에서는 적어도 네가 주인공이고, 주인이란 뜻이시. 나는 너의 그림자이고 도우미라 여기면 돼. 네가 주인공이고 주인이니까 뭐든 네가 하고 싶은 말을 할 수 있단 뜻이야."

"……"

"둘째는 이곳에서 네가 하는 모든 얘기와 우리가 나누는 모든 대화 내용은 완전하게 비밀이 보장돼. 네가 허락하지 않으면 엄마나 그 누구에게도 절대로 얘기하지 않는 것이 쌤이 지켜야할 의무이자 책임이거든. 네가 비밀 얘기를 하든, 사소한 얘기를 하든 상관없이 전부 비밀!!"

그 순간, 돌덩이 같이 무겁게 테이블 위에 꽂혀 있던 A의 얼굴이 올라왔다. 얼마나 재빠르게 머리를 들어올렸는지 순간 찰랑거리며 올라간 앞머리 덕분에 귀엽고 선하게 생긴 A의 눈을 볼 수 있었다.

"쌤, 정말이에요? 방금 한 말. 진짜에요? 비밀 지켜준다는 거?"
"그럼! 당연하지! 두고 보면 알게 될 걸!"

반가운 마음에 나는 한층 높은 목소리로 대답했다. 그때부터 A는 내가 묻는 질문에 조금씩 자신의 이야기들을 풀어놓기 시작했고, 어색하고 낯선 듯 반쯤 숙이고 있던 고개는 어느새 제자리로 돌아와 나하고 똑바로 눈을 맞추며 얘기를 나누고 있었다.

그 후 A는 수개월간 나와 상담을 진행했고, A가 그동안 공부에 흥미를 잃고 주먹으로 친구들을 위협하는 일진이 되어 부모님과 선생님들께 반항적인 행동을 하며 지내게 된 이유와 원인들을 파악할 수 있었다.

중학생이 된 후, 한 학기가 끝나갈 무렵이 다 되도록 B는 여전히 친구들과 어울리는 것이 쉽지 않았다. B와 어울려 다니는 친구들이 있긴 했지만 절친이나 베프(베스트 프렌드)라 할 수 있는 친구는 아직 없었고, 그나마 함께 어울려 지내는 친구들과도 뭔가 어색해질 때가 종종 있어서 신경을 자주 쓰게 됐다. 초등학교 때까지만 해도 친구들과 원만하게 잘 지냈던 B는 중학생이 된 후 친구 문제로 자신이 이렇게 고민에 빠지리라곤 상상도 못 했다. 그래서 집에 오면 엄마에게 학교에서 있었던 일이며 친구들과 지낸 일들에 대해 수다를 떨며 스트레스를 풀곤 했는데, 언제부턴가 엄마에게 이야기하는 것조차 불편하고 거부감이 들기 시작했고, 그러다 보니 집에 와서도 점점 말수가 줄게 되었다. 그러면서 가족들에게도 짜증 섞인 말을 하는 날이 잦아졌고 엄마와도 자주 부딪치게 되어 참다못한 엄마가 B를 상담소에 데려오게 된 것이다. 그동안 B가 학교에서 친구들과의 사이에서 경험했던 스트레스와 불안한 마음, 그리고 엄마와의 관계에서 쌓인 불만 등을 실컷 털어놓는 동안 나는 열심히 귀를 기울여 B가 하는 말을 들어주었고 B가 표출해내는 감정에 대해 진심을 다해 맞장구치며 공감해주었다.

정해진 상담시간이 모자랄 만큼 숨 가쁘게 이야기를 쏟아낸 B는 한결 밝아진 표정으로 크게 한숨을 내쉬며 말했다.

"휴우! 후련하다! 선생님, 가슴이 답답했었는데 지금은 좀 가벼워진 것 같아요."

"……"

" 그동안 제가 바랐던 게 이런 거였는데. 엄마는 제가 무슨 얘기를 하면 끝까지 다 듣기도 전에 '그럴 땐 이렇게 해라. 이럴 땐 저렇게 해라'는 말만 하세요. 사실 저도 생각이 있고 어떻게 해야 할지 혼자서도 고민하고 결정할 수 있는데도요."

"……"

"그냥 제가 바랐던 건 '아, 그랬구나', '정말 속상했겠네' 하면서 엄마가 그저 내 마음을 알아주는 거였는데……. 엄마는 아직도 나를 어린애처럼 대하고 마치 엄마가 해결사라도 돼야 하는 것처럼 구니까 짜증만 나요."

B는 그 후로도 한동안 상담을 하러 왔고, 매번 한 보따리씩 이야기를 풀어놓았다. 나는 그저 열심히 들어주고 공감해주었다. 그리고 어머니와 함께 하는 부모 상담을 통해 B의 어머니도 딸과 어떤 점에서 소통이 되지 않았는지 돌이켜보면서 차츰 변화하게 되었다. 얼마 후 B가 상담실에서 나와 얘기를 나눌 때처럼 엄마랑 소통이 잘 이루어졌을 무렵 B의 상담은 종료되었다.

어때요, 여러분?

A군과 B양의 이야기를 읽으면서 여러분과 같은 친구들에게 심리상담가인 쌤이 어떤 역할을 하는지 대략 감을 잡았겠죠? 상담실에서 쌤이 가장 자주 듣는 말을 소개할게요.

"우리 엄마아빠가 쌤처럼 제 얘기를 잘 들어주셨으면 정말 좋겠어요."

"선생님처럼 말해줬다면 진작 말을 들었을 거예요. 계속 잔소리하고 윽박지르니까 더 하기 싫죠."

"선생님하고는 얘기 나누는 게 편안하고 재밌는데, 엄마아빠는 말이 안 통해요. 짜증 나!"

이런 불만들은 중학생이 되어서 새롭게 경험하는 것이 아닐 수도 있어요. 초등학생 때부터 부모님과 대화가 단절되었거나 편안하고 원활하게 소통하지 못한 친구들도 많을 테니까요. 그런 경우, 청소년기에 접어들면 부모님과의 관계가 더 멀어지게 마련입니다. 자연히 대화도 어색해지고, 점점 더 말하기 싫어지고요. 학교 생활이나 바깥에서 받는 스트레스를 가족과의 생활에서 자연스럽게 풀고 부모형제와 대화를 나누면서 위로 받고 격려 받아야 하는데, 현실은 그렇지 못합니다.

그래서 심리상담가인 쌤을 만나는 동안 아이들은 부모형제, 친구들과의 관계에서는 경험해보지 못했거나 또는 부족하게 여겼던 체험들을 하게 됩니다. 그것은 바로 '내 마음을 알아주는 믿을 만한 사람'과의 '건강한 관계'의 경험이지요. 물론 심리상담가인 쌤도 처음 만나는 친구들에게는 그저 한 명의 낯선 사람일 뿐입니다. 하지만 쌤과 함께하는 상담 과정에서 여러분은 정신과 마음이 건강한 사람들은 서로 신뢰와 친밀감을 어떻게 쌓아가는지, 대화와 소통은 어떻게 하는지, 갈등과 위기 상황에 어떻게 대처하고 이것들을 극복해 나가는지 등을 차근차근 경험하고 알아가게 될 거예요.

아 참! 심리상담가는 또한 여러분이 밝고 자신감 넘치며 자기 자신을 믿고 사랑하는 사람이 되도록 돕는 일을 합니다. 여러분 안에 잠재되어 있는 재능과 자원을 발견할 수 있도록요! 지금부터 심리상담가인 쌤과 '마음여행'을 떠나봅시다. 쌤이 그 모든 것이 가능하도록 여러분을 응원하고 격려하며 함께 갈 테니까요!!

싫어! 몰라!! 짜증 나!!!
_내 마음…… 나는 얼마나 알고 있을까?

이제 마음에 대한 이야기를 해볼까요? 여러분은 자기 자신의 마음을 얼마나 알고 있나요? 어쩌면 여러분은 대답 대신 쌤에게 이렇게 질문을 돌릴지도 모르겠네요. "쌤! 도대체 마음이 뭐에요?" 흠, 그래요! 마음이란 무엇일까요? 우리가 일상에서 너무도 흔하게 사용하는 단어인데, 막상 뭐냐고 물으면 선뜻 설명하기가 쉽지 않아요. 마음은 단순히 우리의 기분과 같은 감정만 나타내는 것이 아닙니다. 사람의 사고(생각)와 동기(욕구, 바람, 원하는 것)도 포함하는 폭넓은 개념이죠. 그래서 누군가 여러분에게 마음에 대해 물으면 여러분은 자신의 생각을 말하기도 하고, 자신의 감정을 표현하기도 하고, 또는 자신이 원하는 것(욕구)을 대답하기도 합니다.

"네 마음은 어때?"
"나는 그건 아니라고 봐."(판단. 즉, 생각(사고)을 표현한 것)
"나는 싫어. 짜증 나."(기분. 즉, 감정을 표현한 것)
"나는 그냥 혼자 있고 싶어."(기대, 욕구. 즉, 동기를 표현한 것)

그렇다면 쌤이 여러분에게 다시 한 번 물어볼게요. 여러분은 자신의 마음에 대해 얼마나 알고 있나요? 이 질문에 답하려면 방금 '마음'에 대한 이야기를 했듯이 여러분은 자신이 무슨 생각(사고: 말, 행동 등)을 하고 있는지, 어떤 기분(감정)을 느끼고 있는지, 그리고 자신이 원하는 것(동기: 욕구)이 무엇인지 잘 알고 있어야 합니다. 그래야만 쉽게 대답할 수 있어요. 그런데 안타깝게도 요즘 청소년들은 자신의 마음을 잘 모릅니다. 쌤이 상담실이나 학교에서 만나는 여러분은 대개 자신의 생각이나 느낌, 또는 바라는 것을 정확하게 대답하는 대신 그저 "몰라요" 하는 말로 얼버무리더라고요!

자신의 생각이나 의견을 물어도 "몰라요."

기분이나 느낌을 물어도 "몰라요."

바라는 것이 무엇인지 물어도 "몰라요."

여러분은 어떤가요? 평소 자신이 생각하는 것, 느끼는 것, 원하는 것을 스스로 잘 파악하고 있나요? 그리고 그것들을 부모님이나 친구, 선생님에게 솔직하고 정확하게 잘 표현하고 전달할 수 있는지요? 이 질문에 "그렇다"고 자신 있게 대답한다면 여러분은 자신의 마음을 '잘 알고 있다'고 할 수 있습니다. 하지만 '그저 그렇다' 또는 '그렇지 않다'고 대답하거나 여전히 '몰라요' 한다면 여러분은 자신의 마음을 정말로 잘 모르는 것입니다.

사람의 마음은 기본적으로 동기(욕구)-감정-사고로 구성되어 있어요. 이것들은 늘 한 덩어리처럼 작동하지요. 자신의 마음뿐만 아니라 타인의 마음을 잘 이해하려면 동기(욕구)-감정-사고를 잘 파악할 수 있어야 합니다. 간단한 예를 들어볼게요.

(동기) 부모님께 칭찬받고 싶은 욕구를 가지고 있다면,

(감정) 칭찬을 받았을 때는 만족감, 행복감을 느끼고 그렇지 않았을 때는 불만과 불안감을 느낀다.

(사고) 그래서 칭찬을 받기 위해 공부를 열심히 한다거나, 심부름을 한다거나, 고운 말을 쓴다.

그러면 이제 본격적으로 14세인 여러분의 마음에 대해 이야기 해보겠습니다. 위에서 말한 것처럼 '마음'은 동기(욕구)-감정-사고 가 모두 포함되어 있는 것이니까 14세의 마음을 제대로 이해하려 면 14세가 원하는 것이 무엇인지(동기-욕구), 14세의 기분은 주로 어떤지(감정), 그리고 14세는 어떤 생각과 말과 행동(사고)을 하는 지 먼저 파악해야겠죠?

나의 속마음을 읽어주세요!
_14세는 무엇을 원하나?(동기)

우리나라에서는 보통 여덟 살에 초등학교에 입학하여 13세까지 초등학생 시절을 보냅니다. 14세가 되면 어린이라는 이름표를 떼 고 어엿한 중학생이 되지요. 청소년기는 보통 12~18세에 해당하 는 기간을 말하니까 14세인 여러분은 청소년기에 해당하겠죠? 청 소년기에 나타나는 특성들은 사람에 따라 조금씩 다릅니다. 나타 나는 시기도 다르고요. 어떤 사람은 열두 살 때부터 이미 청소년 기의 특성이 나타나는가 하면 또 어떤 사람은 열여덟 살이 되어서 야 비로소 사춘기를 겪기도 합니다. 쌤은 여러분이 중학생이 되는 14세를 청소년기의 시작으로 간주하고 이야기를 시작할게요. 14 세의 마음에서 첫 번째로 다룰 것은 '14세의 욕구(동기)'입니다. 이 것을 이해하려면 잠시 타임머신을 타야 합니다. 여러분이 아직 아기였던 때로 가기 위해서 말이지요.

동기는 쉽게 말해서 우리가 '원하는 것', '기대하는 것'을 뜻합니다. 다른 말로 '욕구'라고 표현하기도 하죠. 엄마 뱃속에 있던 아기는 처음 세상으로 나와 하루 종일 누워서 먹고 자고 싸기만 합니다. 수개월 동안 그러죠. 아기가 뭔가 신호를 보낼 때마다 엄마가 달려옵니다. 배가 고프다고 하면 맛있는 우유를 먹여주고, 졸려서 칭얼거리면 조용하고 편안한 잠자리에 누입니다. 기저귀가 젖었거나 더럽혀졌다고 알리면 엄마가 바로 뽀송뽀송한 기저귀로 갈아줍니다. 이처럼 욕구가 곧바로 충족되면 아기는 만족감, 행복감, 즐거움과 같은 좋은 감정을 쌓아가게 됩니다. 엄마로부터 내가 사랑받고, 존중 받고, 수용 받았다고 느끼며 자란 아기는 자연스레 엄마에 대한 믿음을 갖게 되고, 세상과 사람에 대한 신뢰도 싹 틔우게 되지요.

이 시기에는 주양육자가 누구인가가 별로 문제되지 않습니다. 엄마이든 할머니든 일관성 있게 아기의 욕구를 충족시켜주는 것이 더 중요하지요. 하지만 아이를 방치하거나 양육자의 기분에 따라 다른 태도로 아이를 대하는 환경에서 자란 아이들은 원하는 것(욕구)이 바로바로 충족되지 않았기 때문에 불만과 분노, 불안감, 대인 불신감을 형성하게 됩니다. 반면 이 시기에 욕구가 충분히 충족되고 좋은 감정들을 많이 경험하면 그것들은 고스란히 그 사람에게 '삶의 에너지'로 남게 되지요. 마치 포인트 카드에 점수가 적립되듯이 차곡차곡 쌓였다가 그가 살아가면서 스트레스를 받거나 위기 상황에 빠졌을 때 힘을 발휘합니다.

갓난아기 시절이 지나면 이제 우리는 자신의 두 다리로 걷고 뛰고, 말을 배우기 시작하면서 쉴 새 없이 참새처럼 조잘거리는 시기를 맞게 됩니다. 물론 이 즈음에 배변도 가리고 스스로 처리할 수 있는 방법도 배웁니다. 그리고 뭐든지 자기 스스로 직접 해보고 싶은 욕구를 아주 강하게 느낍니다. 보통 3~4세경이지요. 스스로 걸어서 놀이터에 나가고 싶어 하고, 서툰 솜씨지만 수저도 혼자 잡으려 하고, 안팎이 뒤집히거나 오른쪽 왼쪽이 바뀌더라도 혼자 옷을 입어봅니다. 짝짝이가 될지언정 신발도 혼자 신어보고요.

즉, 이 시기에는 위와 같은 행동을 직접 체험함으로써 '자율성'을 얻게 되고 성취감, 만족감, 뿌듯함, 기쁨 등의 감정을 체험합니다. 하지만 만일 어떤 엄마가 이 시기에 "안 돼! 넌 못 해", "잘 하지도 못하면서 왜 항상 혼자 하겠다고 그래!", "거봐, 혼자 하다가 또 엉망이 됐잖아!", "엄마가 해줄게. 가만히 좀 있어" 등과 같은 말을 자주 했다면 아이는 자율성을 키울 수 있는 기회를 뺏기게 됩니다. 그 결과 욕구의 좌절을 경험하면서 긍정적이고 좋은 감정 대신 수치심, 좌절감, 불만, 분노, 의존심 등을 에너지 카드에 적립하게 되지요.

이런 아이들은 요즘 여러분이 잘 쓰는 표현대로 '찐따' 같은 아이로 자라게 됩니다. 자기 자신에 대해서 부정적인 이미지를 가슴에 새긴 채, '난 아무것도 제대로 하는 게 없어', '어차피 못 할 텐데 뭐'라는 식으로 행동하는 아이들이죠.

더 안타까운 것은 이 시기에 자율성을 키우는 것을 방해 받고 통제 당한 아이들은 부모와의 관계에서도 신뢰를 형성하지 못한다는 사실이에요. 불안한 마음과 성가시다는 이유로 부모가 아이를 끊임없이 통제하고, 실수할 때마다 면박을 준다면 아이는 '엄마는 나를 못 믿는구나', '만날 실수만 하니 나도 나를 믿지 못하겠어' 하는 마음을 갖게 됩니다. 당연히 부정적인 감정만 가슴에 쌓이겠지요?

유치원이나 어린이집에 들어갈 나이가 되고 곧이어 초등학교에 입학하게 되면 여러분은 비슷한 또래 친구들과 선생님을 만나 가족 외에 새로운 사람들과 만나고 새로운 관계를 맺게 됩니다. 이때부터 여러분의 '사랑의 욕구'도 조금씩 자라납니다. 친구들과 선생님에게 관심을 받고, 또 인정받고 싶어 하는 마음이 커진다는 뜻입니다. 어떤 친구는 공부를 잘해서 인정을 받을 거고, 또 어떤 친구는 운동이나 게임을 잘해서 인기가 좋을 수도 있어요. 그런 아이들처럼 앞에 나서지는 못 해도 대다수 마음에는 '나도 저 친구처럼 아이들한테 인기를 얻고 싶은데!' 하는 바람이 들어 있지요. 여러분도 그런 기억이 있나요?

이 시기가 여러분에게 중요한 이유는 '사랑 받는 범위가 확대되는 시간'이기 때문입니다. 놀이 위주의 활동만 하던 유아기의 삶에서 벗어나 학업과 과외활동, 취미활동 등 '자신의 다양한 재능과 능력을 찾고 개발해나가는 시간'이기 때문이기도 하지요. 그러니까 부모님은 아이들이 이 시기를 주도적이고 능동적으로 보낼 수 있도록 도와야 합니다. 그래야만 아이들이 다양한 분야에서 자신의 재능과 능력을 확인하고 자신감을 얻고, 자존감을 높이게 되거든요!

하지만 우리의 현실은 그렇지 않습니다. 우리나라는 유치원에 들어가기 전부터 부모나 주변 사람들이 아이들에게 '공부'를 시킵니다. 잘 따라하는 아이에게는 '신동'이니 '영재'라는 칭찬이 따라 붙지요. 여러분도 어렸을 적에 몇 번쯤 "어머, 우리 애는 아무래도 천재인 거 같아!!" 하는 소리를 들어보았을 겁니다. 그런데 이런 핑크빛 무드는 별로 오래 가지 않습니다. 초등학교에 입학하고 학년이 올라가면 공부면 공부, 운동이면 운동, 힘이면 힘처럼 뭐 하나 잘하는 게 있어야만 왕따를 당하지 않게 되거든요. 그러지 않은 친구들은 소위 '잘 나가는' 친구들의 비위나 맞추면서 생존해야 하는 불안한 생활을 하게 됩니다. 결국 자신감을 상실하고 겉으로만 쿨한 척 할 뿐 속으로는 열등감과 불안감만 쌓게 되지요. 자존감이나 자신감은 저 멀리 안드로메다로 날려버린 채 말입니다!!

이야기가 좀 길어졌는데요, 요점은 이겁니다.

"사람은 아동기까지 대인 신뢰감, 자율성, 주도성과 자신감을 차근차근 획득해야 한다. 이러한 감정 경험을 제때에 충분히 체험한 아이일수록 자신을 믿고 사랑하고 존중하는 자아존중감(자존감)이 높아진다. 자존감, 자신감, 자율성이 높은 아이는 청소년기에 들어서면 자연스럽게 더 많은 것을 스스로 경험하고 싶어하며, 부모로부터 심리적으로 독립하고, 다양한 분야 혹은 관심 분야에 도전할 욕구를 갖게 된다. 또한 '나는 누구인가'라는 고민과 함께 자신이 바라는 자신의 모습과 개성을 찾아 '자아정체성'을 형성하려는 욕구를 갖는다."

이제 쌤과 함께 자아정체성에 대해 알아볼까요?

자아정체성은 "내가 어떤 성격과 취향, 능력, 가치관, 세계관 등을 가지고 있는 사람인지 분명히 알고, 그것이 지속적으로 유지되도록 노력하며, 가정과 사회에서 나의 역할이 무엇인지에 대한 자신만의 답을 분명히 갖고 있는 것"을 말합니다. 따라서 아이와 어른의 중간 단계인 청소년기에 자아정체성을 형성하려는 욕구가 제대로 충족되지 않으면 우리는 정체성 혼란에 빠지게 되죠. 이 상태에서 성인이 되면 어른으로서 수행해야 할 많은 역할과 인생의 과제에 적응하고 곤란을 극복해나가는 데 어려움을 겪게 될 거고요. 그러므로 청소년기에는 자아정체성을 형성하는 게 무엇보다 중요합니다.

"난 도대체 누구일까? 애야 어른이야? 내가 너무 낯설어."

"내가 나를 못 믿겠어. 그냥 불안해."

"난 잘 하는 게 하나도 없어. 자신감도 없고, 자존감도 낮고."

청소년기에 접어든 14세 여러분의 대표적인 고민입니다. 왜 이러한 것들을 고민하게 되는 걸까요? 물론 해답은 이미 나와 있습니다. 자신감과 자존감이 낮은 것도, 자신을 믿지 못해서 생기는 불안도, 도대체 내가 누구인지 모르는 혼란스러운 마음도 여러분이 14세가 된 어느 날 하늘에서 갑자기 뚝 떨어진 고민들이 아니라는 이야기죠. 이 모든 것은 여러분이 유·아동기를 거쳐 14세가 되는 동안 누려온 양육환경과 부모·친구와의 관계, 학교 생활 등에 달려 있습니다. 그 시기에 여러분이 대인신뢰감, 자율성, 주도성, 자신감 등을 충분히 쌓고 충분히 경험하며 지내왔다면 14세가 되었을 때 독립심과 도전정신이 강하고 자아정체성을 찾는 데 어려움을 느끼지 않을 겁니다.

하지만 유·아동기에 엄격하고 통제가 강한 양육환경에서 칭찬과 지지, 격려 대신에 지적과 비난을 자주 받으며 자랐거나, 관심과 사랑이 없는 환경에서 생활했다면 아이는 대인 신뢰감 대신 불신감과 사회불안을 갖게 되고, 마음이 위축되며, 부모와 자기 자신에 대한 불만과 분노로 자존감을 상실하게 됩니다. 삐딱한 의존심은 커지고요. 이 상태로 청소년기를 맞게 되면 독립심과 도전욕구는커녕 자아정체성을 형성하는 데에도 혼란을 겪게 됩니다.

쌤은 요즘 청소년들에게 나타나는 가장 심각한 문제가 '무기력'이라고 생각합니다. 자존감이 낮고, 도전정신과 의욕도 부족하고, 희망과 꿈을 세우지 못한 '무기력 상태'에 빠져 있다는 점이죠. 도대체 왜 이런 현상이 벌어지는 걸까요? 갓난아이 때부터 오로지 엄마아빠의 바람과 욕구를 충족시키기 위해 살아온 아이들은 청소년이 되어서 자신이 좋아하는 게 뭔지, 내가 잘하는 게 뭔지 모릅니다.

생각해봅시다!

내가 어떤 성격, 어떤 능력과 재능, 어떤 가치관을 갖고 있는지 탐색하고 파악할 기회조차 갖지 못한 채 청소년이 되었다면 여러분이 과연 이 소중한 시기에 자아정체성을 형성하고 독립적인 인간이 되는 데 필요한 소양들을 배울 수 있을까요? 내 마음대로, 내 뜻대로 할 수 있는 건 오직 '게임 속 아바타'밖에 없다면요? 게임의 세계가 즐거운 것은 여러분이 그 안에서만큼은 주도적으로 뭔가를 결정하고 능동적으로 활동할 수 있기 때문이잖아요? 현실에서도 그런 일들이 가능하다면 어떨까요? 자기 능력과 소질을 찾아가는 기회를 마음껏 누릴 수 있고, 남의 눈치 보지 않고, 비교 당하지 않으면서 공부하고, 성적순으로 살지 않아도 된다면요? 쌤도 갑자기 기분이 좋아집니다.

불안한 청소년기를 보내고 겨우겨우 대학생이 된 이후 성인이 되면 '캥거루족'(자립할 나이가 되었거나, 충분한 조건을 갖추고도 취직을 해서 독립적으로 생활하지 않고 부모에게 의존하며 지내는 젊은 이)이나 '니트족'(고학력자가 취업할 의욕 없이 주로 아르바이트만 하면서 사는 집단)이 될 확률이 높습니다. 이쯤에서 누군가 손을 번쩍 들고 쌤에게 이런 똑똑한 질문을 해줬으면 좋겠어요. "선생님, 그럼 저는 이미 열네 살이 되었는데 과거에 부족했던 부분을 지금 해결할 방법은 없나요?" 오! 당연히 있지요! 방법이 없다면 정말 우울할 테죠? 이 '똑똑한' 질문에 대한 답은 14세의 감정과 사고에 대해 이야기한 다음, 알려주겠습니다. 궁금하면? 끝까지 같이 가야죠!!!

14세 나의 기분, 오늘도 애매~해요!
_에너지 카드에 긍정 포인트를 적립하세요!(감정)

"내 마음인데 나도 잘 모르겠어. 너무 변덕스러워!"

"왜 이렇게 자꾸 짜증이 나지? 다 귀찮아. 다 미워."

"아빠엄마 잔소리도 지겹고, 너무 관심 갖는 것도 싫어. 답답해."

"언제는 시키는 대로만 하라며? 왜 갑자기 알아서 하래?"

어디서 많이 듣던 말이네요!

이 친구들, 마음이 많이 복잡한가봐요. 그죠?

청소년기를 나타내는 대표적인 표현 중에 '질풍노도의 시기'라는 말이 있어요. 질풍노도(疾風怒濤)는 거친 바람과 성난 파도를 뜻합니다. 거칠게 몰아치는 폭풍과 집채만 한 파도가 청소년기의 특성과 맞닿는다고 해서 많이 사용하게 되었지요.

"불안하고, 두렵고, 당황스럽기도 하고 혼란스럽다!!"
"성난 파도처럼 몰아쳐오는 불만과 분노를 느낄 수 있다!"

상상만 해도 온몸이 흔들리는 것 같죠? 이런 마음들이 대부분이니까 청소년기를 '심리적 격동기'라고 표현하는 거겠죠. 우리가 청소년기를 나타내는 말 중 자주 사용하는 것으로 '사춘기'가 있습니다. 이성에 대한 관심과 좋은 감정을 갖게 되는 시기라는 뜻으로 쓰는 말이지요.

쌤이 앞에서 얘기했듯이 청소년기에 들어서면 아주 자연스럽게 부모로부터 심리적으로 독립하고 싶은 욕구와 분명한 자아정체성을 갖고 싶은 욕구를 갖게 됩니다. 이런 욕구가 충족되면 자신감, 성취감, 만족감, 행복감을 느끼게 되죠. 반대로 욕구가 좌절되면 불만과 분노를 느끼고 자신감, 자존감은 낮아집니다. 의존심과 무력감은 높아지고요. 요즘 청소년들은 초등학교에 입학하기 전부터 유치원과 학교 외에도 이런 저런 학원들을 뺑뺑 도느라 몸과 마음이 '겉늙은 채' 청소년기를 맞이합니다.

'남들이 다 하니까, 나만 시키지 않으면 아이가 뒤처질 테고, 나중에 나를 원망할 테니까……' 하면서 자녀의 바람과는 상관없이 "무조건 해!"라고 윽박지르는 부모의 신념에 따라 우리 청소년들은 유령처럼 이 학원 저 학원으로 몰려다닙니다. 여러분도 크게 다르지 않지요? 한참 뛰어 놀고 싶고, 친구들과 어울려 다양한 놀이를 경험하면서 자연스럽게 창의력과 사회성을 키우고, 소통기술과 공감능력도 향상 시킬 수 있는 기회를 여러분은 과연 얼마나 자주 가졌던가요?

쌤은 학교 폭력과 왕따 같은 심각한 문제들이 생기는 주요 원인들 중 하나가 바로 위와 같은 자유롭고 신나는 성장기를 보내지 못한 탓이라고 봅니다. 자신감과 자존감, 공감 능력과 배려, 인정 등을 배우지 못한 채 무조건 무한 경쟁 속으로 내몰렸으니까요! 일찌감치 경험한 박탈감과 소외감 때문에 '힘'으로 약자를 괴롭히고 우월감을 느끼는 데서 심리적 보상을 찾는 것도 그 결과랍니다. 좌절감으로 점철된 아동기는 여러분의 마음에 이미 불만, 분노, 불안, 무기력이라는 마이너스 포인트를 쌓아놓았을 겁니다.

초등학생인 아동기까지는 신체적으로나 정신적으로 미성숙한 상태인데다 어리고 힘이 없어서 부모와의 관계에서 생기는 불만이나 화를 쉽게 표현하지 못합니다. 하지만, 중학생이 되어 청소년기에 들어서면 신체적으로나 정신적으로 급성장하는 덕에 어른과 거의 비슷한 수준에 이르지요. 간혹 신체적으로는 이미 부모보다 더 강해지기도 합니다. 또 이 시기에는 논리적 사고가 가능하므로 적절한 의사표현과 자기주장도 할 수 있게 됩니다. 그러다 보니 부모의 입장에서는 "초딩 때에는 순하던 애가 갑자기 왜 저러지?" 하는 마음이 드는 거지요. 집안이 '핵전쟁모드'로 들어가는 것은 이즈음입니다. 순둥이는 사라지고, 여차하면 발사버튼을 누르겠다고 위협하는 폭군이 등장하니까요!!

하지만 쌤이 여러 번 강조했듯이, "어떤 일이든 이유 없이 갑자기 발생하지 않는 법"이랍니다. 이 틈을 타서 여러분과 함께 지난 시간을 잠깐 돌이켜봅시다. 여러분이 중학생이 되면 부모님의 태도가 (기대 이상으로) 바뀝니다. 훌쩍 커버린 여러분을 보면서 "자, 너도 이만큼 컸으니 자기 할 일은 알아서 하겠지?" 하십니다. 참~ "애매합니다!" 초등학교 때까지 일상적인 일과뿐 아니라 학업까지 일일이 챙겨주고 간섭하다가 14세가 되었다고 갑자기 "알아서 척척 할 수 있지?" 하고 묻다니요! 도대체 "왜 그러는 걸까요?" 중학생이 되었다고 해서 없던 능력들이 갑자기 나타날 리 없는데 말이죠. 자, 이럴 때 여러분의 기분(감정)은 어떨까요?

"왜 갑자기 저럴까. 여태 엄마가 하라는 대로 하고 지냈는데 왜 갑자기 나한테 혼자 알아서 다 하라는 거야? 에잇! 짜증나."

"나보고 알아서 하라면서 막상 내가 하고 싶은 대로 하면 또 잔소리하고. 나보고 어쩌란 말이야. 제발 나를 그냥 좀 놔뒀으면 좋겠어!"

아마 이런 마음일 겁니다. 덕분에 시간이 지날수록 불만과 분노만 쌓이고, 부모에 대한 반감은 커지죠. 혼자 하라고 했는데 못 하니까 자연히 지적과 비난을 자주 받게 되고, 그러다 보면 자신감과 자존감은 어디론가 사라지고……. 남는 건 '나 자신'에 대한 부정적인 이미지뿐. 이 같은 기분(감정)을 자주 느끼고 가슴에 쌓아 두다 보면 부모에게 말 한마디를 할 때도 짜증스럽고 퉁명스럽게 내뱉게 되죠. 행동도 반항적으로 변하고요! 오죽하면 '안티 부모 카페' 같은 온라인 커뮤니티들이 생겼을까요?

마음은 심리적으로 부모에게서 독립할 것을 원하지만 아이들은 아직 자신감과 자존감이 많이 부족합니다. 아동기까지 부모와의 원만한 관계 속에서 신뢰를 쌓지 못한 처지라면 마음의 독립은 더더욱 어려운 일입니다. 어느 날 갑자기 부모에게 자신의 생각과 감정을 솔직하고 자신 있게 표현한다는 것이 누구에게나 쉬운 일이 아니기 때문이지요. 더구나 경제적으로 독립할 수 없는 나이이므로 아이들은 부모에게 전적으로 의존할 수밖에 없습니다.

이 상황에서 가장 힘든 것은 아이들입니다. 부모에게서 떨어지고 싶은 독립심과 경제적으로 매달릴 수밖에 없는 의존성 사이에서 심각한 딜레마를 느끼니까요! 게다가 자신의 의견과 주장을 얘기했을 때 수용 받거나 지지 받아 본 경험이 부족했던 아이라면 조금 자랐다고 해서 부모에게 불만과 분노를 표출하고 공감을 끌어낸다는 게 말처럼 쉽지 않을 겁니다.

여러분, 쌤은 여러분 같은 청소년들이 힘들어 하는 마음의 문제나 학업의 문제 등등이 각각 따로 존재한다고 보지 않아요. 지금 여러분의 어지러운 마음이나 관계에서 생기는 갈등상황이 과거의 영향을 받듯이 모든 문제에는 최초의 원인이 있고, 그 원인들이 결국 꼬리를 물고 이어져 현재의 문제를 만들어내는 것이니까요. 따라서 우리는 청소년기의 감정 상태가 아동기의 정서적 경험과 밀접한 연관이 있음을 인정하고, 앞으로 여러분이 만들어갈 관계에서 건강하게 소통하는 법, 사랑과 지지를 주고받는 법, 서로 존중하고 수용하는 법 등을 충분히 연습했으면 좋겠어요. 그럼 얼마 안 가 만족감, 행복, 기쁨, 자신감 등의 긍정적 감정을 충분히 느끼게 될 겁니다. 물론 부모님도 함께 노력해야겠지요?

쌤이 좀 아쉬운 것은 우리나라 부모님들이 여전히 권위적이고 가부장적인 태도를 유지한다는 점입니다. 오랫동안 내려온 전통이라 쉽게 바꿀 수는 없겠지만, 이런 배경에서는 부모와 자녀가 서로의 감정과 생각을 편안하게 나누며 소통하기 어렵습니다. 그러다 보니 부모는 부모대로 아이는 아이대로 자꾸 감정을 억압하게 되지요. 어른들의 경우엔 억눌리고 억압된 감정들을 종종 표출해도 되지만 우리 청소년들에겐 용납되지 않습니다. 결국 참다못한 아이들은 신체적·정신적으로 그나마 '힘'이 생기는 청소년기에 대개 우발적으로 감정을 폭발시키지요.

쌤은 이따금 "나는 사춘기(반항기)도 없이 지냈어"라고 말하는

사람을 봅니다. 그들은 대개 두 가지 경우 중 하나입니다. 부모와
의 관계가 정말 좋아서 순조로운 청소년기를 보냈거나, 반대로 자
기 감정을 너무 심하게 억압하는 바람에 자신이 갖고 있는 부정
적인 감정들을 느끼지 못하는 경우지요. 누군가 만일 후자인 경
우라면 더욱 조심해야 합니다. 청소년기를 큰 탈 없이 보낸다 해
도 성인이 된 후에 그런 감정들이 폭발하여 더 큰 문제를 겪게 될
확률이 높거든요.

　사람의 마음은 참 오묘하지요? 눈에 보이지도 않는데 생명체처
럼 성장하고, 주위의 영향을 받으며 자라고, 사랑을 받으면 튼튼
해지고 부정적인 피드백을 받으면 시들해지고……. 그러니까, 사랑
하는 14세 여러분, 여러분의 마음이 그냥 '아무 이유도 없이' 혼란
스럽고 복잡한 게 아니란 사실을 이해하세요. 무슨 문제가 있어서
반항심이 소용돌이치는 게 아니란 점을 이해하세요. 그리고 지금
부터라도 멋진 미래의 나를 위해 에너지 카드에 긍정의 포인트를
적립하도록 노력합시다.

14세 우리, 왜 이러냐고요?
_생각만으로 바뀌는 건 없어, 행동이 필요해!(사고)

　이번에는 14세의 마음 가운데 '사고영역'을 이야기해볼게요.

　사람의 마음에서 사고영역은 우리가 의식적으로 할 수 있는 생

각, 말, 행동 등을 모두 포함합니다. 청소년기에 접어든 14세들의 생각과 말, 행동에는 어떤 특징이 있을까요? 가장 큰 특징은 청소년기에 나름의 세계관과 인생관을 형성한다는 점입니다. 세계관과 인생관은 앞서 이야기한 청소년기에 충족되어야 할 중요한 욕구(동기) 중 하나인 자아정체성을 형성하는 데에도 직접적인 영향을 미칩니다. 사람은 누구나 자신만의 세계관과 인생관을 가지고 있죠. 세계관은 사람이 세상을 바라보는 관점이고, 인생관은 인생을 바라보는 나의 관점입니다. 이것은 사람마다 경험한 몫과 생각에 따라 형성되지요.

예를 들어 항상 거짓말을 일삼는 사람들 속에서 배신감을 느끼며 자란 사람이라면 '세상엔 믿을 사람이 아무도 없다'라는 세계관을 갖게 됩니다. 반면 가난해도 정직하고 성실하게 일하면서 떳떳하게 살아가는 부모님의 모습을 보고 자란 사람이라면 '돈을 좀 못 벌더라도 정직하고 떳떳하게 사는 게 행복한 삶이야'라는 인생관을 갖게 되겠지요?

이와 같이 그동안 여러분이 겪으면서 깨닫고 느꼈던 모든 것들이 바탕이 되어 세계관과 인생관을 형성합니다. 부모의 세계관과 인생관 또한 자연스럽게 자녀에게 전달되고요. 청소년기가 중요한 것은 이때가 바로 세계관과 인생관을 정립하고 자아정체성을 형성하는 시기이기 때문이죠.

어떤 사람은 "돈을 많이 벌어서 떵떵거리며 사는 게 최고야!"라고 말합니다. 다른 사람은 "여자란 자고로 얼굴이 예뻐야 대접 받는 법이야!" 하면서 방학 맞은 딸아이를 성형외과에 데려갑니다. 또 다른 누군가는 "힘이 최고야! 권력을 가지려면 정치인이 되어야 해" 하면서 정치가가 되려고 고군분투합니다. 이 사람들은 왜 돈이나 외모를, 권력을 인생 최고의 가치로 여기게 되었을까요? 어쩌면 어린 시절부터 그런 교육을 받았거나, 눈에 보이는 가치를 중시하는 사회 풍조 때문이거나, 열등감 때문일 수도 있습니다. 하지만 정말 중요한 것은 무엇보다 건강하고 건전한 세계관과 인생관을 확립해야 한다는 점입니다. 그래야만 본인만의 정체성을 찾을 수 있을 테니까요!

어른들은 흔히 청소년기의 특징으로 '반항적'이란 표현을 많이 씁니다. 하지만 모든 청소년이 다 그런 것은 아닙니다. 청소년기 이전에 부모와의 관계나 친구관계가 원만했던 아이들, 사회와 세상에 대한 불평과 불만이 적은 아이들은 청소년기에 반항적인 모습을 드러내지 않습니다. 청소년기를 나타내는 또 다른 특징은 '개성과 선호도가 분명해지고 그것을 표현하고 싶어 한다'는 점입니다.

그런데 요즘 대한민국의 청소년들은 자기만의 개성을 찾고 표현하는 것을 두려워하는 것처럼 보입니다. 교복은 학교마다 다르지만, 봄가을 입는 '(교복화된) 바람막이'며 겨울만 되면 짠 등장하는 '(교복화된) 오리털파카'가 전국을 활보하는 중이니까요. 또래 집단이 인정하는 브랜드와 디자인을 입지 않으면 친구들에게 '쓴 소리'

들을 것은 각오해야 합니다.

작년 겨울 일입니다. 쌤의 아들 녀석들도 오랜 시간 공들여(?) 엄마 마음을 움직이는 데 성공했어요. 그래서 쌤도 큰 맘 먹고 아이들을 데리고 방한복 매장에 갔지요. 다양한 디자인과 색상의 옷들이 엄청 많았는데도 아이들은 오직 '교복 파카'에만 집중했어요. 하지만 쌤은 아이들을 설득해서 패턴이 조금 다른 옷을 골라보라고 했고, 두 아이 모두 잠깐 고민하다가 색다른 디자인을 선택했답니다. 그런데 며칠 후 우리는 왜 다른 친구들과 똑같은 디자인을 입지 않으면 안 되는지 알게 되었지요.

"엄마, 애들이 자꾸 이 옷을 보고 뭐라고 해서 귀찮아 죽겠어요."
"애들이 이상하대요. 하나도 안 멋있대요. 암튼 짜증 나요!"

상황이 이런 것도 모르고 "옷은 개성대로 입는 거야"라고 했던 쌤의 말을 들은 아이들은 이제 친구들의 간섭과 트집이 성가시고 귀찮아서라도 '나만의 개성 따위, 포기해버리는 게 나아!' 하고 생각하게 되었답니다.

오래전에 상담했던 중학생 여자아이가 했던 말이 생각납니다. "선생님, 저는 화장품이나 옷 같은 건 사실 큰 관심이 없어요. 책이나 다큐 프로그램을 좋아하는데 그런 건 같이 얘기 나눌 친구가 하나도 없어요. 여자애들은 전부 연예인이나 화장품, 옷 얘기만 하니까 저는 대화에 잘 끼지를 못 하겠어요." 공부도 잘하고, 말도 참 재미있게 잘하고, 사회성도 나쁘지 않았던 그 여자 아이는 반 친구들에게 느끼는 소외감이 커서 결국 전학했고, 그 후에는 다행히 자기와 성향이 비슷한 친구를 사귀게 되었어요.

유치원 때부터 치열한 경쟁 속에서 살아온 여러분은 개인주의적이고 이기적인 모습이 강한 반면 정작 나만의 개성을 찾고 누리는 데에는 약합니다. 획일적인 모습을 추구하면서 조금이라도 나와 다르거나 차이가 나면 오히려 소외감을 느끼거나 수치심을 갖죠. 왜 그럴까요? 두려움 때문입니다. 공부나 외모로는 도저히 우월감을 느낄 수 없는 수많은 아이들이 옷이나 화장, 핸드폰 같은 물질적인 것에 자기 자신을 비추어보기 때문이지요. 그래서 비싼 옷을 입고 최신형 스마트폰을 가지면 자기가 그만큼 가치가 높아진 것으로 착각합니다. 그리고 그런 부류에 끼지 못하는 친구들에게 수치심과 소외감을 경험하도록 행동하면서 은근히 상대적인 우월감을 드러냅니다.

하지만 여러분은 다 알고 있죠?

그런 것들은 그냥 겉보기용뿐이라는 걸, 물건이 좋다고 사람까지 좋아지는 게 아니라는 걸, 비싼 핸드폰을 쓴다고 해서 그 사람이 갑자기 멋있어지는 게 아니라는 걸 말입니다. 그런 행동의 이면에는 대개 열등감이나 다친 자존감이 있게 마련입니다. 현실 속에서 느끼는 열등감을 없애고 자신감과 자존감을 키울 수 있는 환경에 처해 있지 못한 터라 그냥 자신의 겉모습을 번드르르하게 포장하는 것이죠. 속마음보다는 겉모습이 먼저 드러나니까요.

"너는 웃는 모습이 참 예뻐."
"친절하고 상냥해서 보기 좋아."
"청소를 정말 깨끗이 잘 했구나."
"약속을 잘 지켜서 정말 믿음직스러워."
"양보를 잘 하니 정말 고맙다."
"늘 밝은 모습을 보면 엄마도 기분이 좋아져."

여러분은 이처럼 공부나 외모가 아니더라도 칭찬 받을 게 많은 소중한 사람들입니다. 이런 좋은 말들을 평소에 자주 들었던 사람은 열등감에 시달릴 일이 없지요. 자존심과 자존감을 다칠 이유도 없고요. 그런데 상담실에서 만난 부모님들은 "칭찬을 해주고 싶어도 도저히 해줄 게 없다니까요!" 하고 말씀하십니다. 부모님의 기준에서는 칭찬해줄 일이 공부 잘하는 것밖에 없으니 그럴 수밖에요!! 하지만 조금만 마음을 바꾸면 칭찬거리는 널려 있습니다. 반찬 투정 한번 안 하고 맛있게 밥 먹는 모습, 열심히 운동하는 모습, 동생하고 사이좋게 노는 모습…… 얼마나 많은가요?

어떤 엄마가 이렇게 말씀하시더군요. "어휴, 정말!! 공부도 못하면서 밥은 왜 그렇게 많이 먹는지, 보기 싫어 죽겠어요." 맙소사!

여러분, 슬프지요? 공부를 못 하면 밥도 먹지 말아야 하는 걸까요? 이렇게 직접적으로 말씀하지 않고 마음에만 담고 계신다 하더라도 여러분이 이런 마음을 모를 리 없지요. 엄마들은 대개 표정과 눈빛과 분위기로 모든 것을 말씀하시니까요.

한때 '얼평(얼굴평가) 사이트'가 청소년들 사이에서 인기였던 적이 있습니다. 학교나 가정에서 외모에 대한 부정적인 이야기를 자주 들어서 콤플렉스를 가진 아이들이 셀카로 찍은 사진을 올려 외모에 대한 객관적인 평가를 받는 거지요. 재미있는 것은 얼평 사이트에 사진을 올린 아이들이 학교나 가정에서보다 훨씬 긍정적인 평가를 받는다는 사실입니다.

"님은 매력적인 눈을 가졌네요. 보기 좋아요."
"얼굴 전혀 크지 않아요. 용기내세요."
"쌍꺼풀 없는 게 더 좋을 것 같은데요. 절대 수술하지 마세요."

긍정적인 반응들이죠? 아이들은 집이나 학교에서 상처 입은 마음을 이곳에서 위로 받는다고 해요. 하지만 이런 순기능이 있는데도 자신감과 자존감을 회복하기란 쉽지 않다고 하네요. 왜냐고요? 댓글이 줄어들거나 좋지 않은 평가를 받게 될까 두려운 마음에 사진에 '뽀샵'을 하는 일이 늘어났기 때문이랍니다. 그런데 진심으로 나를 보여준 것이 아니다 보니 불안과 공허함만 남는 거죠. 따뜻한 치유 대신 말입니다. 결국 문제 해결의 답은 나에게 있겠죠? 여러분 귀에 딱지가 앉도록 쌤이 자주 했던 말, 바로 '자존심과 자존감의 회복'이 관건이랍니다!!

이제 슬슬 '14세 마음여행'을 마무리할 때가 되어갑니다.

쌤이 마지막으로 청소년기의 친구관계에 대한 팁(Tip)을 줄게요. 청소년기가 되면 가족보다 친구관계에 더 집중하고, 친구관계를 더 중요하게 여기게 됩니다. 많은 아이들이 그렇지요. 그러다 보니 친구관계가 조금이라도 안 좋아지면 공부에도 집중하지 못하고 가족관계까지 소원해집니다. 특히 요즘 아이들은 초등학교에서 중학교에 진학한 이후에 중학교에서 새로 만난 아이들과 친해지기보다 같은 초등학교 출신 친구들과 계속 관계를 유지하려는 경향이 강합니다.

쌤네 집 이야기를 들려줄게요.

중1인 우리집 둘째 아이는 초등학교 때 친했던 친구들과 같은 중학교에 가게 되었어요. 물론 반은 달랐고요. 그런데도 아이는 쉬는 시간마다 그 아이들을 찾아다니고, 방과 후에도 그 친구들과 어울려 놀더라고요. 같은 반 친구들과는 그저 학교에 있는 시간에만 어울리는 정도였어요. 상담하면서 만났던 아이들 중에는 중학생이 된 이후 초등학교 때 친했던 친구들이 다른 아이들과 친해지자 소외감을 느끼면서 극심한 불안감을 느끼고 전전긍긍하느라 공부와 학교 생활을 망쳐버린 아이가 있었어요. 어떤 학생은 중1

때 같은 반이었던 초등학교 동창이 중2가 되어서 다른 반으로 갈라지게 될까봐 걱정하느라 지옥 같은 1년을 보내기도 했고요. 대다수에 해당하는 사례는 아니겠지만, 적어도 최근 몇 년 동안 쌤이 상담실에서 만난 청소년들의 경우만 보더라도 중학생이 되어서 새로 만난 친구와 우정을 쌓고, 절친을 만들고 하는 경우보다 초등학교 때 친했던 친구들과의 관계가 지속되길 바라고, 또 그것을 중요하게 여기는 아이들이 많은 게 사실인 것 같습니다.

학교 폭력과 왕따 같은 안 좋은 일들이 유치원, 초등학교 시기부터 빈번하게 일어나고, 중학교에 올라와서도 초등학교 때의 경험이 전과를 가진 것처럼 따라다니니까 아이들은 점점 더 친구들에게 거절당하고 소외될까봐 두려워합니다. 그래서 새로운 관계를 만들려고 시도하기보다 현재까지 유지해온 관계를 지키는 데 에너지를 쓰는 게 낫다고 생각하는 거죠. 아직 대인관계에 대한 자신감이 부족하고, 자존감이 낮다 보니 이 또래의 아이들은 거절이나 소외 상황에 민감하게 반응합니다. 친구들의 눈치를 보고 비위를 맞추면서라도 관계를 맺기 원합니다. 어찌 보면 서로가 서로의 눈치를 보면서 끌려 다니는 셈입니다.

고민이나 속 깊은 이야기를 터놓고 편안하게 얘기를 나눌 수 있는 친구가 있냐고 물어보면 자신 있게 "그렇다!"고 대답하는 아이는 매우 드뭅니다. 쌤은 거의 보지 못했어요. 그저 함께 장난치고 농담하는 것을 '서로 코드가 잘 맞는다'고 생각하고, 싸우지 않고 잘 지내면 '친한 친구'라고 생각하는 모양입니다. 청소년기에는 가족과 어울리는 시간보다 친구들과 어울려 보내는 시간이 훨씬 더 재밌고 좋다고 여깁니다. 여러분도 그렇죠? 만일 아이가 친구들과 어울리지 못하고 집에만 혼자 있다거나, 어울리는 사람이 하나도 없는 것처럼 보인다면 일단 잘 지켜봐야 합니다. 반대로 지나치게 친구들과 어울리는 데만 치중한 나머지 집에 머무는 시간이 적다거나 가족을 피하는 듯한 행동을 보일 때에도 조심스레 관찰하며 관심을 가져야 합니다. 가족과 가정에서 겪는 소외감이나 불만을 친구들에게 풀고 그들에게만 의존하고 집착하는 것도 건강한 상태가 아니기 때문입니다.

우리가 서로의 외계인이라고요?
_오, NO!! 속단은 금물!(14세와 부모님이 함께 읽는 장)

2012년 3월, 우리집 둘째 아이가 중학교에 입학하던 날 교실에 모인 학부모들에게 담임선생님은 이렇게 말씀하셨습니다. "학부모님! 아이들이 중학생이 되면 초등학교 때와는 완전히 달라요. 그냥 괴물이 됐다고 생각하세요. 괴물!" 그러면서 그냥 '중학생=괴물'이라 여기고 놔두라는 얘기를 더 하셨지요. 쌤은 그 말을 들으면서 마음이 무거웠어요. 담임선생님 말씀처럼 중학생 아이들이 괴물로 변한다면 그럴 만한 충분한 이유가 있을 텐데……. 그런 데 관심을 갖고 문제를 파악하고 해결하려는 노력 없이 부모는 그냥 '괴물'이 된 아이를 당연하게 받아들여야 한다는 것 같아서요.

물론 담임선생님께서 다른 의도와 의미를 가지고 한 말이었을 수도 있어요. 하지만 쌤이 14세인 여러분과 부모님께 이야기하고 싶은 것은 "아니 땐 굴뚝에서 연기 나지 않는다"는 점입니다. 모든 일에는 원인이 있다는 것이지요. 아이들이 어떤 말과 행동(사고)을 하는 데에는 그것을 야기하도록 에너지가 되는 어떤 기분(감정)이 반드시 함께 일어나며, 그 기분(감정)은 그 아이의 욕구(동기)가 무엇이냐에 따라 좋은 감정 또는 나쁜 감정으로 반응하게 됩니다. 따라서 아이들이 보이는 말과 행동의 뿌리 부분에 달려 있는 욕구(동기)가 무엇인지 알아내는 것이 가장 중요하지요. 쌤은 지금부터 여러분이 괴물 같은 중학생이 되지 않기 위해, 그리고 반항적이고 질풍노도와 같은 청소년기를 보내지 않는 데 꼭 필요한 것들을 이야기하려고 합니다. 14세인 여러분과 부모님이 함께 공유했으면 좋겠어요.

첫째, 과거는 현재와 미래를 위한 예방약

중학생이 되고 청소년이 되었다고 해서 무슨 일이 갑작스레 생기는 것은 아닙니다. 앞서 동기-감정-사고를 다루는 부분에서 여러 번 이야기했죠? 신체적인 변화와 정신적인 능력(사고력)은 청소년기에 성인 수준으로 발달하지만, 심리적인 변화와 행동의 변화들은 이미 과거에 경험해온 것들을 바탕으로 생기는 것이지요. '현재' 보이는 문제들이 있다면 그것에 영향을 미친 '과거'를 되돌아볼 필요가 있다는 뜻입니다. 사람은 누구나 자신이 그동안 경험했던 내용에 근거해서 반응을 보이고 행동합니다. 만일 어떤 아이가 중학생이 되어서 '이제까지와 다르게' 변했다면 그동안 아이가 어떤 경험을 반복해왔는지, 그 과정에서 생긴 마음의 상태는 어떤지를 먼저 살펴야 합니다.

예를 들어볼게요.

중학생이 되면서 유독 부모와 대화하는 것을 불편해하고 꺼리는 아이가 있습니다. 그러면 부모님은 우리 아이가 왜 그런 반응을 보이는지 먼저 '궁금증'을 가지고 다음에 '관심'을 가져야 합니다. 무작정 "아빠가 말하는데 대꾸도 안 하고 어디서 배운 버르장머리야!"라면서 아이의 행동만 문제 삼는다면 달라질 게 없지요. 아이는 무조건 윽박지르고 야단치는 부모를 점점 더 피하게 됩니다. 아이들의 뇌와 마음속에는 아기 때부터 부모와의 관계 속에서 경험해온 반응과 소통 방식이 고스란히 내장되어 있습니다. 그래서 무의식적으로 '내가 이런 말을 하면 엄마가 화부터 내겠지'라거나 '부탁해봤자 소용없어' 혹은 '괜히 말했다가 실망하고 기분만 상하느니 차라리 아무 말도 안 하는 게 나아' 등등의 속삭임들이 대화를 가로막습니다. 그러면 부모와의 대화는 이미 물을 건너가버리는 셈이지요. 방법을 바꿔보세요.

"요즘 아빠랑 얘기하는 걸 불편해하는 것 같은데 혹시 무슨 일 있니?"

"네가 중학생 되고 나서는 엄마와 얘기하는 걸 더 싫어하는 것 같아서 마음이 많이 쓰여."

"엄마한테 얘기하고 싶은 게 있으면 편하게 해봐. 일단 들어줄게."

부모와 대화하기를 꺼려하는 아이의 마음까지 공감해주고, 아이가 그러는 데 이유가 있을 거라고 생각하고, 좀 멀어진 것 같아 섭섭하다는 부모의 마음까지 솔직히 털어놓는다면 아이도 훨씬 가벼운 마음으로 말문을 열 것입니다. 이때 무엇보다 중요한 것은 아이의 말을 끝까지 듣는 것입니다. 솔직히 말하라고 해놓고 중간에 말을 가로막으면 절대 안 됩니다. 그래야만 아이가 자신이 부모에게 존중 받고 수용 받고 있다고 느낄 수 있으며, 부모를 신뢰하게 되거든요. 이런 과정을 통해 아이는 점점 더 용기를 갖게 되고, 자신감을 얻어서 결국 하고 싶었던 속 이야기를 다 꺼내놓게 됩니다. 만족감, 기쁨, 행복, 성취감, 존중 받고 사랑 받는 좋은 느낌들을 체험하게 되고요.

아이의 이야기를 다 듣고 난 후에는 아이가 했던 말 중에서 아이의 '기분에 해당하는 부분'에 대해 충분히 '공감'해줘야 해요. "그래, 그땐 정말 속상했겠구나", "그래서 네가 화가 많이 났겠네"라는 식으로 말이지요. 단, 이때 아이의 마음에 공감하는 것처럼 이야기하면서 "사실 그때는 아빠가 이런저런 사정이 있어서 어쩔 수 없었어"라는 식으로 변명하면 안 됩니다. 그러면 아이는 '거봐. 또 나보고 아빠를 이해해달라는 거지. 내 기분은 중요하지 않은 거야. 괜히 얘기했어!'라고 생각하게 되니까요.

이렇게 대화가 이어지면서 아이가 부모와 대화를 하기 싫어했던 이유와 원인이 파악되었다면, 아이와 함께 서로가 무엇을 기대하는지, 그리고 어떤 노력을 함께할 수 있는지에 대해 이야기를 나누고 서로의 욕구를 충족시킬 수 있도록 함께 노력해야 합니다. 청소년 상담에서 항상 부모상담을 병행하는 이유도 바로 여기에 있어요. 문제 행동을 보이는 아이가 그런 행동을 하는 이유를 탐색하다 보면 반드시 부모와의 관계에서 야기된 욕구 불만들이 나타나거든요. 이런 경우에는 부모님과 따로 상담을 해서 건강하고 올바른 양육태도와 방법을 조언해드리는 게 좋습니다. 부모상담을 병행하면 아이 혼자 상담 받을 때보다 훨씬 효과적입니다.

청소년기에 접어든 아이들과 생활할 때 '사춘기라서 그러겠지', '저러다 좀 더 크면 나아지겠지'라는 안일한 생각은 금물입니다. 아동기까지는 어리고 힘이 약해 겉으로 드러내지 못했던 부분들이 청소년기가 되어 각자 나름의 방식으로 자기표현을 하는 것이므로 어떤 형태이든 아이들이 보내는 신호와 메시지를 주의 깊게 해석해야 합니다. 때로 이 시기의 아이들 역시 엄마아빠의 사랑과 관심이 필요하다면서 온몸으로 울 수도 있거든요. 부모의 무관심이나 부주의로 간극이 생긴 다음에는 회복이 어렵습니다. 한 번 깊어진 감정의 골은 쉽게 메워지지 않거든요. 이런 문제들을 고스란히 안고 성인이 된 사람은 사회생활을 하거나 결혼 후 배우자와의 관계에서 지속적으로 문제를 만듭니다. 그러므로 현재와 미래의 행복을 위한 예방약으로써 지나온 과거를 돌아보고 상처의 흔적이 있다면 치료하세요. 여러분과 부모님의 관계에서 불만으로 여겼던 것, 서운했던 것, 두려워서 차마 말하지 못했던 것들을 잘 파악하여 서로 감정을 해소하도록 합니다. 묵은지는 맛있지만, 케케묵은 감정은 몸과 마음 모두에 해로우니까요!!

 둘째, 묵은 감정 해소하고 새롭게 감정 쌓기

앞서 동기(욕구) 부분의 끝자락에서 이야기한 "과거에 결핍되었던 부분을 현재에 다시 채우고 해결할 수 있는가?"에 대한 답을 말해보겠어요. 우리는 어린 시절을 보내는 동안 여러 가지 좋은 감정들을 쌓을 수 있습니다. 신뢰감, 자율성과 주도성, 자신감 등이지요. 주로 자신의 욕구들이 충족되는 동안 얻는 감정입니다. 더불어 우리는 사랑 받고, 존중 받고, 수용 받았다는 좋은 느낌과 함께 만족감, 성취감, 행복감, 자존감, 독립심 같은 감정들을 경험합니다. 이런 감정들을 많이 경험한 아이는 매사에 자신감 넘치고, 긍정적이며, 용감하게 도전하고, 실패에도 쉽게 좌절하지 않는 매우 독립적인 사람으로 성장합니다. 이런 감정들을 경험할 수 있게 해준 부모와의 관계도 아주 좋지요.

반면, 매우 엄격하고 권위적인 부모 밑에서 유아기를 보낸 아이들, 혹은 무관심한 부모나 일관성이 없고 변덕스러운 부모와 유년기를 보낸 아이들은 만성적인 불안과 긴장, 우울, 불만과 분노와 같은 감정에 시달리게 됩니다. 자신이 진심어린 사랑과 관심을 받지 못했다고 느끼기 때문입니다. 그래서 자기 확신이 없고, 자존감과 자신감은 낮은 반면, 의존심은 강하고, 부정적이거나 비관적인 사고를 가진 사람이 될 확률이 높죠. 만일 청소년기에 들어선 자녀들이 이러한 부정적 감정들을 표출한다면 무엇보다 과거의 양육환경과 양육태도 등을 되돌아보아야 합니다. 그리고 아이에게 부족했던 것이 무엇인지 살펴야 해요. 그리고 과거 경험 속에서 아이의 마음속에 쌓였던 '묵은 감정'들을 충분히 표현한 다음, 이것들을 해소할 수 있도록 도와야 합니다. 이때 해서는 안 될 말들이 있습니다.

"이미 지난 일을 갖고 왜 난리야?"
"엄마가 그래서 그때 뭐도 사주고 대신 보상을 해줬잖아."
"그땐 엄마한테도 다 사정이 있어서 그랬어. 니가 이해해야지 어쩌겠니, 엄마는 뭐 그러고 싶어서 그랬겠니?"

이런 표현들은 아이가 묵은 감정을 해소할 수 있는 기회를 방해할 뿐입니다. 부모 입장에서는 듣기 괴로운 이야기들일 수도 있지만, 아이 입장에서는 자신의 욕구가 좌절되는 경험으로 생긴 감정들이기 때문에 충분히 공감 받고, 표현함으로써 완전히 해소하는 과정이 꼭 필요합니다. 그러고 난 다음에는 결핍되었던 부분을 채우기 위해 노력해야죠. 이 단계에서 가장 중요한 것은 실천입니다. 전적으로 부모님의 끈기와 인내가 요구되겠죠? 부모-자녀 사이의 신뢰가 회복되어야만 아이는 그 다음 단계로 나아가서 자율성과 자신감을 얻을 수 있답니다. 부모가 적극적으로 지원하면서 서로가 신뢰를 쌓아가는 일은 건축의 기초공사에 해당합니다. 기초공사가 부실하면 모든 게 헛수고가 됩니다. 아무리 공을 들여도 아깝지 않겠지요?

중학생 정도가 되면 갓난아기 때와 같은 방식으로 신뢰를 쌓을 수 없습니다. 아이가 이미 일방적으로 수용하는 관계를 허락하지 않기 때문이죠. 그러므로 부모님은 현재 처한 일상 속에서 작고 사소한 것에서부터 서로 지킬 수 있는 약속을 아이와 함께 만들면서 이것을 지켜나가도록 노력해야 합니다. 신뢰는 매일매일 조금씩조금씩 쌓이니까요. 예를 들어, 아이가 부모에게 바라는 것 한두 가지, 부모도 아이에게 바라는 것 한두 가지 정도만 우선 정해놓고 서로 지키려고 노력해봅니다. 이와 동시에 부모는 평소에 아이에게 자주 하지 못했던 지지와 격려의 말을 최대한 많이 해주어야 합니다. 칭찬은 어떤 일에서 성과를 내야만 받을 수 있는 게 아닙니다. 칭찬은 곧 애정과 관심의 표현이고 사랑입니다. 마음만 먹는

다면 칭찬할 내용쯤은 얼마든지 찾을 수 있거든요. 아이들은 부
모와의 약속을 실천하는 과정에서 이전에 경험하지 못했던 사랑
과 관심, 수용성, 믿음, 자존감, 자신감을 경험하게 됩니다. 십여 년
동안 상담을 하면서 수많은 아이들과 부모님을 만나왔지만, 부모
와의 관계를 회복하고 좋은 감정을 다시 쌓는 데 왕도란 없습니다.
특별한 지름길도 없지요. 함께 노력하고 실천하는 길밖에는요!! 주
의할 점 하나, 부모님께서는 의지가 약하고 의존적인 아이들에게
처음부터 기대를 너무 많이 하지 말고, 부모님께서 먼저 실천하고
노력하는 모습을 보이시기 바랍니다. 사랑과 인내심을 갖고서요!!

셋째, 부모는 나의 거울, 나는 부모의 거울

　한 사람이 일생을 살아가는 데 큰 영향을 미치는 요인들 중에 '부
모의 영향력'이 가장 큽니다. 부모는 아이의 정서능력, 도덕성, 대
인관계, 자존감에 중요한 영향을 미치는 존재이기 때문이죠. 따라
서 청소년기의 아이들이 보이는 대부분의 문제 원인을 추적하다
보면 곧잘 부모와의 관계에서 야기되는 경우가 많음을 알게 됩니
다. 물론 교육제도와 사회문제 등 외부 환경적인 요인들에 의한 영
향도 크지만, 결정적으로 스트레스 상황이나 위기를 극복하는 힘
과 에너지는 부모와의 관계에서 나오기 때문입니다. 부모는 14세
여러분 자신의 현재와 미래를 비춰주는 거울이며, 청소년 여러분
의 모습은 바로 부모님의 모습이 반영된 결과라 할 수 있겠지요.

거울에 비친 내 모습이 예쁘지 않으면 우리는 왠지 기분이 나빠집니다. 거울도 보기 싫지요. 부모님과 여러분의 관계도 마찬가지에요. 하지만 그렇다고 해서 우리가 평생 동안 거울을 안 보고 살 수는 없겠지요? 자 그럼 해결 방법을 찾아야 합니다. 일단 용감하게 거울을 마주 본 다음 어디가 예쁘지 않다고 느끼는지, 마음에 들지 않는 구석은 어디인지, 어떻게 변하길 원하는지 솔직하게 인정해야겠지요? 여러분과 부모님의 관계도 마찬가지입니다. 일단 서로 진심을 다해 이야기를 나눠보세요. 이때 부모님도 여러분도 명심해야 할 것이 있습니다. 자신이 원하는 것(동기-욕구)을 분명하고 정확하게 전달하고, 그것이 충족되지 않았을 때 자신의 기분(감정)이 어땠는지 서로 알 수 있도록 솔직하게 표현해야 합니다. 조금 어렵더라도 포기하지 말고 꾸준히 연습하세요. 여러분도 부모님도 이러한 과정을 통해 감정발달과 공감능력을 향상시키고 동시에 자신의 진짜 욕구를 충족시킬 수 있게 되니까요.

꽂히면 통한다
14세에게
권하는
책&영화

Books

○ **기업가의 탄생** – 김태형 지음 | 위즈덤하우스(한국간행물윤리위원회 선정 2011년 청소년권장도서)

대한민국 경제계의 신화적 인물들이 무엇을 꿈꾸었고, 그 꿈을 어떻게 이루어나갔는지 과정을 담고 분석한 책. 마음의 상태가 인생에 어떤 영향을 끼치는지, 역경과 고난을 극복하는 데 요구되는 (기업가의) 정신이 무엇인지 보여준다.

○ **베토벤 심리상담 보고서** – 김태형 지음 | 부키(대한출판문화협회 선정 2008년 청소년도서)

베토벤과 지은이의 가상 대화를 바탕으로 한 심리 상담기. 베토벤은 음악사에서는 악성이라고 불리지만, 인간적인 면모에서는 괴팍한 사람의 이미지가 강한 인물이다. 베토벤과 그의 부모관계를 통해 사람의 인생에 미치는 부모의 영향력을 진단한 책.

∘ **대한민국 부모**−이승욱 외 지음 | 문학동네

다양하고 풍부한 사례를 통해 대한민국 가정의 현주소를 밝히면서 가정을 이끄는 대한민국 부모들에게 독립할 것을 촉구하는 책.

Movies

∘ **완득이**(2011) 드라마 | 한국 | 감독 이한

신체적인 장애를 가졌지만 정신과 마음이 건강한 아버지. 그런 아버지는 완득이에게 산 같이 커다란 존재다. '건강한 부모-자녀 관계'를 볼 수 있는 감동적인 영화.

∘ **어거스트 러쉬**(August Rush, 2007) 드라마 | 미국 | 감독 커스틴 쉐리단

가족이 함께 보기 딱 좋은 영화. 밴드 싱어 겸 기타리스트인 아버지와 첼리스트 어머니 사이에서 태어났으나 고아처럼 살아야 했던 소년. 뉴욕으로 건너간 그는 음악을 통해 부모를 다시 찾게 되는데……. "우린 마음을 열기만 하면 되는 거야!"

선생님이 궁금해요!

Q 어릴 적 꿈은 무엇이었나요?

A 초·중·고 때마다 조금씩 꿈이 변해서 유치원 교사, 선생님, 디자이너가 되고 싶었던 기억이 난다. 그 후에도 진로에 대한 고민은 한동안 계속되었다.

Q 쌤은 어떤 아이였어요?

A 한마디로 '팔방미인'이었다. 공부도 적당히 하면서, 운동도 잘하고, 미술도 잘하고, 놀기도 잘 놀고, 앞에 나서는 것도 좋아하고 잘하는 아이였다. 초·중·고 12년 동안 지각결석 한 번 없이 개근상을 받았고, 12년 동안 체육대회 때마다 이어달리기 선수로 뛰었고, 미술대회에서 받은 상도 많았다. 학예회나 수학여행 때는 사회를 보았고, 애들을 모아서 연극이나 공연 준비를 하는 데 항상 주동자 역할을 했다. 그래도 그땐 애들이 순수해서 인기도 많고 좋아했다. 요즘 애들 같으면 '재수없다'고 하려나? 나대지마! 그러겠지. 하하.^^

Q 심리상담가가 된 특별한 이유가 있나요?

A 대학 졸업 후 직장생활을 하면서 이런저런 스트레스를 받다가 진로에 대해 심각하게 고민하게 되었고, 결국 대학원에 진학하여 상담공부를 시작하게 된 것이 계기. 매우 만족!!

Q 꼭 챙기고 싶은 책, 버킷리스트에 들어갈 책이 있다면요?

A 버킷리스트란 죽기 전에 꼭 하고 싶거나 해야 할 일들에 대한 목록을 뜻한다지? 그렇다면 나는 죽기 전에 세상에 널리 밝은 영향을 미칠 '좋은' 책을 꼭 남기고 싶다.

Q 다른 직업을 택하게 된다면 어떤 일을 하고 싶으세요?

A 농물보호운동가. 현재 우리 집에는 진돗개 한 마리와 아기 때 구조해서 키우고 있는 길고양이 남매가 함께 살고 있는데, 이 아이들을 키우면서 유기동물과 그 외 사람의 이기심에 의해 희생 당하는 세상의 너무 많은 동물들에게 관심을 갖게 되었다.

Q 이것만은 꼭, 생활의 신조는 무엇일까요?

A 30대까지는 '후회 없이 살자'였는데, 40대가 된 뒤에는 '반성하는 사람이 되자'는 말을 가슴에 품고 산다. 사람은 잘못했던 것, 후회스러웠던 일들에 대해 깊이 반성하고 새로운 깨달음과 각오를 다짐함으로써 더 나은 발전과 성장을 이룰 수 있기 때문이다.

6교시

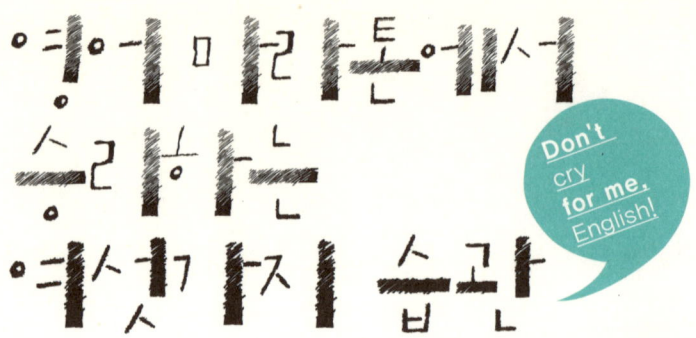

Don't
cry
for me,
English!

외국어 학습 프로그램 개발자
여상훈 선생님

중학 영어, 심각하지 않게, 재미있게!

중학생! 여러분은 이제 중학생이 되었습니다. 중학생이 되면서 달라진 건 무엇일까요? 무엇보다 공식적으로 '어린이'라는 소리를 듣지 않습니다. 키도 더 크고 목소리도 달라지기 시작합니다. 이런 변화와 함께 생각도 깊어지고 진지해집니다. 지식이 늘고 감수성이 풍부해지는 만큼 학교 공부도 좀 더 심각하고 폭넓어집니다. 또 늘어난 나이만큼 대우를 받기도 합니다. 저는 나이가 많지만, 중학생에게 길을 묻게 되면 꼭 존댓말을 씁니다. 중학생을 아이로 대한다면 큰 실례이니까요!

제가 중학생이 되던 시절에는 좀 달랐습니다.

그때 겪은 가장 큰 변화는 갑자기 등장한 '영어'라는 과목이었어요. 알파벳이라니, 무슨 지렁이 기어간 자국 같은 걸 글자라고 배워야 했습니다. 발음은 또 얼마나 유별났는지요. 영어 단어를 읽는 선생님의 혀가 얼마나 심하게 꼬이고 말리고 들락거리는지, '저런 말은 난 배울 수 없어' 하고 날마다 좌절할 따름이었습니다. 그래서 영어는 낯설고 두렵기만 한 과목이었죠.

여러분은 사정이 훨씬 좋다는 생각이 듭니다. 많지 않은 분량이지만 초등학교에서 영어를 배우기 시작했고, 학습지다 뭐다 하는 갖가지 방법으로 선행학습도 했으니까요. 적어도 여러분의 부모님이나 선배들보다는 영어에 훨씬 익숙해진 채 중학교에 왔으니, 놀라고 당황할 일은 없겠습니다.

그래도 걱정이 아주 안 되는 건 아닐 것입니다. 영어 공부가 많이 어려워진다는 이야기도 들었고, 날이 갈수록 잘하는 친구들과 그렇지 못한 친구들의 격차가 커진다는 것도 알기 때문입니다. 영어 공부를 아주 일찍 시작해서, "중학교 영어쯤이야!" 하며 대학생들이 친다는 어려운 시험을 보러 다니는 친구도 있어서 좀 불안하기도 합니다.

그런 사정을 알기에 제가 이 글을 씁니다. 영어란 게 도대체 무엇이고, 중학교에서는 어떻게 달라지고, 어떻게 하면 마음고생 덜하고 잘 해나갈 수 있는지, 그런 이야기를 여러분에게 하려 합니다. 전 중학생이 된 뒤 반년 동안 영어 성적이 50점을 넘은 적이 없습니다. 그래서 갈팡질팡 헤매는 중학생들 사정을 누구보다 잘 알죠.

영어 낙제생이 '이를 악물고 노력해서' 영어 달인이 된 이야기는 흔합니다. 칭찬할 만한 이야기들입니다. 하지만 저는 여러분이 이를 악물지 않으면 좋겠습니다. 이를 악물고 참아내며 하는 공부는 대견한 일이지만, 즐기며 하는 공부가 더 쉬우니까요. 어떻게 즐길까요? 여러분이 한글을 배우면서 어떤 일이 생겼는지 돌이켜보면 됩니다.

읽기를 배우면 세상은 마치 요술을 부린 듯 재미있는 읽을거리로 가득해집니다. 말하기는 어떤가요? 쓰기는?

영어도 마찬가지입니다. 세상에는 수많은 읽을거리, 볼거리가 있지만, 그 가운데서도 영어로 된 것이 제일 많습니다. 책, 만화(음, 이건 다른 언어가 더 많을지도……), 잡지, 영화, 노래가 눈에 들어오고 귀에 들려옵니다.

여러분! 지금부터 쌤이 하는 이야기에 한번 귀를 기울여보세요. 심각하지 않게, 일단 재미있게 읽으세요! 그리고 앞으로 영어 공부를 하면서 되새겨보기를 바랍니다.

영어란 도대체 어떤 언어일까?

이 세상에는 6,000가지가 넘는 언어가 있다고 합니다. 같은 나라 사람도 알아듣기 어려운 방언까지 치면 그 수는 엄청나게 불어날 겁니다. 한국어, 영어, 중국어처럼 우리 귀에 익숙한 언어도 있지만, 우르두어(파키스탄), 사모예드어(시베리아, 러시아 북극권), 드라비다어(남부 인도)처럼 이름조차 낯선 언어도 많습니다. 배울 수 있는 외국어가 그만큼 많다는 이야기도 되겠네요.

이렇게 많은 언어는 다시 그 뿌리에 따라 몇 십 개 무리(어군, 어족)로 묶입니다. 예를 들어 프랑스어, 에스파냐어, 이탈리아어는 서로 아주 다른 듯 보이지만 같은 인이에서 갈라진 형제들이어서 로망스어라는 이군 안에 들어갑니다. 우리말은 만주어, 몽골어, 터키어 등과 함께 알타이어에 속합니다. 이렇게 뿌리가 같다고 해도 글자는 또 다른 문제입니다. 유럽 사람들처럼 거의 같은 알파벳을 쓰는 경우도 있고, 우리말과 몽골어처럼 완전히 다른 글자를 쓰는 경우도 있습니다.

영어는 어디에 속할까요?
유럽 대다수 나라의 언어는 인도유럽어라는 커다란 어군에 속합니다. 그 가운데는 로망스어, 게르만어 무리 등이 있는데, 영어는 바로 이 게르만어 무리에 속합니다. 영어의 낱말은 대부분 로

망스어와 게르만어 낱말로 이루어집니다. 네덜란드 사람이 영어를 빨리 배우고 프랑스 사람이 에스파냐어를 쉽게 익히는 것도 그 언어들이 모두 인도유럽어에 속하기 때문입니다.

이렇게 인도유럽어라는 말에서 짐작할 수 있듯이, 유럽 언어들의 가장 큰 뿌리는 옛날 인도에서 생긴 언어입니다. 그 언어가 사람과 문화의 흐름에 따라 유럽으로 옮겨가면서, 주위 언어들과 섞여 오늘날 갖가지 유럽 언어로 갈라졌습니다. 이렇게 언어의 갈래에 민족들이 옮겨 다니고 섞이고 멸망한 흔적이 고스란히 담겨 있음을 생각하면 참 재미있습니다. 언어의 역사가 바로 인류의 역사인 셈이죠. 그러니까 외국어를 배운다는 건 우리와는 다른 역사와 문화를 배우는 일이기도 합니다.

우리는 왜 영어를 배우는 걸까?

외국어를 공부하는 진짜 이유

친구들과 축구를 하면 시간 가는 줄 모릅니다. 학원 갈 시간도 잊고 약속도 놓치기 일쑤입니다. 운동이든 컴퓨터 게임이든, 우리를 빠져들게 만드는 '어떤 것'이 있기 때문에 시간 가는 줄 모르고 열중할 수 있습니다. 그게 뭘까요? 바로 '목적'입니다. 축구 경기라면 골을 넣어 시합에 이기려는 목적, 컴퓨터 게임이라면 남들보다 더 높은 점수를 얻거나 더 높은 레벨에 올라가려는 목표가 있습니다. 목적, 목표가 뚜렷하지 않으면 흥미를 잃기 쉽고 집중하기도 어렵습니다.

영어 공부도 마찬가지입니다. 먼저 무엇을 위해, 어떤 것을 목표로 영어를 배우는지 스스로에게 분명하게 말할 수 있어야 합니다. 그래야 긴 싸움에서 이길 수 있습니다. 그럼 여러분 자신에게 한번 물어보세요. 난 뭘 위해서 영어를 배울까?

좋은 성적을 얻기 위해서? 그게 전부인가요? 아니면 나중에 대학에 가기 위해서? 물론 중요한 목표겠죠. 그것만을 위해서라면 차라리 가위, 바위, 보를 해서 순위를 매기는 편이 고생스럽지 않고 돈도 아끼는 방법 아닐까요?

바둑을 배우면 머리가 좋아진다고 합니다. 그렇다고 머리가 좋아지는 게 바둑을 배우는 최고의 목적은 아닙니다. 무엇보다 바둑은 재미있습니다. 바둑판을 채우는 방법은 오늘날 천체물리학이 밝혀낸 전 우주의 별을 모두 합친 수보다 많습니다. 무궁무진한 전략을 생각해내고 상대방의 마음을 치밀하게 읽는 시합입니다.

여러분이 외국어를 배우는 진짜 목표는 '성적으로 줄 세우기' 경쟁에서 이기는 것과는 좀 달라야 합니다. 성적 경쟁을 위해서라면 가위, 바위, 보나 팔씨름이 간편하다니까요.

앞에서 말한 것처럼, 외국어는 우리가 몰랐던 세계를 향해 창을 여는 공부입니다. 여러분 각자가 흥미를 느끼는 일에 관해 세계 사람과 대화하고 경쟁하고 견문을 넓히는 도구입니다. 목표로 하는 성적을 얻기 위해서가 아니라 세계와 대화하는 능력을 갖춘다는 목표가 있어야 합니다. 음악, 영화, 문학, 과학, 스포츠, 정치, 경제 등 어떤 분야라도 그런 대화가 필요하니까요. 어른이 되어 직업을 가졌을 때도 그렇고 여행을 다니거나 취미생활을 해도 마찬가지입니다. "작고 작은 세상"이라는 노래가 실감 나는 시대입니다. 그러니 세계인과 대화할 수 없으면 우물 안 개구리 신세를 벗어나지 못합니다.

 ## 왜 하필 영어일까?

세계인과 대화하는 도구라면 왜 하필 영어일까요?

세상에서 가장 많은 사람이 모국어로 쓰는 언어는 영어가 아니라 중국어입니다. 전 세계 인구 70억 명 가운데 15%가 중국어를 말합니다. 두 번째도 영어가 아니라 힌두어이고, 세 번째로 많이 쓰는 언어는 에스파냐(스페인)어입니다. 메달권에서 밀려난 4위가 영어로, 약 4억 명의 모국어입니다. 미국, 영국, 캐나다 일부, 오스트레일리아, 영국 등이 영어를 모국어로 쓰는 나라입니다.

하지만 가장 많은 사람이 '할 수 있는' 언어는 중국어나 에스파냐어가 아니라 영어입니다. 영어가 아닌 언어를 모국어로 쓰는 나라 가운데 많은 곳에서 영어는 제2언어 즉 공용어입니다. 영국의 옛 식민지 국가들이나 인도처럼 모국어가 여러 가지인 나라에서 영어는 중요한 공용어입니다. 이렇게 영어를 공용어로 쓰는 인구를 합치면 영어 사용자는 15억 명으로 늘어납니다.

머지않아 중국은 세계에서 경제 규모가 가장 큰 나라가 됩니다. 인도는 세계에서 가장 인구가 많은 나라가 되죠. 그래서 사람들은 영어가 국제어의 지위를 잃어버릴 것이라고 예상했습니다. 하지만 사정은 정 반대로 흘러가고 있습니다. 영어는 여전히 국제 거래와 회의에서 사용하는 대표적인 언어이며, 인터넷 웹페이지의 85%가 영어로 작성됩니다.

인터넷을 비롯한 정보통신산업의 발달은 영어를 더욱 강력한 국제어로 만들고 있습니다. 과학기술뿐 아니라 문학과 예술에서 영어의 비중은 오히려 커졌습니다. 연구조사에 따르면, 2030년까지 전 세계에서 영어를 이해하는 사람의 수는 50억 명으로 늘어날 것이라고 합니다. 이쯤 되면 영어는 그야말로 세계인의 대화 도구라고 할 만합니다.

여러분이 마음에 담아두어야 할 영어 공부의 목적은 세계인의 대화 도구를 내 것으로 만들기, 바로 그것입니다.

중학교 영어, 어떻게 맞이할까?

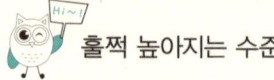 **훌쩍 높아지는 수준**

초등학교 영어 교과는 그 목표가 아주 소박합니다.

영어라는 새로운 언어에 대한 두려움 없애기, 영어의 문자와 소리에 익숙해지기, 기본 단어를 배우고 간단한 표현을 배우면서 우리말과는 다른 영어의 얼개를 이해하기 등입니다. 사용하는 단어도 몇 백 개밖에 안 되고, 일상생활에서 쓰는 간단한 문장만 익히면 됩니다. 무엇보다 시험이라는 부담이 없습니다(원칙을 지키지 않는 학교는 있게 마련이지만).

중학교에서 영어 교과는 조금 성급하다고 할 만큼 수준이 높아집니다. 제가 보기에는 1, 2학년에서 3학년으로 올라갈 때 특히 어려워집니다. 중학교에서 새로 배우는 단어의 수는 초등학교 과정과 비슷하지만, 일상생활에 필요한 간단한 표현을 넘어 복잡한 이야기를 읽어내야 합니다.

문장은 길어지고, 영어 선생님은 문법 용어를 사용하시면서 문장 구조를 분석하는 방법을 가르쳐주십니다. 그리고 드디어 시험을 쳐서 성적을 받는 괴로움이 시작됩니다.

중학교 영어가 재미없는 진짜 이유

이런 변화에 대비해서 마음의 준비가 필요합니다.

중학교 영어 수업과 시험 때문에 여러분은 어쩌면 학교에서 처음 좌절을 겪고 마음의 상처를 받을지 모릅니다. 교과서는 옛날과는 다르게 흥미로운 이야기를 읽으면서 표현 능력을 배우는 데 초점을 맞추고 있고, 시청각 교재도 폭넓게 사용합니다. 하지만 여러분이 교실에서 경험하는 영어 수업은 초등학교와는 달리 재미있지 않을 가능성이 큽니다. 그 원인은 다음과 같습니다.

첫째, 중학교의 영어 교육 환경은 초등학교보다 떨어집니다.

한 학급의 학생 수가 외국어 수업을 제대로 하기에는 너무 많습니다. 그러다보니 여전히 문법에 기대는 수업으로 흐릅니다. 여러분이 어떤 부분을 이해하지 못하거나 충분히 익히지 못해도 그냥 지나가기 십상입니다. 또 공부해야 할 분량에 비해 수업 시간이 부족합니다. 각 단원에 들어 있는 듣기, 말하기 부분을 제대로 익히기에는 시설과 시간이 못 따라갑니다.

둘째, 한 학급 안에서 앞서가는 학생과 뒤처지는 학생의 차이가 너무 큽니다.

그래서 수업이 여러분 각자에게 딱 맞는 수준으로 진행되지 않습니다. 그 차이를 좁히기 위한 특별한 수업은 잘 이루어지지 않습니다.

셋째, 초등학교 때와 마찬가지로 학원이나 개인지도를 통해서 선행학습을 해야 한다는 압력을 받습니다.

학교 공부를 잘 따라가는 학생들도 그런 압력을 받아 괴로워합니다. 초등학교부터 선행학습을 많이 한 학생이라고 예외는 아닙니다. 그런 학생들은 일찌감치 대학 입시 수준에 올라서야 한다는 압력을 받으니까요.

중학교 영어를 대하는 우리의 자세

그렇다면 여러분은 어떤 마음의 준비를 해야 할까요?

먼저, 환경이 나빠져서 생기는 문제를 해결하려면 여러분 자신이 적극적인 자세를 보여야 합니다. 이해하지 못하면 수업에 브레이크를 걸어야 합니다. 저는 중학교 영어 제1과를 배우는 시간에 'Be 동사'라는 선생님의 말씀을 이해하지 못하고도 질문하지 못해서 첫 학기 내내 지옥 같은 시간을 보낸 경험이 있습니다.

좀 뻔뻔해집시다. 잘하든 못하든 기회가 있을 때마다 크게 말하고 끼어들어야 합니다. 틀리는 걸 부끄러워하거나 두려워하지 말아야 합니다. 영어를 모국어로 하는 학생이 우리말을 배운다면 얼마나 틀리고 헤매겠습니까?

두 번째 문제는 정답이 없지만, 한 가지 원칙은 명심하기 바랍니다. '나의 능력과 실력대로 공부한다'는 원칙입니다. 수업에 참여할 때, 공부 계획을 세울 때, 한 주간, 한 달, 한 학기 목표를 정할 때, 여러분은 철저하게 이기적으로 자신의 능력과 실력에 맞는 방법과 속도를 기준으로 삼으면 됩니다. 학원과 달리 학교 수업은 그런 원칙을 지키면서 따라가기 쉽게 되어 있습니다.

마지막으로, 선행학습 문제라면? 저에게는 매우 단호한 믿음이 있습니다. 바로 '선행학습, 그건 정말 아무짝에도 쓸모가 없다'는 것입니다.

몹시 비능률적으로 공부하는 친구들은 수학 시간에 영어 공부하고 영어 시간에 사회 공부를 합니다. 선행학습도 그런 겁니다. 학년이 올라가면서 아는 게 많아지고 생각이 깊어지면 지금보다 훨씬 짧은 시간에 배울 수 있습니다. 그런 걸 미리 한다고 덤비면, 말은 알아듣지만 내용은 충분히 이해하지 못한 채 넘어가게 됩니다. 그러니 능률이 떨어집니다.

영어 공부는 서둘러 앞으로 달려 나가기(선행학습)보다는 배운 능력을 이용해서 옆으로 폭을 넓히는(확장학습) 것이 바람직합니다. 중학교 첫 학기에 배운 영어 실력을 이용해서 자기가 좋아하는 노래를 듣고 만화영화를 보고 책을 읽자는 이야기입니다. 그러다 보면 공부에 속도가 붙고, 시간이 지나면 어느새 목표를 훌쩍 넘어서게 됩니다.

영어 공부의 미신을 버리자!

여러분은 영어가 어떤 언어인지, 왜 영어를 배워야 하는지, 중학교에서 달라지는 영어 공부를 어떤 마음가짐으로 맞이할지 알게 되었습니다. 자, 이제는 영어 공부를 어떻게 할지 이야기할 차례입니다.

영어 공부를 시작하는 사람들에게 저는 늘 이 이야기를 먼저 합니다. "영어 공부를 둘러싼 잘못된 상식부터 버리세요!" 유치원, 초등학생부터 대학생, 직장인까지 영어에 시달리지 않는 사람이 없는 나라에 살다 보니, 영어 공부를 두고 이러니저러니 정말 말이 많습니다. 옳은 말도 많지만 엉터리 이야기도 많아서, 사람들은 기가 죽고 잘못된 방향으로 달려가고 쓸 데 없는 곳에 힘을 씁니다. 영어 공부의 미신을 버리는 일이 아주 중요한 이유입니다.

영어 공부를 둘러싼 미신들

➡ 언어에 재능이 없으면 영어를 잘할 수 없다

영어 공부의 미신 가운데 단연 선두주자입니다. 음악, 미술, 수학 재능들과 마찬가지로 언어도 재능을 타고나는 사람이 있습니다. 그런 사람들은 모국어든 외국어든 다른 사람보다 빨리 배웁니다. 하지만 '빨리 배운다'는 딱 거기까지입니다.

앞에서 말한 '우리가 영어를 배우는 목적'을 생각하면 금세 답이 나오죠. 여러분은 뚜렷한 목적을 가지고 영어를 배웁니다. 번역, 통역, 언어 연구는 언어에 재능이 있는 사람이 유리합니다. '빨리' 배우니까요. 목표가 그게 아니라면, 누구나 영어를 '필요한 만큼' 배울 능력이 있습니다.

언어는 듣고 말하고 읽고 쓰는 능력이 전부가 아닙니다. 지식이 깊으면 같은 말도 깊이 있게 할 수 있습니다. 그런 사람에게는 모국어처럼 유창하게 말하는 건 중요하지 않습니다. 그러니 이렇게 말해야 합니다.

"자기 분야에서 공부가 부족하면 영어를 잘 할 수 없다."

➔ 듣기, 말하기를 잘하려면 어릴 때부터 배워야 한다

우리나라 사람에게 가장 어려운 건 듣기와 말하기라고 합니다. 하지만 사실은 완전히 다르답니다. 언제부터 영어를 배웠는가는 상관없이 가장 어려운 것은 쓰기입니다.

그럼 어릴 때부터 배워야 듣기, 말하기를 잘 할까요? 학교 영어라면 그럴 수 있습니다. 그렇지만 길게 보면, 듣기, 말하기 역시 단어를 많이 알고 지식이 풍부한 사람이 앞서갑니다. 말하는 속도가 가장 큰 문제는 아니니까요. 영어가 모국어가 아닌 사람이 원어민보다 우아하고 똑똑한 영어를 말하는 경우는 아주 많습니다. 그러니 어릴 때부터 배우지 않았다고 기죽지 맙시다!

➡ 외국에 가면 영어를 쉽게 배울 수 있다

꼭 그렇지도 않습니다. 조기유학을 해도 외국에서 대학에 갈 때 영어 때문에 고생하는 학생이 많습니다. 아주 어릴 때 가는 경우에는 이민에 가까우니까 비교할 일이 아니죠. 결국 외국에 간다고 다 해결되는 건 아니고, 각자가 어떻게 준비하고 노력하는가에 달려 있습니다. 외국에 가지 않아도 이제는 얼마든지 자신이 좋아하는 분야에서 자료를 얻고 공부할 수 있는 시대입니다. 국내에서도 '영어의 바다'를 만들어서 헤엄칠 수 있는 겁니다.

➡ 본토 발음을 배워야 한다

물론 그러면 좋습니다. 하지만 영어는 세계를 상대로 대화하는 도구이므로, 영어가 모국어인 사람보다 그렇지 않은 상대가 더 많습니다. 중요한 건 '뜻을 오해 없이 전달할 만큼' 제대로 발음하면 된다는 사실입니다. 영어는 영국 영어, 미국 영어, 이렇게 둘만으로 된 언어는 아니니까요. 인도 사람의 영어도 영어이고 싱가포르 사람의 영어도 영어입니다. 우리말 습관 때문에 상대방이 잘못 알아듣게 만드는 발음만 잘 고치면 발음 문제는 반쯤 해결됩니다.

이래야 진정한 영어 능력자!

이렇게 영어를 둘러싼 미신을 버리고 나면, 진짜 영어 능력자란 어떤 사람인지 감이 잡히기 시작합니다.

우리말을 해도 사람마다 잘하고 못하는 차이가 있죠. 그런데 읽고 쓰는 능력까지 합치면 그런 차이는 의미가 없어집니다. 말은 잘하는데 좋은 글을 쓰지 못하는 사람이 있는가하면, 말은 영 서툴지만 매력적인 글을 쓰는 사람도 있으니까요.

영어도 그렇습니다. 외국어 한두 가지를 모국어 수준으로 하는 사람은 아주 드뭅니다("누구누구는 몇 개 언어에 능통해"라는 이야기를 자주 듣지만, 대부분 과장된 소문입니다). 여러분도 영어를 모국어처럼 하기는 어렵습니다. 하지만 깊은 지식과 세련된 감각을 갖추고 자기 분야에서 뛰어난 전문가가 된다면, 그런 능력이 여러분의 영어를 고급 영어로 만들어줍니다. 그래야 진짜 영어 능력자로 인정받게 됩니다.

영어 마라톤에서 승리하는 여섯 가지 습관

영어의 미신을 떨쳤으니 이제 영어 공부라는 마라톤에서 이기기 위해 필요한 습관을 배워 몸에 붙여봅시다. 그렇게 하면 여러분은 영어 마라톤에서 땀 한 방울 안 흘리고 반환점을 돈 셈입니다.

날이면 날마다 자투리 시간에 한다
외국어 공부는 몰아서 하지 않습니다. 어느 날 세 시간 하고 다음날 손을 놓는 것보다(합계 세 시간) 하루 한 시간씩 이틀 하는 편이(합계 두 시간) 훨씬 효과가 큽니다.

중학교에서 배울 과목은 영어 말고도 많죠. 그러니 제대로 하려 들면 시간이 모자랍니다. 그래서 하는 제안. "영어는 자투리 시간에 공부합시다. 그 대신 날마다!"

수학이나 과학은 한 자리에 앉아 제법 긴 시간 집중해야 하겠지만, 영어는 다르답니다. 교과서 본문을 쪽지에 적어 화장실에 붙여도 좋고, '나만의 영어수첩'을 만들어 이동하는 시간이나 휴식 시간 두세 번 짬을 내어 눈이라도 흘겨주면 됩니다. 다른 과목 공부가 짜증이 나는 시간에 쉬는 셈 치고 영어가 나오는 영화를 보거나 영어 노래를 들으며 따라서 흥얼거려보세요.

소리 없는 공부는 아무것도 아니다

영어 공부는 소리에서 시작해서 소리로 끝나는 분야입니다. 저는 나이에 상관없이 모든 영어 학습자에게 말합니다. "소리 없는 공부는 아무것도 아닙니다!" 단어, 문장, 문단, 문법 예문 등 모든 것을 분명하고 큰 소리로 읽으며 공부하라는 겁니다. 심지어 생각도 소리 내어 하라고 말합니다. 연습문제의 빈 칸도 소리를 내며 써넣어야 합니다.

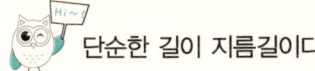

단순한 길이 지름길이다

영어는 이 어학원이나 저 학원에서, 독해는 이 방법과 저 비법으로, 단어는 이 책과 저 단어장으로, 문법은 이 인강 아니면 저 선생님에게……. 어지럽습니다. 세상에는 신묘한 비법과 기적의 학습법이 넘쳐납니다. 이리저리 헤매다보면 다니다 그만둔 학원 수는 늘어만 가고, 제대로 들여다보지도 않은 교재들이 발에 채입니다.

그래서 명심할 습관이 "단순하게 공부한다"는 것입니다. 자신의 적성에 따라 교과서에 책 한 가지나 인강 하나를 더하는 정도로 단순하게 정리해서 집중해야 합니다.

쉬운 영어가 좋은 영어다

독해, 문법, 듣기, 어느 쪽을 공부하든, 쉽게 이해할 수 있는 문장, 간단한 표현을 제대로 이해하고 활용할 수 있을 때까지 익혀서 완전히 자기 것으로 만드는 습관이 중요합니다.

분량도 마찬가지입니다. 학원에서 하듯 하루에 수 십 개 단어를 달달 외우고 쪽지 시험을 친다고 해서 능률이 오르지는 않습니다. 현재 수업이 진행 중인 단원의 단어라야 문장들과 함께 머리에 남습니다. 단어든 문장이든 뜬금없이 달달 외운 것들은 쪽지 시험이 끝나면 홀연히 날아가고 맙니다.

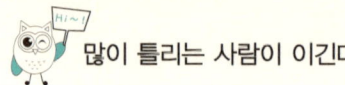
많이 틀리는 사람이 이긴다

아무래도 우리나라 문화가 그런 모양입니다. 안다고 나서면 "쟤 너무 나댄다"고 비웃죠. 몰라도 용감무쌍하게 시도해보는 사람에겐 "모르면 얌전히 있기나 할 일이지"라고 무시합니다. 이런 문화 때문에 공부하다가 마음의 상처를 얻는 사람이 많습니다. 한 번 그런 상처를 입으면 우리 뇌는 저절로 작동을 멈추고 바보 놀음을 합니다.

앞에서 이야기한 것처럼, 틀리는 걸 부끄러워하지도, 두려워하지도 않아야 합니다. 낯이 좀 두꺼워야 한다는 말이죠. 발음에 자신이 없어도 나서야 합니다. 한국 토종 발음이면 어떤가요. 여러분이 적극적으로 '나대면' 선생님들도 수업하기가 한결 신이 나실 거예요.

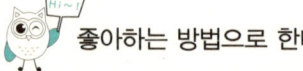
좋아하는 방법으로 한다

아마도 가장 중요한 습관일 겁니다.

공부를 제대로 하게 만드는 힘은 흥미와 집중입니다. 흥미가 있어야 하겠다는 의지가 생기고, 의지가 있어야 집중하게 되니까요.

그래서 중요한 것이 스스로 챙기는 공부 자료입니다. 여러분의 마음이 시키는 대로, 끌리는 대로 눈길을 돌려 자료를 구합니다. 팝송이 좋으면 팝송에, 영화나 만화가 끌리면 그런 것들을 뒤지면 됩니다. 스포츠, 반려동물, 화산, 야생동물, 자동차, 어떤 것도 좋

아하는 것이라면 훌륭한 자료가 됩니다. 책, 잡지, 동영상 등 얻어
낼 수 있는 것은 무궁무진합니다. 일일이 사전을 찾지 않아도 괜
찮죠. 취미생활 삼아 읽고 듣고 따라하고 보는 것으로 충분합니다.

영어 감각을 키우는 몇 가지 방법

　모든 언어는 듣기, 말하기, 읽기, 쓰기라는 네 가지로 이루어집니
다. 이 네 가지를 어떻게 하면 잘 배워나갈 수 있는지 설명하려면
이야기가 너무 길어지겠죠. 중학교 영어를 처음 배우는 여러분은
그렇게 부문을 나누어 들어가기보다는 영어의 감각을 몸에 제대
로 익히는 연습이 중요합니다. 그래서 영어의 감각을 키우는 몇 가
지 방법을 제안해봅니다.

나누어 읽으며 차례로 이해하기

　초등학교에서 영어를 배우면서 이미 깨달았지만, 영어는 우리말
과 여러 가지 다른 점이 있습니다. 한 문장 안에서 단어를 늘어놓
는 순서가 아주 중요하고, 그 순서가 우리말과 완전히 다르다는 것
도 중요한 차이입니다.

　예를 들어 "My baby sister can ride a bike."(우리 여동생은 자전
거를 탈 줄 알아)라는 문장을 읽으면서 우리말을 생각하면 머리가
복잡해집니다. "내 여동생 할 수 있다 탄다 하나 자전거." 이런 정

보를 다시 우리말에 맞게 정돈하려니 시간이 걸립니다. 질문하는 문장(의문문)으로 만드는 영어는 순서의 문제입니다. 'can'의 자리를 옮겨 문장 제일 앞에 두면 되죠. 그런데 우리말은 "우리 여동생은 자전거를 탈 줄 알까?"라고 하죠. 순서는 바꾸지 않은 채 '까'만 붙이면 됩니다. 영어 문단을 빨리 읽고 정확하게 이해하는 일을 어렵게 만드는 주범이 바로 이런 순서의 차이입니다.

그래서 단어를 먼저 확인한 뒤 뜻이 통하는 덩어리로 문장을 나누어가며 차례로 이해하는 버릇을 들여야 합니다. "My baby sister / can ride / a bike." 이때 나누어진 덩어리들을 머릿속에서 우리말로 옮기려 하지 말고 그 모습을 떠올리도록 해보는 겁니다. 처음에는 문장 읽으랴, 모습 떠올리랴, 산만하지만, 금세 익숙해집니다. 이런 읽기에 억지로 이름을 붙이면 '분독순해'(나누어 읽으며 차례로 이해하기)쯤 되겠군요. 중학교 교과서 첫 단원부터 한번 시도해보기 바랍니다.

기본 동사, 영어를 움직이는 엔진

영어 문장을 이루는 가장 중요한 부분은 동사, 특히 기본 동사들입니다. 동사 하나가 여러 뜻으로 쓰일 뿐 아니라 비슷한 뜻을 가진 동사가 여럿이어서, 일일이 구분해서 쓰기가 여간 까다로운 게 아닙니다. 이 또한 우리말과 다른 점이라고 하겠습니다.

따라서 영어의 기본 동사들이 우리말과는 달리 어떤 갖가지 느낌을 표현하는 데 쓰이는지 눈여겨보며 공부해야 합니다. 예를 들어 다음 네 문장을 영어로 말할 때 파란 부분은 어떤 단어로 옮기면 적당할까요?

- 할아버지는 시내에 커다란 집이 있다. ('가지고 있다')
- 많은 유럽인은 눈이 파랗다. ('어떠하다')
- 편안한 밤 보내세요! ('지내다')
- 동생한테 우유를 가져오도록 했다. ('~하도록 시키다')

놀랍게도 네 문장 모두 'have'라는 동사를 쓰는 게 가장 자연스럽습니다.

- My grandfather has a big house in the city. (할아버지는 시내에 커다란 집이 있다.)
- Many Europeans have blue eyes. (많은 유럽인은 눈이 파랗다.)
- Have a good night! (편안한 밤 보내세요!)
- I had my younger brother bring some milk. (동생한테 우유를 가져오게 시켰다.)

이게 바로 '말을 만들고 사용하는 기본 생각'이 달라서 생기는 일입니다. 기본 동사 안에 숨은 영어의 생각을 이해하면, 우리말과 다른 영어의 상상력을 알게 됩니다. 기본 동사의 상상력을 배우면서 영어의 '골격'을 만져보는 셈입니다.

앞으로 만날 때마다 그 변덕스러운 쓰임새를 잘 지켜볼 기본 동사로 저는 다음 50개를 꼽습니다. 대다수는 이미 초등학교에서 한 번 이상 만난 것들이지만, 참고하도록 나열해봅니다.

do, think, make, leave, put, run, go, take, drive, want, pass, set, give, turn, have, let, look, listen, hear, speak, talk, say, tell, come, ask, know, believe, mind, mean, rise, fall, need, stop, feel, bring, carry, see, watch, like, work, find, seem, become, move, begin, hold, live, happen, agree, stay

발음기호를 연습하자

외국어를 공부할 때 발음기호 연습을 빠트릴 수 없지요. 발음기호는 낯선 언어를 어떻게 읽을지 알려주는 친절한 길잡이 역할을 합니다. 방송에서 이효리의 〈Golden12 보다[boːda] 콘서트〉 실황이라고 할 때 이 [boːda]가 바로 발음기호입니다. 귀찮지만 꼭 한 번 익히고 지나갈 것을 권합니다.

모음을 발음하는 중요한 기호로 다음과 같은 것들이 있습니다.

[ɔ] (입술을 동그랗게 하고 오와 아의 중간음)

[ə] (입술을 조금 벌린 어)

[æ] (혀끝이 아랫니 안쪽에 닿도록 하고 애)

[ʌ] (입술 양끝을 양쪽으로 당겨 어와 아 중간)

[e] (입을 옆으로 벌리고 에)

[ɛ] (입술 양끝을 양쪽으로 당겨 에)

[i] (입을 조금만 옆으로 벌리고 짧은 이)

[u] (입을 둥글게 앞으로 내밀고 짧은 우와 어의 중간음)

그 밖에 [ɑ] [iː] [uː] [au] [ou] [ei] [ai]가 있고요.

자음의 발음도 눈여겨보아야 합니다(유성자음 [b] [d]는 r 앞에서 우리가 아는 d 발음과는 사뭇 다른, 'ㅈ'이 섞인 음으로 바뀝니다). 주요한 기호로 다음과 같은 것들이 있지요.

[j] [l] [n] [m] [r] [v] [z] [ʤ] [ʒ]

[ð] (혀를 윗니 안쪽에 대었다 떨어뜨리며 'ㄷ')

[h] [g]

무성자음 [f] [k] [p] [s] [t]

[ʃ] (뱀이 기어가는 쉬~) [ʧ] (김빠지는 취~)

[θ] (혀를 윗니 안쪽에 대었다가 떨어뜨리며 'ㄸ')

[tz] (츠) [ŋ]

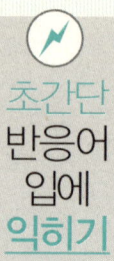

초간단
반응어
입에
익히기

초등학교에서 배운 생활영어 가운데 앞으로도 계속 등장하는 간단한 반응어들은 영어의 감각을 익히는 좋은 도구입니다. 실제 생활에서는 눈치가 보여 일부러 사용하기는 어렵습니다. 그렇지만 언제든지 숨 쉬듯 내뱉을 수 있도록 자주 소리 내어 읽어보기를 권합니다.

> 인사하기, 안부 전하기

Hi! (안녕!)

How are you doing? (잘 있었니?)

What's up? (별일 없어? – 윗사람이나 낯선 사람에게는 이 표현을 사용하지 않습니다.)

How is it going? (잘 있었니?)

Fine. (응, 잘 있었어.)

How was it? (어땠어? – 영화, 놀이, 여행, 시험 등의 소감을 묻는 말입니다.)

Not bad. (괜찮았어.)

Good night! (잘 자!)

Sweet dreams! (좋은 꿈 꾸고!)

Sleep tight! (편히 자!)

Sleep well! (잘 자!)

Bye! (잘 가!)

Take care! (잘 지내!)

Have a good time! (재미있게 지내!)

See you! (또 만나자!)

Nice to meet you. (만나서 반가워요. - 보통 처음 만난 사람에게 약간 격식을 갖추어 하는 인사입니다.)

Nice meeting you. (만나서 반가웠어요. - 처음 만난 사람과 헤어질 때 격식을 갖추어 하는 인사입니다.)

➡ 걱정하거나 달래는 말

What happened? (무슨 일이야?)

I'm worried. (걱정이 돼.)

Don't be worried. (걱정 마.)

Don't worry! (걱정 마.)

Take it easy! (진정해!)

Believe me! (내 말 대로야.)

I promise. (약속할게. 틀림없다니까.)

I trust you. (널 믿을게.)

What's wrong? (무슨 일이야?)

Cheer up! (기운 내!)

→ 동의, 부정, 인정, 거절

I see. (그렇군.)

Sounds good! (괜찮을 것 같은데!)

I agree. (내 생각도 그래.)

Exactly. (바로 그거야.)

Good idea! (좋은 생각이네!)

You win. (네 맘대로 해.)

Absolutely. (틀림없어.)

Never, ever! (절대로 그럴 순 없어. 절대 아닐거야.)

Okay. (좋아.)

All right. (좋아.)

Of course. (물론.)

Me, too. (나도 그래.)

You, too. (너도 마찬가지!)

No problem. (문제 없어. 괜찮아.)

Of course not. (물론 아니지.)

No way. (천만에. 절대 안 돼.)

Sure! (물론이지!)

I'm not sure. (잘 모르겠네.)

I understand. (알았어.)

I don't think so. (내 생각은 달라.)

→ 감탄하거나 칭찬할 때

Amazing! (대단한데!)

Good! (좋아!)

Unbelievable! (믿기지 않아!)

Wonderful! (놀라워!)

You got it! (바로 그거야!)

I like it. (바로 그거야.)

Bingo! (맞췄어! 정답!))

Fantastic! (대단해! 환상적이네!)

You look nice! (너 말끔한데!)

Congratulations! (축하해!)

→ 억제, 비난

It's enough! (그만 하시지! 지겨워!)

So what? (그래서 어쩌라고?)

Shame on you! (부끄러운 줄 알아!)

➡ 권유, 자극, 재촉, 격려

Go, go, go, go, go! (더, 더, 더, 더!)

And, then? (그러고 나서는? 그럼 그 다음은?)

Just try! (해보기라도 해!)

You can do it! (할 수 있어!)

Guess! (맞춰 봐!)

Come on. (한 번 해봐.)

Your turn! (네 차례야!)

It works! (효과 있네! – 노력, 장치, 약 등이 원하던 결과를 낳을 때)

It's up to you. (너한테 달렸어. 너 하기 나름이야.))

Hurry up! (어서! 서둘러!)

Don't hurry! (천천히 해!)

Time to go! (이제 일어설 시간이야!)

Turn it on! (켜! – 전등, 전기기구 등을)

Turn it off! (꺼!)

Ready? (준비 됐니?)

What about you? (네 생각은 어때? 네 사정은 어때?)

How about a walk? (산책할까?)

Wake up! (일어나!)

Go ahead! (계속 해봐!)

Let's go! (가자!)

Have a break! (잠깐 쉬어!)

Do me a favor. (부탁 하나 들어줘.)

Look! (저거 봐!)

→ 위로할 때

How bad! (저런, 안 됐네!)

Sorry to hear that! (안 됐네.)

→ 감사의 뜻을 전할 때

Thanks. (고마워.)

Thanks a lot. (정말 고마워.)

How nice! (잘 해줘서 고마워!)

How nice of you! (잘 해줘서 고마워!)

→ 놀라움을 표현하거나 탄식할 때

Terrible! (그런 일이!)

What? (뭐 어째?)

He's mean! (걘 좀 야비하네!)

Stop it! (그만 해!)

It hurts! (아파!)

Oh, my! (이런!)

Oh, no! (설마! 저런!)

Leave me alone! (날 좀 내버려 둬!)

I didn't mean it! (내 뜻은 그게 아니었어!)

→ 대구하는 표현

Coming! (갑니다! - 초인종이 울리거나 누가 부를 때)

I'm coming! (갑니다!)

It's me! (저예요!)

Really? (정말?)

Let me see. (어디 보자.)

We'll see. (두고 보면 알겠지.)

If you insist. (정 원한다면.)

Anyway. (그건 그렇지만.)

Pardon? (뭐라고요?)

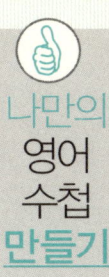

- 대표적인 뜻을 품사별로 적는다. 예문을 잊지 않는다. 낯선 문장 구조도 적어 설명을 찾아본다.
- 숙어를 적는다. 전치사와 함께 쓰이는 표현법을 꼭 표시한다.
- 특이한 형태로 바뀌는 명사형, 형용사형, 동사형을 적는다.
- 중요한 유의어(동의어)를 적는다. 유의어들이 서로 어떤 차이가 있는지 예문과 함께 적어둔다.
- 예문을 중심으로 자연스럽게 읽어나가는 방법으로 공부한다.
- 다음날 오른쪽 설명을 가리고 단어들을 보면서 정확한 뜻과 예문, 유의어들이 생각나는지 확인한다. 기억이 나지 않는 단어에는 체크(✔) 표시를 하고 다시 외운다..
- 주말에 그 주에 만든 페이지에서 체크 표시가 있는 단어, 숙어 문장만 위와 같은 방법으로 확인한다. 이때 여전히 생각이 나지 않으면 체크 표시를 하나 더 한다. 생각이 나는 것에는 체크에 동그라미를 그린다.
- 다음 주말에는 먼저 체크가 두 개 붙어 있는 단어부터 확인한다.

영어
공부하기
좋은
사이트

• http://www.voanews.com/specialenglish/

'Voice of America'라는 미국 국영방송의 영어 학습 사이트입니다. 독해, 어휘, 듣기의 학습 효과를 따진다면, 단연 최고의 사이트라고 생각합니다. 초보자(Beginners)를 위한 페이지는 1학년부터 3학년이 끝날 때까지 이용하기에 충분합니다. 초기에는 격려와 조언이 필요하지만, 금세 혼자 사용할 수 있는 수준입니다.

메인 페이지에서 "Articles with activities for English Beginners"(초급)의 기사 한 가지를 열어보시면, 쉬운 텍스트를 문자와 함께 천천히 읽어주고 곧 '어휘' '독해' '듣기'를 연습하는 도구가 나타납니다. 다양한 내용이 흥미진진하고 모범적인 문장으로 제공됩니다(부님과 함께해도 좋습니다).

"Advanced English Speakers"(상급)까지 이어지는데, 비록 미국 중심이기는 하지만, 세상 돌아가는 최신 소식을 듣고 견문을 넓히는 효과도 기대할 수 있습니다. 본문을 충분히 이해하고 연습 도구를 2~3회 실행한 뒤 다시 본문으로 돌아가서, 듣는 동시에 따라하는 방법('Shadowing')으로 듣기와 말하기를 익히면 좋습니다.

- www.esl-lab.com

'Randall Davis'라는 교사가 운영하는 사이트입니다. 문법과 어휘 연습도 있지만, 주로 듣기 연습에 좋습니다. "Randall's ESL Cyber Listening Lab"에서는 'Easy' 부분도 듣기에 쉽지 않습니다. 중학교 교과서의 듣기 연습과 비교하면 그렇습니다. 실생활에서 있을 수 있는 여러 가지 상황을 제시하고, "듣기 전 연습-듣기-어휘 및 문법-다시 듣기" 등으로 잘 조직되어 있어서 아주 유용합니다.

- www.ted.com

대학생과 직장인들에게 아주 유명한 사이트죠. 각계각층 유명 인사들의 강연을 볼 수 있습니다. 영어 자막을 선택할 수 있고, '한국어' 자막이 있는 것들을 찾을 수도 있습니다. 자신의 영어가 중학생으로는 상당한 수준에 이르렀다고 스스로 판단되면 한 가지 강연을 시험적으로 들어보면 됩니다(쌤은 지금도 스티브 잡스의 2005년 스탠포드대학 졸업식 축사 "How to live before you die"를 처음 들었을 때 받은 감동을 생생하게 기억합니다).

상처 받기 전에
더 늦기 전에
Parents'
Guide

조기교육이라는 유령

학부모들을 괴롭히는 가장 큰 불확실성은 바로 이것입니다.

"학교에서 가르치는 영어만 겨우 따라온 우리 아이, 혹시 늦어버린 건 아닐까?"

이제 중학생이 되는 여러분의 자녀는 어떤가요? '영유'(영어유치원)도 어학원도 구경 못하고 학습지만 공부했으니 정말 늦은 걸까요? 앞서가는 아이들은 초등 6학년에 벌써 토익 900점대에 원서를 줄줄 읽는다니까요. 다른 아이들이 날아가는 동안 내 아이는 "건강하게만 자라다오" 식으로 밥만 먹이고 방치한 건 아닌가, 하는 죄책감마저 듭니다. 그래서 끊임없이 궁금합니다. 너무 늦은 것은 아닌지. 너무 늦었다면 어떻게 하고, 그렇지 않다면 무엇을 해야 하는지.

제가 자주 받는 질문이 있습니다.

"대학에 가고 사회에서 경쟁하는 데 충분하도록 영어를 배우려면 언제 시작해야 할까요?"

그러면 저는 되묻습니다. "언제부터 가르치셨나요?"

학부형의 대답이 유치원부터라면, 저는 진지하게 말합니다.

"많이 빨랐군요. 효과가 있었기를 빕니다."

초등학교부터 어학원에 보냈다면, "조금 빨랐군요. 효과가 있었겠죠?"

학교 영어만 겨우 시켰거나 방문학습지 정도였다면, "중학교 공부를 하기에는 충분히 빨랐군요"라는 게 제 대답입니다.

어느 경우에나 큰 차이 없는 대답이죠? 유치원부터 성인에 이르는 다양한 연령대의 학습자를 위한 교재를 기획하고 만들어온 사람의 대답치고는 모호하고 무책임하게 들리지 않습니까? 하지만 이 모두가 정답입니다. 핵심은 바로 "자녀가 도달해야 할 영어 능력이 어디까지인지를 정확하게 아시라"는 겁니다.

조기교육은 중요하지만, 외국어 조기교육이라면 아이와 부모 모두에게 효율적인 투자인지 심각하게 고민해야 합니다. 수학이나 예체능과는 달리, 언어 분야에서 일찍 재능을 길러줄 이유는 찾기 어려우니까요. 어느 정도 타고나기도 하고 일찍 배우면 잘하게 되는 게 외국어이긴 하지만, 그렇게 일찍부터 몰아친다고 '제대로 바이링구얼한' 인재로 자라는 아이는 아주 드뭅니다. 또 그런 인재는 어느 사회든 많이 필요하지 않습니다.

물론 외국어 공부에서 시기를 완전히 무시할 수는 없습니다. 모국어도 "8~9세까지는 누구나 어학 천재이고, 12~13세까지는 수재, 그 뒤로는 누구나 평범한 학습자"라는 식으로 시기에 따른 변화가 있으니까요. 그러나 연구에 따르면 말을 배우는 '능률'은 유아보다 유치원 아이가, 유치원 아이보다 초등학생이 훨씬 높습니다. 어릴수록 어휘를 습득하는 능력이 훨씬 뛰어나다는 말은 잘못된 상식일 뿐입니다.

모국어의 경우에도 7세 아이가 어휘를 학습하는 능률은 3세 아이에 비해 비교할 수 없이 높습니다. 또 10세 아이가 다양한 개념을 습득하는 능력은 7세 아이보다 훨씬 뛰어납니다. 이미 알고 있는 어휘와 문장 구조의 도움으로 새로운 것들을 배우는 속도가 빨라지기 때문입니다. 그렇다면 20세가 넘어서면 어떨까요? 외국어를 배우는 속도는 느려지지 않지만, 생활이 복잡하고 집중하기 어렵습니다. 그래도 해야 한다면 문제없습니다. 저를 포함해서 수많은 증인이 있습니다.

진정한 영어 능력자의 조건

우리말에도 어눌한 사람이 있고 달변가가 있죠. 사람에 따라 말하는 능력에는 확실히 뚜렷한 차이가 있지만, 읽고 쓰는 능력까지 합치면 우리말을 잘하느니, 못하느니 하는 개인차는 크게 줄어듭니다. 꼭 기억하시기 바랍니다.

외국어도 마찬가지입니다. 12~13세가 지나 본격적으로 영어 공부를 시작한 사람은 어릴 때부터 배운 사람처럼 발음하거나 빨리 반응하는 수준에 이르려면 오래 걸립니다. 하지만 대다수 사람들에게 외국어는 어차피 그 쓰임새에 한계가 있습니다. 통역사나 번역가처럼 외국어를 업으로 삼는 사람들조차 외국어 한 가지를 '자기 업무에 필요한 만큼만' 잘하면 됩니다.

대학 공부나 업무에 필요한 영어의 핵심은 '모국어다운 유창함(fluency)'이 아닙니다. 영어로 웃고 떠들고 싸움질하는 능력이 아닙니다. 세계인으로 살아가면서 진정한 영어 능력자로 인정받는 조건은 폭넓은 지식과 문화적 감수성, 전문 분야에 관한 깊이 있는 통찰력입니다. 그리고 이런 지식과 문화적 감수성, 자기 분야에 관한 전문성은 모국어를 매개로 하는 체험을 통해 훨씬 능률적으로 얻을 수 있습니다. 따라서 모국어를 이해하고 쓰고 말하는 수준은 그대로 외국어 공부로 이어집니다. 우리말을 세련되고 설득력 있게 하는 사람, 우리글을 깊이 있고 맛깔나게 쓰는 사람이 결국 외국어도 그런 수준까지 배울 수 있습니다.

영어 공부의 최적기

또 한 가지 자주 받는 질문이 있습니다.

"어떻게 하면 공부를 효과적으로 잘 하게 될까요?"

그러면 저는 늘 진지하게 대답합니다.

"누구나 철들면 잘해요. 아이들이 필요한 건 시간입니다."

아시다시피, 공부의 시작과 끝은 자발적인 집중과 인내입니다. 자발적으로 집중하고 인내하는 학습자의 능력은 얼마나 철이 들었는가에 달렸습니다. 철이 든다는 건 스스로 목표를 세우고 그것을 달성하기 위해 애를 쓸 마음이 생긴다는 뜻입니다. 스스로 공부를 향한 의지를 세우고 자신에게 동기를 부여한다는 말입니다. 그렇게 해서 생기는 흥미와 관심이야말로 공부의 집중과 인내, 속도와 능률을 좌우하는 핵심 요소입니다.

지식이 쌓이고 지혜가 커져가는 보람, 그리고 그 지혜로 조금씩 미지의 세계를 열어가는 기쁨을 알 만큼 머리가 커지면, 폭넓고 깊이 있게, 그리고 집중해서 공부할 수 있습니다. 이게 바로 이런저런 이유로 뒤늦게 시작하는 사람을 오히려 유리한 위치에 서게 해주는 '후발 주자의 이점'입니다.

상위 몇 퍼센트의 화려한 전설들, 대입 영어는 중학교 입학 전에 결정된다고 겁주는 '아이 친구 엄마들'의 호들갑, "중학교부터는 영수에 올인하라"는 입시학원의 부추김, 이런 것들에 흔들리지 마시기 바랍니다. 성적 기준 상위권 학생들의 영어 성적이 평준화되는 것은 사실이지만, 내신과 입시에 대비하는 영어는 지금 시작해도 늦지 않습니다. 무한 투자가 필요한 것도 아닙니다. 공부에 흥미를 갖도록 격려하면서 인내심을 가지고 기다려주셔야 합니다.

영어에 대한 관심과 흥미는 교과목으로서 영어와는 전혀 다른 체험에서 생길 가능성이 큽니다. 자녀가 원하지 않는다면 억지로 학원에 보내기보다는 함께 영화를 보고 박물관이나 전시장에 가는 게 낫습니다. 어떤 분야든 관심을 보인다면, 그 분야에 관한 자료와 기회는 무궁무진합니다.

　무엇보다 자녀가 좋아하는 분야의 책이나 잡지를 마련해주십시오. 우리말이든 영어든 상관없습니다. 대중음악에 빠져서 밤을 지새우고, 재능이 있거나 말거나 악기에 매달리고, 운동하고 산책하고 집안일을 돕고, 남에게 폐를 끼치지 말라는 잔소리를 기꺼이 듣고 하면서, 자녀들은 성장합니다. 그렇게 지내면서 자녀는 철이 들고 지적 감수성이 깊어지고 성숙해갑니다. 그러다가 '앗!' 하는 순간이 오는데, 그때가 바로 영어 공부의 최적기입니다.

　애벌레처럼 웅크리고 있다가 늦게 시작하는 공부가 어느 수준까지 도달할 수 있냐고요? 걱정 마세요. 입시와 대학 공부와 사회생활에 필요한 만큼 배울 수 있습니다. 필요한 만큼 배우는 영어, 행복해지는 영어, 이것이 우리 목표가 되어야 합니다. 그리고 아이가 영어에 관심을 보이고 공부에 달려들면, ①영어 학습 환경 도와주기, ②방법과 일정을 짜는 단계에서 조언하기, ③공부 스트레스를 줄이고 내상을 입지 않도록 배려하기 등에 집중하여 아이들을 도와주시면 됩니다(자세한 방법은 별책으로 구성된 '학부모 가이드' 편에 실려 있습니다).

If you are, you breathe.

If you breathe, you talk.

If you talk, you ask.

If you ask,you think.

If you think, you search.

If you search, you experience.

If you experience, you learn.

If you learn, you grow.

If you grow, you wish.

If you wish, you find.

If youfind, you doubt.

If you doubt, you question.

If you question, you understand.

If you understand, you know.

If you know, you want to know more.

And if you want to know more,

you are alive!

- NGC Slogan "Live Curious!"